IMMANUEL KANT'S
VORLESUNGEN UBER METAPHYSIK

칸트의 형이상학 강의

이남원 옮김

UUP

칸트의 형이상학 강의

■

- 2014년 5월 9일 개정판 인쇄
- 2014년 5월 16일 개정판 발행
- 1999년 9월 22일 초판 발행
- 옮긴이 이남원
- 펴낸이 이철
- 펴낸곳 UUP. (울산대학교출판부) 680-749 울산광역시 남구 대학로 93(무거동) 울산대학교출판부
- 전화 (052)259-2488 팩스 (052)277-3011 ▪ 홈페이지 http://uup.ulsan.ac.kr
- 출판등록 제370-1996-000001호(1996.3.13)
- ₩ 15,000

ISBN 978.89.7868.342.5 (93160)

일러두기

1. 이 책은 푈리츠(K. H. L. Pölitz)가 편집한 Immanuel Kant's Vorlesungen über die Metaphysik판(1821, 역주에서는 이것을 "P판"으로 약칭하였다)을 대본으로 하여 번역하였다. 그 밖에 Kant's Vorlesungen über die Metaphysik, zweite Auflage nach der Ausgabe von 1821 neu hrsg. von K. H. Schmidt판(1924, 역주에서는 이것을 "S판"이라고 약칭하였다) 및 Kant's Vorlesungen Bd. V, Vorlesungen über und Metaphysik und Rationaltheologie 1. Hälfte(1968), 2. Häfte 1. Teil(1970) (역주에서는 이것을 "Ak" 판이라고 약칭하였다)을 참조하였다.
2. 본문 중의 [ ] 안에 있는 숫자는 P판의 쪽수이다.
3. 본문 중의 [ ] 안에 있는 내용은 독자의 이해를 돕기 위해 번역자가 추가한 것이다.
4. 역주는 각 쪽 하단에 있다.

옮긴이의 글

형이상학에 대한 칸트의 강의는 1755년 겨울학기부터 1796년 여름학기까지 41년간에 걸쳐서 이루어졌다. 당시의 강의는 프로이센 정부의 지시에 의해서 어떤 텍스트를 사용해야만 했는데, 칸트는 시종일관 바움가르텐(Alexander Baumgarten, 1714～1762)의 『형이상학』*(Metaphysica)*을 사용했다. 칸트의 강의는 매우 매력적이었다는 평가가 있었던 반면에, 그의 강의에 대한 비판적 평가도 있었다. 예컨대 1762년부터 64년에 걸쳐서 쾨니히스베르그 대학에서 배운 헤르더는 칸트의 강의에 대해 감격의 말을 전했고, 1795년 프레그슈탈 백작도 칸트의 강의는 모든 강의의 모범이라고 칭찬했다. 반면에 피히테는 1791년에 쾨니히스베르크에 와서 칸트의 강의를 들었지만 기대에 반해서 졸음을 재촉했다고 일기에 쓰고 있다. 링크도 1780년대의 강의가 이미 생기를 잃어버렸다고 보고하고 있다. 칸트의 강의에 대한 비판은 주로 그의 노년기 강의에 집중되었는데, 바로 그런 이유 때문에 오히려 칸트의 강의 일반에 대해서는 어느 정도의 평가가 가능하다고 볼 수 있다.

칸트의 손으로 출간한 최후의 저서는 『실용적 관점에서 본 인간학』(*Anthropologie in pragmatischer Hinsicht*, 1798)이었다. 이 저서의 「서론」에서 그는 인간학과 함께 통속적인 강의로 알려진 자연지리학의 초고에 대한 출간은, 자신의 노령과 다른 사람에 의해 자신의 초고가 판독되기 힘들다는 두 가지 이유를 들어, 가능하지 않을 것이라고 쓰고 있다. 그러나 그후 칸트는 자신의 생각을 바꾸었으며, 자신의 강의 노트들을 출간하기로 마음먹었다. 이 일을 담당했던 사람이 바로 그의 제자 예쉐(G. B. Jäsche, 1762～1842)와 링크(F. T. Rink, 1770～1811)였다. 이렇게 해서 『논리학』(예쉐에 의해 1800년), 『자연지리학』(링크에 의해 1802년), 『교육학』(링크에 의해 1803년)으로 이어지는 칸트의 강의본이 출간되었다.

예쉐는 『논리학』의 「서문」에서 칸트의 형이상학에 대한 강의본도 가능한 빨리 출간하고 싶다는 이야기를 했지만, 예쉐의 이러한 기대는 실현되지 않았다. 링크가 죽은 후 이 일에 착수한 사람은 푈리츠(K. H. L. Pölitz, 1772～1838)였다. 그는 1817년에 『종교철학』을, 1821년에 이 번역서의 대본이 되었던 『형이상학』을 출간하였다. 푈리츠에 의하면, 이 원전 편집의 기초가 되었던 강의 노트는 두 종류였다. 첫 번째 노트는 두 번째 노트보다 오래된 것인데, 하인쯔(M. Heinze, 1835～1909)에 의해 "L_1"이라고 명명된 것으로서, 보다 상세한 내용을 담고 있으며, 「우주론」, 「심리학」, 「합리적 신학」은 이것을 기초로 했다. 두 번째 노트는 하인쯔에 의해 "L_2"로 명명되었는데, 「서론」과 「존재론」은 이것을 기초로 했다. 또한 1924년에는 쉬미트(K. H. Schmidt)가 푈리츠의 『형이상학』의 신판을 출판했다.

칸트 저술의 편집자들은 칸트 생전에 발행된 강의 노트를 제외하고는 그의 노트를 전혀 고려하지 않았고, 그것에 대한 평가도 낮았다. 이에 반해 칸트의 강의 노트에 대한 적극적인 평가와 새로운 출판의 기회를 마련했던 사람은 하인쯔였다. 칸트의 강의 노트가 그의 사상 전체를 담고 있지는 못하겠지만, 칸트에 의해 진술되지 않은 것은 거의 담고 있지 않다는 것이 하인쯔의 생각이었다. 하인쯔의 이런 견해를 받아들여 딜타이는 1895년 아카데미판 전집의 편집을 주재했을 때 전집의 제4부를 칸트의 강의 노트로 할애하기로 결정하였다. 그 후 아디케스 등의 엄밀한 교정이 진행되었지만, 결국 그 일이 용이하지 않음이 점차 밝혀졌으며, 1921년 당시 편집 책임자 에르트만은 결국 제4부의 발행 계획을 포기하고 말았다. 그 후 우여곡절을 거쳐 다시 아카데미판에 칸트의 강의 노트를 포함시키기로 결정하였으며(1963년), 현존하는 노트 전부를, 중복된 내용의 사본을 제외하고는, 5권으로 나누어 출판하기로 결정했다. 아카데미판 전집 28, 1(*Vorlesungen* 5, 1, *Metaphysik und Rational- theologie*)에는 푈리츠의 『형이상학』 중 「우주론」, 「심리학」, 「합리적 신학」(L1에 해당되는 부분)이 포함되어 있으며, 아카데미판 전집 28, 2, 1(*Vorlesungen* 5, 2/1, *Metaphysik und Rational- theologie*)에는 푈리츠의 『형이상학』 중 「서론」, 「서문」, 「존재론」(L2에 해당되는 부분)이 포함되어 있다.

칸트의 형이상학에 관련된 강의 노트는 여러 종류가 전해지고 있으며, 각각의 강의 노트에는 많은 중복이 보인다. 경우에 따라서는 동일한 내용이 다른 표제가 있는 곳에서 반복되며, 따라서 독자들로 하여금 통일적인 이해를 어렵게 만든다. 그러나 강의 노트는 칸트의 강의 그 자체가 아니라 청강자의 귀와 손을 통해서 재현된 것이기 때문에, 또한 칸트의 형이상학 강의는 41년간에 걸쳐서 이루어진 것이기 때문에, 이와 같은 일은 충분히 예상될 수 있는 일이다. 아카데미판 전집에 채록될 예정인 형이상학 노트는 푈리츠의 것을 포함하여 총 8편 및 기타 단편으로 되어 있다. 그 중 푈리츠의 『형이상학』은 칸트의 형이상학 강의 노트 중 가장 중요한 것으로 간주되어왔다.

푈리츠가 편집한 『형이상학』은 "철학 일반"과 "철학의 역사"를 짤막하게 서술한 「서론」을 제외하고는 총 4부로 이루어져 있다. 이것은 형이상학을 일반 형이상학인 존재론과, 특수 형이상학인 우주론, 심리학, 자연 신학으로 구분한 볼프 및 그의 학도인 바움가르텐의 전통에 따른 것이었다. 전통에 입각한 이러한 강의 순서는 칸트가 일관되게 고수한 강의 방식이었다. 이런 방식은 아마도 바움가르텐의 텍스트를 이용해서 종래의 형이상학의 정설을 소개 설명하고, 그것에 대한 비판을 통해서 자신의 설에 점차 접근하는 방법으로 나아가고자 한 그의 구상 때문에 채택되었을 것이다.

다른 한편 칸트의 형이상학 강의는 『순수이성비판』의 구성과 대응 관계에 있는 듯이 보인다. 즉 『순수이성비판』의 「감성론」과 「분석론」에 해당되는 것이 『형이상학』의 「존재론」이며, 「변증론」에서의 「오류추리론」, 「이율배반론」, 「이상론」(理想論)의 각각에 해당되는 것이, 『형이상학』에서의 「심리학」, 「우주론」, 「합리적 신학」이다. 물론 이러한 대응 관계는 과장되어서는 안 된다. 왜냐하면 『형이상학』은 전통 형이상학의 내용을 상당 부분 그대로 담고 있으며, 따라서 완전한 의미에서의 비판철학과는 거리가 있기 때문이다. 더욱이 「경험적 심리학」에서의 여러 가지 논의는 『순수이성비판』의 논의와는 거리가 멀다. 오히려 미적 판단의 보편성 문제는 『판단력비판』과 연결될 수 있는 문제이다.

또 하나 관심을 가져야할 점은 「합리적 심리학」의 최초 부분에서 칸트는 『순수이성비판』에 나오는 오류추리와 유사한 문제를 취급하고 있으며, 인간 마음의 선험적 개념으로서, 마음의 실체성, 단순성, 개별성, 자발성을 논의하고 있다는 사실이다. 이 중 칸트는 마음의 자발성을 논하는 자리에서, 마음을 무조건적으로 자발적인 행위자라고 간주한다. 여기서 칸트는 자기 의식이라는 사실로부터 선험적 자유를 도출하고 있다. 『순수이성비판』에서는 대상 인식의 조건으로서의 통각의 통일성이 주로 논의되고 있지만, 여기서는 "나는 생각한다"로부터 곧바로 도덕적 자유가 연역된다. 이러한 칸트의 구상은 최근에 몇몇 학자들의 관심의 대상이 되고 있다. 많은 학자들은 "실천이성의 사실"로부터 도덕성을 도출한 『실천이성비판』의 논의에 관심을 가져왔었다. 이런 점에서 『형이상학』은 칸트 해석의 여러 가지 새로운 가능성을 보여줄 것이라고 생각된다.

이 책은 출판 된 지 오래지 않아 절판되었다. 책을 구할 수 없느냐고 개인적으로 여러 번 문의를 받았지만 해결 할 수 없었다. 이전의 울산대학교 출판부장이었던 김진 교수의 도움으로 다시 책을 내게 되었다. 전체적으로 내용 변경은 없으며, 몇 몇 오탈자에 대한 교정이 있었다.

2014년 2월

부산대 미래내골 연구실에서
옮긴이 씀

차 례

서 론

1) 철학 일반에 관하여

모든 인간적 지식은 형식상 두 종류로 나누어진다. 즉 (1) 소여(所與)로부터(ex datis), 즉 단지 경험으로부터 취해지는 역사적 인식과 (2) 원리로부터(ex principiis), 즉 어떤 종류의 원칙으로부터 취해지는 이성적 인식으로 나누어진다. 이성적 인식은 또한 (1) 철학적 인식, 즉 개념에 의한 인식과, (2) 수학적 인식, 즉 개념의 구성에 의한 인식으로 나누어진다. 인식을 그것의 객관적 기원, 즉 그것으로부터만 인식이 가능하게 되는 기원과, 그것의 주관적 기원, 즉 인식이 인간에 의해서 획득되는 방식에 따라서 구별하는 것도 가능하다. 전자, 즉 객관적 기원에 관해서 말한다면, 인식은 합리적이든가 경험적이든가 둘 중 하나이며, 후자, 즉 주관적 기원에 관해서 말한다면 인식은 합리적이든가 역사적이든가 둘 중 하나이다. 그렇지만 인식은 그 자체로는 이러한 구별과는 무관하게 자신의 뜻대로 생겨날는지도 모른다. — 그 때문에 개념에 의한 이성적 인식의 체계가 철학으로 될 것이다. 그러나 먼저 우리는 인식 그 자체를 고찰하고, 다음에 인식의 체계를 고찰해야 한다. — 수학과 [2] 철학은 이성적 인식이라는 점에서는 일치하기 때문에, 우리는 우선 이성적 인식이라는 것을 정의하지 않으면 안 된다. 이성적 인식은 역사적 인식과 대립해 있다. 이미 서술된 것처럼 역사적 인식은 소여로부터 나오며, 이성적 인식은 원리로부터 나온다. 전자, 즉 역사적 인식은 그것이 주어져 있는 한에서만 가능한 인식이다. 이성적 인식은 사람들이 그것의 근거를 인식하고 또한 아프리오리(a priori)하게 창조한다는 사실로부터 생겨난다. 이것은 설명되어야 한다. 인식은 이성으로부터 성립하면서 단지 역사적일 따름이며, 그럼에도 주관적인 경우도 있을 수 있다. 그러나 이러한 인식도 객관적으로는 철학적 인식이다. 그러므로 사람들은 철학적 사색을 하는 것이 가능하지 않은 데도 철학을 배울 수 있다. 따라서 본래 철학자가 되고 싶어하는 사람은 자신의 이성을 자유롭게 사용하지 않으면 안 되며, 단지 모방적인, 말하자면 기계적인 사용을 해서는 안 된다.

우리는 이성적 인식에 대해서 그것들이 원리에 의한 인식이며, 따라서 아프리오리하지 않으면 안 된다고 말했었다. 아프리오리하지만 그럼에도 불구하고 현저한 차이를 가지고 있는 두 가지 인식이 있다. 즉 수학과 철학이 그것이다. 이 두 가지 인식은 대상에 따라서 구별될 것이라고 사람들은 흔히 이야기하지만, 그러나 그것은 잘못이다.

수학은 분량을 다루며, 철학은 성질을 다룬다고 말해지고 있다. 그러나 이 양자의 구별은 대상에 근거해 있지 않다. 왜냐하면 철학은 모든 인식 가능한 것에 관계하지만, 수학도 부분적으로는 그러하기 때문이다. 왜냐하면 모든 것은 크기(Größe)를 가지기 때문이다. 크기는 [3] 철학의 대상이기도 하지만, 그것의 취급 방식이 수학의 경우와 다를 뿐이다. 무엇이 수학과 철학에 있어서의, 이성에 의해서 인식하는 방식의 차이를 만들까? 양자의 종적 차별은, 모든 철학은 단순한 개념에 의한 이성적 인식이지만, 수학은 개념의 구성에 의한 이성적 인식이라는 점에 있다. 내가 개념을 경험 없이 아프리오리한 직관에서 나타낸다면, 또는 나의 개념에 대응하는 대상을 직관에서 나타낸다면, 나는 개념을 구성하는 것이다. — 아프리오리한 직관이란 경험에 의존하지 않고 각자가 자기 자신에게 부여할 수 있는 직관이다. — 수학자는 단순한 개념에 따라서 자신의 이성을 결코 사용할 수 없다. 그것은 마치 철학자가 개념의 구성에 따라서 자신의 이성을 결코 사용하지 않는 것과 같다. — 수학에서는 사람들은 이성을 구체적으로(in concreto) 사용하지만, 그러나 [이 경우] 직관은 경험적이지 않고, 여기에서는 어떤 것을 아프리오리하게 직관의 대상으로 만든다. 그 때문에 우리는, 이 점에서 수학이 철학에 대해서 우위를 점한다는 사실을 알게 된다. 왜냐하면 수학의 인식은 직관적이며, 철학은 논증적(diskursiv)이기 때문이다. — 왜 우리가 수학에서 크기를 [철학에서보다도] 더 많이 탐구하는가의 이유는, 크기는 아프리오리한 직관에서 구성될 수 있지만, 그러나 성질은 직관에서 표시되지 않는다는 점에 있다. 따라서 철학은 학교 개념적으로는(in sensu scholastico) 개념에 의한 철학적 이성 인식의 체계이지만, 세계 개념적으로는(in sensu cosmopolitico) [4] 인간적 이성의 궁극 목적에 관한 학(學)이 된다. 이 점이 철학에 존엄 즉 절대적 가치를 부여하며, 그리하여 철학은 단지 단독으로는 내적 가치를 가지며, 다른 모든 학문에 가치를 부여하는 학문이 되는 것이다. — 학교 개념에서의 철학은 숙달성에만 관계하지만, 세계 개념에서의 철학은 유익성에 관계한다. 그 때문에 전자의 의미에서는 철학은 숙달성의 가르침이지만, 후자의 의미에서는 지혜의 가르침이다. 따라서 철학은 이성의 입법자이다. 그러나 철학자는 이성 기술자와 구별되어야만 한다. 이성 기술자는 임의의 목적에 대한 우리의 이성 사용의 규칙을 지시한다. 또한 그는 단지 사변적 지식만을 문제로 삼지만, 이 지식이 얼마만큼 인간적 이성의 궁극 목적에 기여하는지를 알지 못한다. 실천적 철학자가 본래 철학자이다. — 철학은 인간적 이성의 궁극 목적을 나에게 보여주는 완전한 지혜의 이념이다.

학교 개념에서의 철학에는 다음과 같은 두 부분이 속해 있다. 즉 (1) 이성 인식의 충분한 저장, (2) 이성 인식의 체계적 연관이 속해 있다.

모든 학문이 다 체계적 연관을 허용하는 것은 아니다. 체계적 연관이란 상이한 인식이 하나의 이념 안에서 연관되어 있는 것이다. 철학은 체계적 연관을 가지는 유일한 학문이며, 또한 다른 모든 학문을 체계적으로 만드는 바로 그 학문이다. — 우리의 역사적 인식은 우리의 이성이 역사적 인식을 자신의 여러 목적에 도움이 되도록 사용할 수 있다는 유익한 점을 가진다. [5] 그러나 여러 가지 목적은 하나의 목적이 다른 목적에 대한 수단이 되는 식으로 상호 종속해 있다. 그래서 다른 목적들이 그 안에서 통일을 가지게 되는 바의 하나의 고차의 목적이 존재하지 않으면 안 된다. 수단은 목적에 관해서만 가치를 가지며, 따라서 철학이라는 학문에 관한 우리의 이성 사용의 가치도 또한 이성적 인식들이 인간적 이성의 궁극 목적에 관계하는 한에서, 단지 그런 한에서 규정될 수 있겠다. — 우리가 여러 가지 상이한 목적간의 선택의 내적 원리를 준칙(準則, Maxime)에 관한 학문이라고 부른다면, 우리는 철학이란 우리의 이성 사용의 최고의 준칙에 관한 학문이라고 말할 수 있다. 그렇다면 철학자는 그의 학문에 따라서보다도 그의 행동에 따라서 특징지어지게 된다. — 학교 개념에서의 철학은 단지 숙달성의 기관(機關)일 뿐이다. 세계 개념에서의 철학자는 어떤 종류의 목적에 대한 우리의 이성 사용의 준칙을 가지는 자이다.

철학자는 다음과 같은 세 가지를 규정할 수 있어야 한다.

(1) 인간 지식의 기원
(2) 이러한 지식의 가능하면서 유효한 사용 범위
(3) 이성의 한계

세계 개념에서의 철학이라는 분야는 다음과 같은 네 가지 문제로 환원될 수 있다.

	(1) 나는 무엇을 알 수 있는가?	형이상학이 그것을 보여준다.
	(2) 나는 무엇을 해야 하는가?	도덕이 그것을 보여준다.
[6]	(3) 나는 무엇을 희망해도 좋은가?	종교가 그것을 가르친다.
	(4) 인간이란 무엇인가?	인간학이 그것을 가르친다.

앞의 세 문제는 마지막 문제에 관계하기 때문에, 이것들을 총괄하여 인간학이라 부를 수 있을 것이다. — 학교 개념에서의 철학은 숙달성에 관계하지만, 그러나 이 숙달성이 어디에 유익한가는 탁월한 의미에서의(in sensu eminenti) 철학이 가르친다. — 철학자는 고귀한 명칭이고, 지혜의 달인(達人)을 의미하며, 본래 어느 누구도 이것을 참칭(僭稱)할 수 없다. 그러나 보통 일반적으로 사람들은, 여러 가지 개념이 어디에 유익한가에 마음을 쓰지 않고 단지 이들 개념 하에서 이리저리 골똘하게 생각할 뿐인 그런 사람들도 모두 철학자라고 부른다.

사람들은 어떻게 해서 철학을 배울 수 있을까? 사람들은 철학적 인식을 그것이 산출된 최초의 기원, 즉 이성의 원리들로부터 도출하거나 또는 철학적 사색을 했던 사람들로부터 배운다.

가장 쉬운 방법은 후자이다. 그러나 이것은 본래는 철학이 아니다. 만약 참된 철학이 존재하고, 그래서 이것을 배운다 하더라도, 사실은 사람들은 [철학에 관한] 역사적 지식을 가질 뿐이다. 철학자는 철학적 사색을 할 수 있지 않으면 안 되며, 또한 그것을 위해서 사람들은 철학을 배울 필요는 없다. 그렇지 않다면 사람들은 어떤 것도 [스스로] 평가할 수 없을 것이다. 예를 들면 사람들은 플라톤이 말했던 것은 모두 참이라고 믿고 있다. 왜냐하면 배워서 얻었던 것을 비난할 수는 없기 때문이다. 그러나 내가 참된 철학을 배웠다 하더라도 나는 나 자신이 철학적 사색을 할 수 있다고 생각해서는 안 된다.[1] 그러나 그러한 참된 철학은 존재하지 않는 법이다. 우리가 철학적 사색을 하는 것을 배운다면 철학의 모든 체계를 단지 [7] 우리의 이성 사용의 역사로서, 또한 우리의 비판적 능력의 훈련의 대상으로서 보는 것이 좋겠다. 몇몇 소수의 사람들이 자신의 오성을 궤변적으로 사용하고 있다는 것, 즉 자신의 지식에 지혜의 외관을 부여하고 있다는 것이 위의 사실로부터 명료하게 된다. 그러나 이것은 궤변가가 하는 일이다. 철학자는 다음과 같은 두 가지 점을 가지지 않으면 안 된다.

(1) 자신의 숙달성의 도야. 이 도야는 우리가 모든 목적에 대해 숙달성을 이용하고 있기 때문에, 필요하다.
(2) 임의의 목적에 대해 모든 수단을 사용할 때의 기교.

이 두 가지는 연관되어 있지 않으면 안 된다. 지식 없이 철학자가 될 수는 없지만, 그러나 또한 지식만으로 철학자를 만드는 것은 결코 가능하지 않다. 철학자에게는 이 숙달성의 합목적적 통일이 있어야만 하며, 또한 최고 목적에 이 숙달성이 합치하는 것에 관한 통찰이 있어야만 한다. — 에피쿠로스에 관해서 그는 학문을 등한시했지만, 그만큼 한층 더 지혜를 주시했다고 말하고자 하는 사람

1) P판과 S판에는 “noch nicht…”이지만, Ak판에는 “noch”가 빠져있다.

도 있을 것이다. 이러한 취급이 근거 있는가 어떤가에 관해서 여기서 우리는 검토할 생각이 없다. 그러나 이 주장이 거짓이라는 것만큼은 확실하다. 왜냐하면 학문을 결해 있는 지혜는 우리가 그것에 결코 도달하게 되지 못할 완전성의 약도이기 때문이다. 학문을 증오하면서 그만큼 한층 지혜를 사랑하는 사람을 사람들은 학문 혐오자라고 부른다. 처음에 근면과 행운만으로 학문에 몸을 던졌던 사람들은 때때로 학문 혐오증에 빠지게 된다. 따라서 이러한 학문 혐오감은 그들이 익혔던 지식이 그들을 만족시킬 수 없었다는 점으로부터 생겨난다. [8] 철학은 우리에게 이러한 내적 만족을 주는 방법을 아는 유일한 학문이다. 철학은 말하자면 원을 그려 완성하며, 그렇게 해서 철학에 의해서 여러 학문은 질서와 연관을 손에 넣게 된다. 그 때문에 우리는 우리의 이성 사용의 방법에 대해서, 그 방법에 의해서 우리가 손에 넣게 되는 명제들에 대해서보다도, 더 한층 주목해야만 한다.

2) 철학의 역사

그리스 사람들 이전에는 실제로 철학적 사색을 시작한 국민은 없었다. 그 이전에는 사람들은 모든 것을 형상(形像)에 의해서 표상했으며, 어떤 것도 개념에 의해서 표상하지는 못했다. 그리스 사람들이 비로소, 형상을 길잡이로 해서는 이성 인식이 계발되지 않고 단지 추상적으로(in abstracto)만 [이성 인식이] 계발된다는 사실을 이해했다. 그리스 사람 이전에는 어떠한 국민도 덕에 대해 여러 가지 규칙을 지정했다 하더라도 덕이 무엇인지를 검토하지는 못했었다. 이집트 사람의 지혜는 그리스 사람의 지혜와 결코 비교의 대상이 될 수 없다.

수학에서도 또한 그리스 사람들은 모든 명제를 기본 원리로부터

(ex elementis) 증명했던 최초의 국민이다. 그러나 그리스 사람의 경우에도 그다지 오랜 시대로 거슬러 올라가는 것은 아니고, 또한 철학적 정신이 언제 어디서 생겨났는지 하는 것은 실제로 분명하게 알 수 없다. 트라키아 사람은 옛날의 현명한 국민이었던 것처럼 생각되지만, 우리는 그들 중 오르페우스[2]를 발견한다. 로마시(市)의 건설 직후에 사람들은 도대체 어떤 시대에 일곱 현인(賢人)[3]이 그리스에 나타났는지를 그들의 잠언(箴言) — 이것을 동방 민족은 이미 오래 전에 가지고 있었던 것이지만 — 에 의해서 추정을 할 수 있게 되었다. 간단한 말에 압축된 다수의 사상은 잠언이라고 불린다. [9]

일곱 현인 중 한 사람으로 학문이 그로부터 유래했던 것으로 간주되는 사람은 탈레스라 불리지만, 그는 자연학자라는 별칭도 가지고 있다. 그는 이오니아학파의 창시자라고 말해지지만, 이 이오니아학파에는 또한 아낙시만드로스, 아낙시메네스 및 아낙사고라스가 속해 있다. 중국 사람이나 인도 사람 같은 몇몇 민족도 단지 이성으로부터 획득된 사실, 예컨대 영혼의 불멸에 관해 다루고 있다. 그러나 그들은 구체적인 이성 사용을 추상적인 이성 사용과 구별하고 있지 않다. — 또한 페르시아 사람이나 아라비아 사람은 아리스토텔레스로부터, 따라서 그리스 사람으로부터 어떤 것을 차용했다. 조로아스터교[4]에는, 젠다베스타[5]에 의하면 철학의 흔적은 조금도 없다.

---

2) 오르페우스(Orpheus)는 오르페우스교(敎)의 창시자로 알려져 있으며, 디오니소스 숭배로부터 출발해서 후에 독립된 종교를 창립했다. 영혼이 육체로 부터 해방되어서 신과 합일할 수 있다고 설명했으며, 그것을 위한 수단으로서 금욕하는 것과 계율 지키는 것을 권장했다.

3) 일곱 현인은 그리스 문화의 융성기(기원적 7~6세기)에 사상과 윤리면에 서의 이상적인 인물들로서, 그 중 탈레스, 솔론, 비아스, 피타코스 4명은 거의 정설로 되어 있으나, 나머지 세 명은 항상 일정하지가 않고 흔히 페리안드로스를 비롯하여 클레아보올로스, 킬론 등을 꼽는다.

4) 조로아스터교는 페르시아 사람인 조로아스터(Zoroaster, 기원전 7세기 경 사람으로

인간의 오성이 자신을 사변적 사용에까지 높이기 위해서 어떠한 길을 걸어가는가 하는 점에 특히 주목해야 한다.[6] — 그리스 사람에게는 자연학자(physicus)와 신학자(theologus)의 구별이 있었다. 엘레아학파에는 많은 신학자가 있었다. 에피쿠로스학파 사람들은 극히 뛰어난 자연학자였지만, 신학자는 아니었기 때문에, 그들은 거의 무신론자로 간주되었다. 철학에로의 최초의 자극은 확실히, 인간이 보통의 이성에 의해서 가시적(可視的) 세계로부터 그것의 불(不)가시적 창시자에로 그들의 생각을 진전시켜 나갔던 점에 있다. 이러한 행보는 매우 자연스러운 것이었다. 왜냐하면 세계의 질서는 이미 창시자를 드러내고 있었으며, 세계의 질서에는 아직 자연에서의 여러 가지 원인의 불완전한 계열이 속해 있기 때문이다. 이러한 행보에서 이성의 관심은 수학을 여러 사변 가운데 엮어 넣을 정도로 큰 것이었지만, 사변의 대상, [10] 사변이 이때 가지고 있었던 모든 노고, 그렇지만 실패로 끝난 모든 시도는 가치 있었다고 생각된다. — 그래서 최초의 철학자들은 아마도 신학자였을 수도 있었을 것이다. — 몇몇 사람이 자연학자가 되었다는 사실은 이미 그것만으로도 상당한 교양을 전제로 한다. 왜냐하면 경험이 항상 동일한 채로 있다고 해서, 우리는 자연학자가 되고 싶다는 충동을 자연학자와 같이 느끼지는 않기 때문이다.

시는 산문보다도 오래되었다. 왜냐하면 최초의 철학자들은 모든

페르시아어로는 자라투스트라라고 한다)를 개조로 하는 국민종교로서 배화교(拜火教)라고도 불린다.

5) 젠다베스타(Sendavesta)는 조로아스터교의 성전(聖典). 혹은 아베스타라고도 한다. 선한 신인 아후라 마즈다는 생명과 빛을 택하고 사악한 영(靈)인 앙그라 마이뉴(아리만)는 죽음과 어둠을 취했으며, 인간은 선신의 비호 아래 에서 악과 싸워야 하며, 내세에 인간에게 심판이 내려진다고 한다.

6) P판과 S판 모두 "특히" 뿐이지만, Ak판에 의해 그 뒤에 "zu beach- ten"을 넣어서 읽었다.

것을 비유의 형식으로 표현했기 때문이다. 최초의 시인은 오르페우스였으며, 그 다음에는 헤시오도스[7]였다. 페레키데스[8]는 산문의 형식으로 글을 썼던 최초의 사람이었다고 말해진다. 헤라클레이토스에 관해서도 그렇게 말해지지만, 이 사람에 관해서도 그의 책들은 극히 불명료하다고 말해지고 있다. 이것은 철학적인 언어가 당시에는 아직 새로운 것이었기 때문에 생겨나게 된 일이었다. — 시인에 관해서 말한다면 비유와 표현법의 다양함은 경탄할만 하였다. — 이오니아학파 뒤에 엘레아학파가 나타났는데, 그 창시자는 크세노파네스였다. 이 학파의 근본 원리는, 감관 안에는 기만과 가상(假象)이 있으며, 오성 안에만 진리가 존재한다고 하는 것이었다. 이 학파는 갑자기 시인들로부터 이탈하기 시작했다. 왜냐하면 시인들은 모두 감성적으로 표현하기 때문이다. 그 이외의 점에서는 이 학파는 어떠한 큰 이익도 가져다주지 못했다. — 엘레아 출신의 제논은 특히 우수한 오성과 명민함을 가졌던 사람이었다. — 이제야 변증법이라는 이름 하에서 순수한 오성 사용이 그 모습을 드러내게 되었다. 즉 변증법은 모든 감성으로부터 분리된 개념에 따라서 오성을 사용하는 능력을 지시하게 되었다. — 그래서 우리는 고대 그리스인들에 있어서 변증법이 상당히 찬미되는 것을 발견하게 되며, 그리고 이러한 의미에서 변증법은 또한 칭찬을 받는다. [11] 이제야 완전히 감각을 비난했던 철학자들은 필연적으로 견강부회에 착안하게 되고, 그리고 거기에서 우리가 현재 생각하고 있는 그런 의미에서의 변증법이 성립했다. 변증법은 어떤 명제라도 주장하고 어떤

7) 헤시오도스(Hesiodos)는 기원전 8세기경의 사람. 그리스 서사시의 저자. 『신통기』(神統記)가 유명하다.

8) 페레키데스(Pherkydes)는 기원전 6세기경의 사람으로서, 그리스 신화의 저술가이자 피타고라스의 스승이라고도 알려져 있다.

명제라도 반박하는 기술이 되었으며, 그것은 단지 궤변가, 변호사 및 웅변가의 관용(慣用)이었을 뿐이다. 이전에는 소피스트는 훌륭한 명칭이었으며, 모든 일에 대해서 이성적으로 그리고 통찰을 가지고서 말할 수 있는 사람에게 이 명칭이 부여되었다. 그러나 [뒤에] 그들이 모든 것에 대해 궤변을 논하려고 하고 또한 그렇게 하는 것에만 정신을 빼앗겼을 때, 이 소피스트라는 명칭은 혐오스럽게 되었으며, 그 대신에 철학자라는 명칭이 나오게 되었다. 게다가 소크라테스는 소피스트들을 아이러니에 의해 궁지에 몰아넣고 웃음거리로 만들었다. 스토아 철학자인 카르네아데스는 로마로 돌아와서 여러 가지 연설을 했다. 그런데 키케로는 그에 관해서, 그는 논쟁해서 전복시켜 버리지 않는 어떤 명제도 취급하지 않았고, 또한 굳게 하여 확실하게 만들지 않은 어떤 명제도 주장하지 않았다고 말하였다. 그렇지만 집정관(執政官) 카토[9]는 자신은 카르네아데스의 논거들에서 진리를 발견할 수 없었다고 말하였다. — 이오니아학파의 시대에 마그나그레키아(나폴리)에서 드문 천재성을 가진 사람이 나타났다. 즉 사모스 태생의 피타고라스가 그 사람이다. 그는 하나의 학파를 수립하고, 또한 그 때까지 그 유(類)를 보지 못했던 계획을 세웠다. 즉 그는 비밀을 견고하게 지킴으로써 결속을 이룬, 철학자의 결사(結社)를 창립했다. 그는 공공연한 학설, 즉 그가 전 국민에게 강연했던 학설을 가지고 있었다. 그는 서원(誓願)을 하지 않으면 안 되는 초심자를 양성하고, 그들에 대해서는 일반인에 대해서보다도 많은 학설을 보여주었다. 그리고 그는 그들 중 몇 사람을 자신과의 특별한 친교 관계 안으로 끌어 들였으며, 이들은 세상과 격리된 채로 지냈다. [12] 그는 청강만 하는 전자를 초급의 학생

9) 카토(Marcus Parcius Cato Censorius, 234~149 B.C)는 한니발과의 전쟁에서 크게 활약했으며, 뒤에 로마의 집정관이 되었다.

(acusmatici)이라 불렸지만, 질문도 할 수 있는 후자를 상급의 학생(acroamatici)이라 불렀다. 그의 비밀 이론을 매개(vehiculum)한 것이 자연학과 신학이었다. 즉 가시적인 것과 불가시적인 것에 관한 이론이었다. 그의 계획은 종교를 국민의 망상으로부터 순화하고, 폭정(暴政)을 억제하며, 보다 많은 합법성을 국가 안으로 도입하는 것이었던 것처럼 보인다. 이 전체 종파는 그가 죽기 직전에 뿌리째 뽑혀버렸다. 그의 이론에 관해서는 어떤 것도 말할 수 없었다. 왜냐하면 누구도 그의 이론을 본질적으로 알지 못했기 때문이다. 그의 제자들 중 아직 살아남았던 사람들은 많은 것을 알지 못하는 초심자였다. 뒤에 사람들은 많은 명제를 피타고라스에 귀속시켰지만, 이들 명제는 아마도 날조된 것에 지나지 않는다. 피타고라스는 그 밖에 수학적 두뇌의 소유자였다.

그 후 그리스인 중에 한 사람의 인물이 나타났다. 그는 다수의 사변적 재능을 소유한 사람 중에서 새롭게 출현해서 사람들을 참된 선에로 이끌었는데, 그가 바로 소크라테스였다. 거의 모든 사람 중 그야말로 그 행동이 현자(賢者)의 이념에 가장 가까이 갔던 인물이었다. 그의 가장 걸출한 제자는 플라톤이라 불렸는데, 그는 다른 누구보다도 소크라테스의 실천적 이론에 종사한 사람이었다. 이 플라톤의 제자가 아리스토텔레스인데, 그는 사변적 철학을 한 단계 높였던 인물이었다. — 이제 에피쿠로스학파가 나타났는데, 이들은 모든 선(善)을 그들이 쾌락이라고 불렀던 유쾌한 심정에다 두었다. 또한 스토아학파가 나타났는데, 그들은 인생의 모든 쾌락을 가지지 않고 지낼 수 있는 영혼의 고귀함 안에다 모든 행복을 두었다. 에피쿠로스학파에 대해서 사람들이 무슨 말을 하든지 간에, 그들은 그리스의 모든 학파 중 가장 뛰어난 자연철학자였다.

[13] 그리스의 가장 탁월한 학파는 특별한 이름을 가졌다. — 즉

플라톤의 학파는 아카데미아(academia)라 불렸고, 아리스토텔레스의 학파는 뤼케움(lyceum)이라 불렸으며, 키티움 출신의 제논의 학파는 포르티쿠스(porticus)라 불렸고, 에피쿠로스학파는 호르투스(hortus)라 불렸다. 뤼케움은 젊은이들이 체조할 때 연습하는 장소였다. 이 학파의 신봉자들은 페리파테키[소요학자(逍遙學者)]라 불려졌다. 포르티쿠스(산책(散策))는 차폐(遮蔽)된 복도였다. 그리스어로는 스토아(στοα)이다. 그로부터 스토아학파는 그 이름을 얻게 된다. 에피쿠로스학파는 호르투스라 불려진다. 왜냐하면 에피쿠로스는 정원에서 가르쳤기 때문이다. 초기의 에피쿠로스학파의 사람들에게는 쾌락을 향유(享有)하는 데 있어서 가장 극도에 이르기까지 억제하려는 태도가 있었다. — 플라톤의 아카데미아에 뒤이어서 그의 제자들에 의해 창립되었던 또 다른 학파가 나타났다. 최초의 학파는 스페우시포스, 두 번째 학파는 아르케실라오스, 세 번째 학파는 카르네아데스가 창립했다. 플라톤은 그의 가르침 중 많은 것을 대화의 형식으로 강의했다. 즉 긍정(pro)과 부정(contra)의 근거들이 제시되었다. 그러나 이때 그는, 보통은 극히 독단적인 사람이었지만, 어떤 것도 단정을 내리지 않았다. 즉 진리를 연구하는 방법은 회의적이지 않으면 안 된다고 했다. 플라톤의 제1제자 스페우시포스는 회의적인 사람이었다. 아르케실라오스도 또한 그에게 동조했으며, 또한 카르네아데스는 이것을 더욱더 추진해 나갔다. 그러므로 의심하는 자도 역시 아카데미아학파라고 불리게 된다. 이들은 보통 회의주의자라고 불렸지만, 회의주의자는 천착(穿鑿)하는 변증법적인 철학자였다. 특히 피론은 탁월한 회의주의자였다. 아리스토텔레스의 학파로부터는 테오프라스토스와 데미트리우스 팔레레우스 이외에는 탁월한 제자는 한 사람도 발견되지 않았다. 그러나 이 두 사람의 저작은 어디에도 남아있지 않았고, 또한 이 두 사람이 아리스토텔레스의 철학을 확장했다는 것도 고대인들로부터 들려진 바가 없다. [14] — 스토아학파의 사람들은 사변적 철학의 측면에서는 변증법적이고, 도덕의 측면에서는 실천적이며, 그들의 원리의 측면에서는 많은 위엄(威嚴)을 보여주었다. 이 학파는 키티움 출신의 제논으로부터 시작하였다. 그 뒤를 이어서 두 명의 유명한 사람이 나타났다. 즉 클레안테스와 크리시포스가 그들이다. — 에피쿠로스학파는 스토아학파가 얻었던 평판을 가질 수가 없었다. 그 점에서 이 두 학파는 불구대천의 적이었다. 에피쿠로스의 학원으로부터 사람들은 로마의 시인 루크레티우스의 보고[즉 De rerum natura] 이외에는 어떤 것도 인용할 수 없지만, 이 보고에 대해서는 가장 견고한 신뢰를 주어서는 안 된다.

아카데미아학파는 회의주의에 빠졌다. 따라서 피론으로부터 셈을 세기 시작한다면, 사람들은 독단주의자와 구별되는 일단(一團)의 회의주의자를 접하게 된다. 독단주의자들은 경험의 도움 없이 단지 오성에 의해서만 확실하게 알 수 있다고 말했다. 이에 반해서, 회의주의자들은, 오성이 무언가를 자기 자신으로부터 뽑아낸다면, 그것은 순전(純全)한 가상(假象) 이외에 아무 것도 아니라고 생각했다. 그러나 그 뒤에 회의주의자들은 더 나아가서, 다음과 같이 말했다. 즉 경험으로부터 분리된 오성의 일반적 판단 중에는 단순한 가상 이외의 것은 존재하지 않을 뿐만 아니라, 모든 경험 중에도 또한 가상 이외의 것은 없다고 말했다. 이들 회의주의자 중에서 모든 회의를 모아 기록한 섹스투스 엠피리쿠스의 저작 이외에는 우리에게 어떤 것도 남아 있지 않다.

철학이 그리스인으로부터 로마인으로 이행해 갔을 때, 철학은 확장되지 못했다. 왜냐하면 로마인들은 항상 그리스인의 제자에 머물러 있었기 때문이다. 키케로는 사변적 철학의 측면에서는 플라톤의 제자였고, [15] 도덕의 측면에서는 스토아 철학자였다. 로마인 중에는 플리니우스 이외에는 어떠한 자연철학자도 없었는데, 그는 자연에 대한 기술(記述)을 후대에 남겼다. 로마인 중 에픽테토스와 안토니우스 필로소포스가 스토아학파에 속했다.

마지막으로 문화는 로마인 아래에서 소멸하고, 야만 상태가 생겼으며, 이윽고 아라비아인이 로마 제국의 일부에 몰려들어 왔고, 7세기쯤 그들은 학문을 중시하기 시작했으며, 아리스토텔레스를 다시 높이 평가했다. 여러 학문들이 서양에서 다시 높이 치솟아 올랐을 때, 사람들은 아리스토텔레스를 노예적인 태도를 가지고서 추종했다. 11, 12세기(seculum)에는 아리스토텔레스를 설명 해석하고, 그의 천착 태도를 끝없이 추진했던 스콜라 철학자들이 출현했다. 이 어처구니없는 풍조는 종교개혁 때 일소(一掃)되었고, 그리고 이번에는 절충주의자들, 즉 어떠한 학파도 신봉하지 않고 진리를, 마주치는 바로 그 곳에서, 찾았던 사람들이 나타났다.

우리 시대에서의 철학의 개선은, 자연의 대규모의 연구가 두각을 나타냈기 때문에, 그리고 사람들이 수학과 자연과학을 결합했기 때문에, 나타난 것이다. 그렇게 해서 생겨났던 사고 방식은 철학의 다른 부분에도 확대되었다. 가장 위대한 자연학자는 사람들로 하여금 관찰과 실험에 주목하게 했던 바코 폰 베루람(Baco von Verulam)[10]이었다. 카르테시우스(Cartesius)[11]도 사유에 대해서 명석성을 준 것으로 크게 기여했다. 어디서부터 사변적 철학의 개선이 유래했는가를 규정하기는 어렵다. [16] 사변적 철학을 개선한 사람 아래 라이프니츠(Leibniz)와 로크(Locke)가 속해 있다. 라이프니츠와 볼프(Wolff)에게 고유한 것이었던 독단적인 철학적 사색은 큰 결함을

---

10) 프란시스 베이컨(Francis Bacon, 1492~1540)을 말하는 것임.

11) 데카르트(René Descartes, 1596~1650)를 말함.

가지고 있었다. 이러한 사색의 방식을 중지할 필요가 있는 만큼 거기에는 기만적인 것이 발견된다. 그러나 사람들이 나아갈 수 있는 다른 방식은 비판, 혹은 이성이 음미하고 평가하는 방식일 것이다. 로크는 인간의 오성을 분석하고, 어떠한 힘이 이런 저런 인식에 속하는가를 보여주었다. 그러나 그는 그러한 작업을 완성하지 못했다. 그의 방식은 독단적이었지만, 그는 사람들이 마음을 더욱 잘 연구하기 시작했다고 하는 편의를 가져다주었다. 현재는 자연철학(자연의 실마리에서 진행하는)이 가장 번성한 상태에 있다. 도덕에서는 우리는 고대 사람보다 더 나아가지 못하고 있다. 형이상학에 관해서 말한다면, 우리는 진리의 연구에 당혹해서 주춤하는 것처럼 보인다. 그래서 형이상학은 본래의 철학임에도 불구하고, 형이상학적 천착에 관해서 경멸적으로 말하는 것이 자랑거리가 되는, 일종의 무관심주의가 보여진다. 우리의 시대는 비판의 시대이며, 따라서 사람들은 이 비판적 시도로부터 무엇이 생겨나는가를 알지 않으면 안된다. 보다 새로운 철학이라고 사람들은 본래 부를 수 없다. 왜냐하면 모든 것이 말하자면 흘러가는 중에 있기 때문이다. 즉 어떤 사람이 세운 것을 다른 사람은 잡아 뜯기 때문이다.

[17] 형이상학

서문

철학은, 수학과 마찬가지로, 두 부분으로 분류된다. 즉 순수 철학과 응용 철학으로 분류된다. — 형이상학은 순수 철학의 체계이다. 형이상학이라는 말은 자연의 한계를 넘어서는 학문을 의미한다. (자연은 경험의 모든 대상의 총괄이다.)

원리(principium)란 다른 여러 규칙들을 자신 아래 포함하는 일반적 규칙이다. 우리가 경험적 개념으로부터 완전히 분리된 모든 순수 개념을 총괄한다면, 그렇게 함으로써 우리는 하나의 학문을 얻게 된다. 철학적 인식은 아프리오리한 단순한 개념으로부터 성립한다.

물리학은, 경험으로부터 나온 원리들에 의존하는 한에서의 자연에 관한 철학이다. 그러나 형이상학은, 아프리오리한 원리들에 의존하는 한에서의 자연에 관한 철학이다. 도덕은 우리에게 이성의 실천적 원리들을 가르친다. 모든 것이 [18] 거기에 기초를 두고 있는 것처럼 보이는 개념은 최고 존재자 및 다른 세계에 관한 개념이다.

형이상학은 필연적이다. 경험적 개념들에 의해서는 결코 만족되지 않는 이성이 형이상학의 근거이다. 이성은 사물의 고찰에서도, 경험의 분야 즉 감성계에서도 만족을 발견하지 못한다. 신과 영혼 불멸의 개념이야말로 무엇 때문에 이성이 경험의 분야로부터 벗어나는가[12]에 대한 두 가지 큰 동기이다.

어떻게 아프리오리한 인식이 가능한가 하는 것이 [형이상학의] 주요 문제이다. 순수 수학 전체는, 경험적 개념에 근거함이 없이, 아프리오리한 단순한 개념을 포함하는 학문이다. 따라서 현실적으로 아프리오리한 인식들이 존재한다는 것은 이미 증명되고 있다. 아니, 완전히 순수한 오성 개념으로부터 성립하는 하나의 완전한 학문이 존재한다. 그렇지만 어떻게 해서 아프리오리한 인식이 가능한가 하는 것이 문제된다. 이 물음에 답하는 학문은 순수 이성 비판이라 불려진다. 선험 철학(Transcendentalphilosophie)은 우리의 모든 아프리오리한 순수 인식의 체계이다. 보통은 그것은 존재론이라고 불린다. 따라서 존재론은 사물 일반에 관해 취급하며, 그것은 모든 특수한 것을 사상(捨象)해 버린다. 존재론은 모든 순수 오성 개념과 오성 혹은 이성의 모든 원칙을 총괄한다.

형이상학에 속하는 주요한 학문은 존재론, 우주론, 신학이다. — 자연을 대상으로 삼는 학문 전체는 자연학(Physiologie)이라 불린다. [19] 물체에 관한 이론은 물리학이라 불리며, 형이상학적인 영혼의 이론은 심리학이라 불린다. 이 양자가 자연학이다. 물리학은 경험적(empirica)이거나 합리적(rationalis)이다. 합리적 물리학을 사람들은 일반적(generalis) 물리학이라고도 부를 수 있다. 이와 마찬가지로 심리학도 경험적이거나 합리적이다. 경험적 물리학과 경험적 심리학은 본래 형이상학에 전혀 속해 있지 않다. 그러나 사람들은 경험적 심리학을 지금까지 끊임없이 형이상학 안으로 가져왔다. 왜냐하면 그들은 형이상학이 본래 무엇인가를 알지 못했기 때문이다. 우리도 경험적 심리학을 형이상학 안으로 가져오지 않으면 안 된다. 왜냐

12) P판과 S판에는 문장 끝에 "ist"가 빠져 있지만, Ak판에는 "ist"가 있다.

하면 경험적 심리학은 본래 단독으로는 진술될 수 없기 때문이다.

존재론은 우리의 모든 아프리오리한 인식의 순수한 기초론이다. 즉 존재론은 우리가 아프리오리하게 사물에 대해 가질 수 있는, 모든 우리의 순수한 개념의 총괄을 포함한다. 우주론은 순수 이성에 의한 세계 고찰이다. 세계는 물질적 세계이거나 영혼의 세계이다. 따라서 우주론은 두 부분을 포함한다. 첫 번째를 물체적 자연의 학이라 부를 수 있으며, 다른 부분을 사유적 자연의 학이라 부를 수 있을 것이다. 그러므로 물체론과 영혼론이 존재한다. 합리적 물리학과 합리적 심리학은 일반적인 형이상학적 우주론에 속하는 두 가지 주요 부분이다. — 형이상학의 마지막 주요한 학문이 합리적 신학이다.

제1장
[20] 존재론

존재론은 실제로는 형이상학에 속하는 첫 번째 부분이다. 이 용어 그 자체는 그리스어로부터 유래하고 있으며, 본질의 학과 같은 것을 의미한다. 혹은 올바로 그 어의(語義)에 따르면 일반적 본질을 의미한다. 존재론은 나의 오성이 아프리오리하게만 가질 수 있는 나의 모든 개념의 기초론이다.

가능한 것과 불가능한 것에 관해서

존재론에서의 제1의 그리고 가장 중요한 물음은 아프리오리한 인식이 어떻게 가능한가 라는 것이다. 이 물음은 우선적으로 해결되지 않으면 안 된다. 왜냐하면 존재론 전체는 이 물음의 해결에 근거해 있기 때문이다. 아리스토텔레스는 모든 아프리오리한 인식을 비난함으로써 이 명제를 해결했으며, 모든 인식은 경험적이라고 혹은 모든 인식은 경험이라는 제1의 원리에 근거해 있을 것이라고 말했다. 왜냐하면 그의 주 명제는 미리 감각 안에 없었던 것은 어떤 것도 지성의 안에 존재하지 않는다(nihil est in intellectu, quod non antea fuerit in sensu)는 것이었기 때문이다. 그리하여 그는 모든 아프리오리한 인식을 무효로 만들었다. 그러나 플라톤은 우리의 모든 아프리오리한 인식은 근원적인 직관으로부터 유래한다고 말했다.

우리는 전혀 어떤 생득적 관념(notiones connatae)도 가지지 못하며, 우리는 그들 모두를 획득하거나 혹은 후득적 관념(notiones acquisitae)을 얻는다. 오성은 그 자신의 사용에 주목함으로써 개념을 획득한다. 사람들이 이것에 관해서 말할 수 있는 것은 다음과 같은 것일 뿐이다. [21] 즉 그것은 어떤 종류의 아프리오리한 인식이 있다는 것이다. 비록 그것이 경험으로부터 얻어지게 된다거나 혹은 경험의 한계를 넘어서 사용된다거나 하는 것처럼 보일는지 모른다고 하더라도 말이다. 우리의 이성 안에는 어떤 종류의 변증법이 존재한다. 즉 나에게 어떤 것을 참 혹은 거짓으로 보여주는 어떤 종류의 가상(假象)의 기술이 존재한다. 우수한 변증법론자는 하나의 사태에 관해서 그것의 정립과 그것의 반정립을 마찬가지로 용이하게 주장할 수 있음에 틀림없다. 혹은 그는 하나의 사태의 참과 거짓을 동시에 증명할 수 있거나 긍정과 부정을 동시에 말할 수 있음에 틀림없다. 변증법은 모순을 포함하며, 이 모순은 독단적으로 형이상학 안에서 논의를 전개하는 것이 불가능하다는 점을 보여준다. 있음과 함께 없다고 하는 것은 불가능하다(impossibile est, simul esse ac non esse). 함께(simul)라는 것은 동시에 라는 것을 의미한다. 그러나 아직 시간은 설명되고 있지 않다. 그 때문에 오히려 다음과 같이 말해질 수 있다. 즉 어떠한 주어도 그 주어 자신에 대립하는 술어와는 일치하지 않는다(nulli subjecto competit praedicatum ipsi oppositum). 부정적 무(無, nihil negativum)는 결코 사유될 수 없는 것이다.

인간 인식 전체의 최고 개념은 객관 일반의 개념이며, 사물과 사물이 아닌 것에 관한 개념 혹은 가능한 것과 불가능한 것에 관한 개념은 아니다. 왜냐하면 이것들은 대립해 있는 것(opposita)이기 때문이다. 또한 대립을 가지고 있는 어떤 개념도 그러한 [대립적] 구분을 안에 포함하고 있는 보다 고차적인 개념을 요구한다. 두 가지 대립물은 보다 고차적인 객관의 구분이다. 따라서 가능한 것과 불가능한 것에 관한 개념은 혹은 사물과 사물이 아닌 것에 관한 개념은 결코 인간 인식의 최고 개념일 수 없다.

모순율은 불가능한 것의 정의가 아니다. [22] 자기 모순적인 것은 불가능하다. 그것의 반대가 결코 생각될 수 없는 것은 자명하게 확실하다. 필연적으로 자명한 부정 판단은 불가능하다. 자기 자신과 모순되는 것은 불가능하다(impossibile est illud, quod sibi ipsi contradicit). 모든 정의는 환위될 수 있다. 모든 정의는 정의되어야 하는 것(definito)과 바뀔 수 있으며, 만약 이 정의되어야 하는 것이 바뀔 수 없다면, 그것은 그 정의가 결코 정의가 아니라고 하는 것의 확실한 징표이다. 자기 자신과 모순되는 것은 불가능하다. 따라서 이로부터 어떤 모순도 포함하지 않는 것은 불가능하지 않다 라는 사실이 귀결한다. 불가능하지 않은 것은 가능하다. 그런데 나의 사고가 어떤 모순도 포함하지 않는다면, 그것은 가능하다. 그것에 관해서 사고가 자기 모순되는 것은 단적으로 불가능하다. 그것은 부정적 무이다. 실재는 어떤 것이며, 부정은 무이다. 다시 말하면 대상을 결여한 개념이다. 상상적 존재(ens imaginarium)는 사물이 없는 것이지만, 그러나 그것에 대한 사고는 가능하다. 사물이 없는 것은 무이며, 그것은 직관될 수 있는 대상이 결코 아니다. 우리는 물론 사고의 가능성을 대상의 가능성으로 간주해서는 안 되며, 이 점에 대해서는 매우 경계하지 않으면 안 된다. 모순율(principium contradictionis)은, 그것에 대해서 어떤 인식도 모순되는 것을 허용하지 않는, 이른바 진리의 규준이다. 진리의 규준(criterium veritatis)이란 진리의 구별 표시이다. 모순율은 진리의 최고의 소극적 규준이다. 그것은 모든 인식의 필요 조건(conditio sine qua non)이다. 그러나 모든 진리의 충분한 규준은 아니다.

[23] 종합 판단과 분석 판단에 관하여

판단은 그것이 자기 자신과 모순될 때 거짓이다. 그러나 이로부터 자기 자신과 모순되지 않는 판단이 참이라고 하는 것이 귀결되는 것은 아니다. 모든 분석 판단은 모순율로부터 도출되지 않으면 안 된다. 자기 자신과 모순되고, 그것의 개념조차 불가능한 것은 무(無, nihil)이다. 이 무는 또한 부정적 무라고도 불린다. 상상적 존재는 단순한 환영(幻影)이지만, 그러나 그것에 관한 사고는 가능하다. 자기 모순되지 않은 것은 논리적으로 가능하다. 다시 말하면, 그 개념은 아마 가능하지만, 그러나 어떤 실재성도 거기에는 존재하지 않는다. 따라서 그 개념에 관해서 그것은 어떤 객관적 실재성도 가지지 않는다고 말해진다. 어떤 것은 사유의 각각의 대상을 의미하며, 이것은 논리적인 그 무엇이다. 객관 일반의 개념은 모든 인식의 최고 개념을 의미한다. 사람들은 객관을 어떤 것이라고도 부르지만, 그러나 그것은 형이상학적인 것은 아니고, 논리적인 것이다. 모순율은 "어떤 주어도 이 주어 자신에 대립하는 술어와 일치하지 않는다"라는 것을 의미한다. 이 모순율에는 동일률(principium identitatis)이 종속되거나 동격으로 놓여 있다. 동일률은 "모든 주어에는 이 주어 자신과 동일한 술어가 일치한다"(omni subjecto competit praedicatum ipsi identicum)라는 것을 의미한다. — 모순은 현실적(patens)이거나 잠재적(latens)이다. 그것과 마찬가지로 동일성도 현실적이거나 잠재적이다. 즉 드러나거나 은폐되어 있다. 현실적인 동일성은 피해지지 않으면 안 된다. 현실적인 모순을 [24] 누구도 범하지 않을 것이다. 왜냐하면 그러한 모순은 아주 분명히 자기 모순되는 것이기 때문이다. 동일률 혹은 동일성의 원리가 긍정 명제에 타당한 것은, 마치 모순율이 부정 명제에 타당한 것과 같다. 근본적으로 보면 이 두 가지 원리는 하나의 것으로 간주될 수 있다. 왜냐하면 내가 한쪽의 원리를 정립한다면, 이로부터 다른 쪽의 원리도 확실하게 귀결하기 때문이다. 동일률은 이미 모순율 중에 함께 작용하고 있다. 배중율(principium exclusi medii inter duo contradictoria)도 또한 모순율 중에 포함되어 있다. 그 때문에 배중율은 "어떠한 주어에도 모순적으로 대립하는 술어 중 하나가 일치한다"(cuilibet subjecto competit praedicatorum contradictorie oppositorum alterutrum)라는 것이다. 모순은 외견적(外見的, apparens)이거나 진실(vera)하다. 종종 우리의 개념은, 사실상으로는 어떤 모순도 없더라도, 모순을 포함하는 것처럼 보인다. 예를 들면, 천천히 서두르라고 말해지는 경우가 그것이다. 여기서는 모순이 있는 것처럼 보인다. 그러나 어떤 모순도 없다. 왜냐하면 그것은, 지나가기 전에 앞에 놓여진 목표를 통과한 것이 아닌 것처럼 서두르라, 하는 것만큼을 의미하고 있기 때문이다.

모든 판단은 두 종류로 나뉜다. 즉 분석 판단과 종합 판단으로 나뉜다. 분석 판단은 내가 주어에 관해서 그 주어의 개념에 포함되어 있는 것 및 내가 분석에 의해서(per analysin) 추출할 수 있는 것 이외의 것에 대해 어떤 것도 이야기하지 않는 판단이다. 종합 판단은 내가 주어에 대해서 다음과 같은 술어, 즉 내가 그 주어의 개념에 추가하지만 결코 분석에 의해서 추출되지는 않는 그런 술어를 추가할 수 있는 판단이다. 예를 들면 황금은 노란색의 금속이라고 내가 말한다면, 이것은 분석 판단이다. 그러나 내가 황금은 녹슬지 [25] 않는다고 말하는 경우에는 이것은 종합 판단이다. 분석 판단은 단지 설명적 판단이지만, 종합 판단은 확장적 판단이다. 분석 판단의 유리한 점은 이 판단이 사실을 설명한다는 점에 있다. 분석 판단은 상당히 중요하다. 철학 전체는 이 분석 판단이 계속 쌓인 것이다. 도덕 전체는 대개 순수한 분석 판단으로부터 성립한다.

어떻게 해서 아프리오리한 분석 판단은 가능한가? 모든 분석 판단은 아프리오리한 판단이다. 왜냐하면 술어는 주어의 개념으로부터 추출되기 때문이다. 모든 분석 판단은 모순율로부터 귀결한다. 그러나 종합 판단은 전혀 모순율에 근거해 있지 않다. 종합 판단은 다음의 두 가지로 구분된다. 즉 (1) 아포스테리오리(a posteriori)한 판단, 즉 경험적 판단과, (2) 아프리오리한 판단으로 구분된다. 우리의 모든 경험은 순수한 종합 판단으로부터 성립한다. 그 때문에 우리의 경험적 판단은 종합적이다. 거기에서는 어떻게 해서 아포스테리오리한 종합판단이 가능한가가 문제된다. 아포스테리오리한 종합 판단은 경험적 직관의 결합에 의해서 생겨나거나 혹은 사람들이 경험적 지각을 항상 지각에 부가하는 경우에 생겨난다. 그러나 아프리오리한 종합 판단이 현실적으로 존재한다는 것도 다수의 실례로부터 인정될 수 있다. 수학 전체가 이것을 증명한다. 즉 산수와 기하학 전체는 거의 순수한 아프리오리한 종합 판단만을 포함한다. 철학에서도 아프리오리한 종합 판단이 존재하는가 어떤가가 문제된다. 철학에서는 개념에 의한 아프리오리한 종합 판단이 존재하지만, [26] 그러나 수학에서는 개념의 구성에 의한 아프리오리한 종합 판단이 존재한다. 철학 전체는 분석 판단에 의해서 가득차 있다. 왜냐하면 철학에서는 일체의 것이 분석되지 않으면 안 되기 때문이다.

우리는 판단이 아프리오리한가 아포스테리오리한가를 도대체 어떻게 해서 알게 될까? 생겨나는 일체의 것은 충분한 근거 혹은 원인을 가진다. 원인은 어떤 것이 일정 불변한 규칙에 따라서 나오지 않으면 안 되는 것이어야 한다는 것과는 다른 것이다. 어떤 실체도 존속하며, 그것의 형식만이 변화한다. 사람들이 분석적 인식을 가지기 전에 종합적 인식에 관해 생각하는 것은 결코 보람이 있는 일이 아니다. 내가 어떤 것을 분석하지 않고 종합적으로 인식할 수 있는, 즉 분석 없는 종합이 가능한 그런 유일한 길이 열려 있다. 다시 말하면 그것은 경험에 의해서만 열려 있다. 그러나 내가 어떤 것을 분석에 의해서 발견할 수 있는 경우에는, 나는 경험을 전혀 필요로 하지 않는다. 모든 경험은 종합 판단 이외의 다른 것이 아니다. 경험에 의해서는 아프리오리한 인식은 결코 가능하지 않지만, 거꾸로 아프리오리한 인식에 의해서만 경험은 가능하다. 만약 어떤 아프리오리한 인식도 없었다면, 어떠한 경험도 생겨나지 않았을 것이다. 왜냐하면 경험은 아프리오리한 인식에만 근거해 있기 때문이다. 모든 나의 인식에는 다음의 두 가지, 즉 (1) 개념, (2) 직관이 있다. 모든 우리의 인식은 개념을 전제하고, 개념은 절대적으로 직관을 요구한다. 개념을 사람들은 구체적으로도 추상적으로도 사용할 수 있다. 내가 개념을 가지고자 한다면, 나는 직관도 가지지 않으면 안 된다. 직관은 개개의 객관의 직접적 표상이다. [27] 그러나 개념은 개개의 객관의 간접적 표상이다. 우리가 아프리오리한 인식을 가지고 있다면, 우선 첫째로 우리는 아프리오리한 개념을, 다음으로는 이들 개념이 그것에 적용될 수 있는 아프리오리한 직관을 가져야만 한다. 따라서 직관은 객관의 개개의 표상이다. 아프리오리한 직관이란 공간과 시간이다.

아프리오리한 개념은 순수 오성 개념의 다양을 하나의 의식 안에 통합하는 것이다. 논리학은 단지 오성 개념의 형식적 법칙을 다룬다. 공간과 시간은 아프리오리한 직관이며, 우리는 경험에 앞서서 공간과 시간에 관해서 많은 것을 말할 수 있다. 아프리오리한 개념들도 존재한다. 왜냐하면 이들 개념이 존재하지 않았더라면, 어떠한 형이상학도 결코 가능하지 않았을 것이기 때문이다. 우리는 오성이 그것에 대해서 아프리오리하게만 작용할 수 있는 이들 개념을 모두 유일한 원리에 따라서 규정할 수 있다. 즉 (1) 어떤 근거로부터 이들 개념이 기인하는가, (2) 이들 개념은 얼마만큼 많이 존재하는가라는 것을 규정할 수 있다. 아프리오리한 개념에 의해서 우리는 형이상학을 체계로서 취급할 수 있다. 우리는 아프리오리한 개념이 어디에 근거해 있는가, 그리고 아프리오리한 개념이 어디서부터 기인하는가를 살펴보아야 한다. 오성의 모든 형식은 논리학에서 상세하게 취급된다. 순수 오성 개념들을 우리는 아리스토텔레스에 따라서 범주(Kategorie)라고 명명하고자 한다. 모든 아프리오리한 개념은 오성 사용의 형식으로부터 기인한다.

모든 판단은 다음과 같이 구분된다. 즉,

(1) 양에 따라서,
(2) 질에 따라서,
[28] (3) 관계에 따라서,
(4) 양상에 따라서 구분된다.

(1) 판단은 양에 따라서 전칭적, 특칭적, 단칭적이다.
(2) 판단은 질에 따라서 긍정적, 부정적, 무한적이다. 무한 판단은 부정 판단과 내용상으로는 동일하지만, 논리적 형식상으로는 이것과 구별된다.
(3) 판단은 관계에 따라서 정언적, 가언적, 선언적 판단으로 된다.
(4) 양상에 따라서 판단은 개연적, 실연적(實然的), 필연적 판단으로 된다.

이들 판단에 오성 개념들이 상응한다.

(1) 양에 따른 3개의 판단에는, 단일성, 수다성, 총체성(unitas, multitudo, totalitas)의 세 개념이 상응한다.
(2) 질에 따른 판단에는 실재성(realitas), 부정성(negatio), 제한성 (limitatio)의 세 개념이 상응한다. 제한성은 실재성의 결여이며, 실재성이 제한되고 있다.
(3) 관계에 따른 판단에는 실체성과 우유성이 정언 판단에, 원인 (causa)과 결과(causatun)가 가언 판단에, 합성체(compositum)와 그것의 부분(partes)이 선언 판단에 상응한다. 이들은 하나의 명칭으로 불릴 수 있다. 즉 내속성(內屬性), 인과성, 상호작용(commercium)이 그것이다.
(4) 양상에 따른 3개의 판단에는 가능성, 현실성, 필연성의 개념이 상응한다.

[29] 이들 범주 아래 포괄되어 있지 않은 순수 오성 개념은 전혀 존재하지 않는다.

양상은 완전히 특별한 것이며, 거기에서 나는, 내가 어떤 것을 정립하는 방식, 즉 개연적이거나 가능적인 것으로서, 또한 실연적이거나 현실적인 것으로서, 그리고 명증적이거나 필연적인 것으로서 정립하는 방식에만 주목한다.

객관에 관계하지 않고 단지 주관에 관계하는 표상은 감각이라 불린다.

감각만으로는 우리는 어떤 것도 인식할 수 없다. 개념 없는 직관, 거꾸로 직관 없는 개념은 어떤 인식도 주지 못한다. 우리는 아프리오리한 직관과 아프리오리한 개념을 동시에 가지지 않으면 안 된다. 왜냐하면 이 양자가 없다면 어떤 인식도 가능하지 않기 때문이다. 감각은 직관을 경험적으로 만든다. 아프리오리한 직관을 우리는 순수 직관이라 부를 수 있으며, 순수 직관이란, 거기서는 어떤 감각도 생겨나지 않는 그런 직관이다. 아포스테리오리한 직관 즉 경험적 직관은 감각과 결합해 있는 직관이다. 순수 오성 개념의 가능성에 대한 설명을 우리는 연역(演繹)이라고 부른다. 연역은 본래 무엇이 권리에 속하는가(quid juris) 라는 물음에 대한 답이다. 순수 오성 개념의 연역은 순수 오성 개념의 타당성의 증명이다.

근거에 관하여

근거와 귀결의 개념은 논리학에 속하며, 따라서 형이상학에 속해 있는 것이 아니라, [형이상학에서] 전제되어 있는 것으로서 가정된다. 그러나 우리는 여기서 [30] 이 두 개념을 함께 취급할 수 있다. 논리적 근거는 인식의 관계, 즉 어떤 것이 다른 것으로부터 어떻게 귀결하는가 라는 인식의 관계이다. 형이상학에서는 근거는 인과성의 개념 아래 속한다. 범주라는 말은 아리스토텔레스로부터 취해온 것이다. 아리스토텔레스는 10개의 범주를 제시했다. 즉 (1) 실체와 우유성(substantia, accidens) (이것은 하나의 범주였다), (2) 성질(qualitas), (3) 분량(quantitas), (4) 관계(relatio), (5) 능동(actio), (6) 수동(passio), (7) 시간(quando), (8) 장소(ubi), (9) 위치(situs), (10) 상태(habitus)가 그것이다. 능동과 수동은 원래는 어떤 범주도 아니고, 술어(Prädicabilien)이며, 이 둘은 관계에 속한다. 시간과 장소와 위치의 개념은 공간과 시간의 개념에 속한다. 그러나 시간과 공간은 범주의 안으로 들어오지 않는다. 상태는 가능성에 속한다. 그러나 가능성, 현실성, 필연성은 아리스토텔레스의 범주에서는 발견되지 않는다. 따라서 아리스토텔레스의 범주가 한 면으로는 충분하지 못하고, 다른 면으로는 확연하게 구별되지 않는다는 사실이 쉽게 알려진다.

우리는 근거에 대한 올바른 정의를 조금씩 검토해 보고자 한다. 왜냐하면 이 정의는 완전히 필요 불가결한 것이기 때문이다. 근거는 그것을 통해서 다른 것이 정립되는 바의 것이다. 근거의 개념은 관계의 개념이다. 근거지어지는 것(rationatum)은, 다른 것의 정립에 의하지 않고서는, 정립되지 않는 바의 것이다(quod non ponitur nisi posito alio). 근거는 그것으로부터 어떤 것이 완전히 필연적으로 귀결하는 바의 것이거나, 혹은 그것으로부터 어떤 것이 보편적 법칙에 따라서 생겨나는 바의 것이다. 근본적으로 말하자면, 앞의 두 규정은 하나로 귀착한다. 귀결이 정립되는 경우에는 그것의 근거도 또한 생겨나게 되지만, 그러나 근거는 그것에 의해서 규정되지 않는다. 그러나 내가 근거를 정립하는 경우에는, [31] 필연적으로 어떤 귀결이 뒤따르지 않으면 안 된다. 근거는 그것의 정립에 의해서 다른 무언가가 규정되고, 세워지게 되는 바의 것이다(ratio est id, quo positio determinate ponitur aliud). 그러나 무언가가 정립되고 다른 것이 그것에 이어서 정립되지만, 그러나 전자가 후자의 근거로 되지 않는 그런 경우가 많다. 예를 들면 "황새가 오면 날씨가 좋다"가 그것이다. 그러나 정립하는(ponere) 것은 우연히 다른 것에 이어서 생겨난다는 것을 의미하는 것은 아니다. 왜냐하면 황새는 우편 마차에 타고서 올 수도 있기 때문이다.

귀결로서 간주되는 것은 의존(dependens)이라 칭해진다. 의존은 자신 안에 다른 것으로부터의 귀결을 포함하고 있는 것이다. 예를 들면 인간은 다른 인간에 의존할 수 있다. 독립(independens)은 다른 사물로부터 근거지어진 것을 결코 자신 안에 포함하지 않는 것이다. 신은 단지 독립적으로만 존재할 수 있다. 결합(nexus) 혹은 연결은 근거와 귀결 사이에 있다. 즉 종속의 결합과 공속(共배척 근거(ratio tollendi)가 속해 있다. 따라서 정립 관계(respectus ponens)와 배척 관계(respectus tollens)가 있으며, 이 두 가지 관계에는 근거가 요구될 수 있다. 모든 근거에는 두 가지 방식이 있는데, **논리적 근거** 혹은 **실재적 근거**가 그것이다. 논리적 근거는 그것을 통해서 무언가가 동일률에 따라서 정립되거나 혹은 폐기되는 바의 것이다. 그러나 실재적 근거는 그것에 의해서 무언가가 인과율[1]에 따라서 정립되거나 폐기되는 바의 것이다. 논리적 근거는 분석적이며, 실재적 근거는 종합적이다. 일치(consensus)는 소극적인 결합에 지나지 않는다. 논리적 결합은 실로 모순율에 따라서도 통찰되지만, [32] 그것보다도 동일률에 따라서 보다 명석하고 보다 쉽게 통찰될 수 있다. 논리적 근거(ratio logica)는 그것의 정립에 의해서 무언가가 동일률에 따라서 정립되는 바의 것이다(quo positio ponitur aliud secundum principium identitatis). 나는 분석에 의해서 행해지는 연역에 따라서 논리적 근거의 개념을 다른 개념으로부터 도출한다. 따라서 귀결은 근거 중에 존재하며, 암시적으로 본다면(implicite), 그 자체로는 이 근거와 동일한 것이지만, 그러나 명시적으로는(explicite) 그렇지 않다. 따라서 차이는 실재적으로서가 아니라, 단지 형식적으로 존재한다. 실재적 근거는 그것의 귀결이 실재적 귀결인 그런 근거이다. 예를 들면 나의 의지는 나의 다리 운동의 실재적 근거이다.

두 가지의 논리적 대립(logice opposita) 사이에는 제3자가 존재하지 않는다(tertium non datur). 그러나 두 가지의 실재적 대립(realiter opposita) 사이에는 제3자가 존재한다(tertium datur). 실재적 근거의 개념은 종합적이다. 어떤 것의 실재 근거를 포함하고 있는 것은 원인이라 칭해진다. 실재적 근거의 개념을 나는 경험으로부터 통찰할 수 없다. 왜냐하면 이 개념은 필연성을 포함하고 있기 때문이다.

이 실재적 근거의 개념에서 아프리오리한 종합 판단의 가능성에 관한 문제에 대한 대답이 가장 잘 주어질 수 있다. 모든 인식은 판단으로부터 성립한다. 즉 나는 술어로서의 표상을 주어에 관계시키지 않으면 안 된다. 감관들로부터 획득된 개념에 관해서는 내가 어

1) P판과 S판에는 “des Widerspruchs”로 되어 있지만, Ak판의 “der Kausalität” 를 취했다.

떤 형식에서 판단하는가는 문제가 되지 않는다. 그러나 표상들이 어떤 객관에 관계하는 경우에는, 내가 어떤 형식에서 판단하는가는 문제가 된다. [33] 왜냐하면 표상은 객관에 의해서 그 자체로서 규정될 수 있기 때문이다. 표상은, 이들이 객관에 관계하지 않는 한, 가능한 판단에 대한 술어일 뿐이다. 그러나 객관에 관계한다면, 나는, 거기에서 내가 이들 표상을 이 객관에 관계시키는 바의 판단의 형식을 찾아내지 않으면 안 된다. 이 경우 인식은 경험적 인식이거나 객관에 대한 표상들의 관계이다. 그 때문에 인식은 판단에 의해서만 가능하며, 실로 그 판단의 형식이 규정되지 않으면 안 된다. 그런데 모든 대상에 관해서 이것에 관한 판단의 형식을 규정하는 개념들은 순수 오성 개념 혹은 범주이며, 따라서 이 범주가 모든 경험의 가능성의 근거인 것이다. 범주는 모든 객관에 아프리오리한 판단의 형식을 규정하는 것이다. 감관의 모든 표상은 객관과의 관계를 가지고 있다. 근거와 귀결의 연결은 보편적 규칙에 따라서 고려되는 한에 있어서 두 현상의 결합의 표상이다. 어떤 운동도 원인을 가져야 한다. 경험은 감성적 표상들에 의한 객관에 대한 인식 이외에 다른 것이 아니다. 판단의 형식은 얼마나 많은 표상이 하나의 의식 안에서 결합될 수 있는가를 보여준다. 감관에 의해서 우리는 객관의 특성 혹은 술어를 인식할 수 있을 뿐이다. 객관 그 자체는 오성 안에 존재한다.

어떤 것은 내적으로 가능한 것으로서 그리고 외적으로 가능한 것으로서 보여질 수 있다. 내적으로 가능한 것은 절대적으로 가능한 것이라 칭해지며, 외적으로 가능한 것은 가정적으로 가능한 것이라 칭해진다. [34] 이 표현은 매우 애매하다. 조건은 모두 제한하는 것이며, 보편적으로 타당한 것은 아니다. 그러나 여기서는 가능성은 제한된 것으로서가 아니라 확대된 것으로서 간주되고 있다. 정립(in thesi)에서 뿐만 아니라, 가정(in hypothesi)에서도 가능한 것은 단지 내적으로 가능할 뿐만 아니라 외적으로도 가능한 것을 의미한다. 따라서 제약되어 있는 가능성은 가능성의 정도의 보다 낮은 단계이다. 그러나 그러한 가능성은 외연적인 것이라고 말해져야 한다. 모든 면에서 가능한 것은 절대적으로 가능하다. 어떤 것이 어떤 종류의 조건하에서(sub conditione restrictiva) 가능하다면 그것은 가정적으로 가능하다. 그 자체로 불가능한 것은 결코 어떤 조건하에서(sub nulla hypothesi)도 가능하지 않다.

충분한 근거의 원리에 관하여

여러 형이상학의 교과서에는 충분한 근거의 원리(principium rationis sufficientis)에 관한 것이 쓰여 있다. 즉 근거 없이는 어떤 것도 존재하지 않는다(nihil est sine ratione) 라는 것에 관해 쓰여 있다. 라이프니츠는, 만약 이 명제가 좀 더 명료하게 밝혀진다면, 사람들이 이것을 좀 더 잘 사용할 수 있을 것이라고 생각했다. 그러나 볼프(Wolff)는 이 명제를 무제한적으로 사용했다. [즉 그는 다음과 같이 생각했다] (존재하는 모든 것은 그것의 근거를 가지고 있다. 그 때문에 존재하는 모든 것은 결과이지 않으면 안 된다). 이 일반적인 명제의 오류를 통찰하기 위해서는 그것을 다음처럼 다른 말로 진술해보는 것도 좋을 것이다. 즉 존재하는 것은 어떤 것이라도 근거지어진 것이다(quidquid est, est rationatum). 이때 사람들은 그렇지 않다는 것을 곧 알게 된다. 따라서 모든 사물은 결과인가? 도대체 모든 사물은 어디로부터 생겨나오는가? 따라서 이 명제의 불가능성이 금새 눈에 들어오게 된다. 사람들이 이 명제를 명료하게 [35] 증명하고자 해서 다음처럼, 즉 어떤 것이 존재하고 그것이 어떤 근거도 가지지 않는 경우에는 그것은 무(無)라고 말하고자 한다면, 그들은 논리적 무를 선험적 무와 혼동하고 있는 셈이 된다. 그래서 나는 모든 사물에 관해서 그것들은 결과라고 말할 수 없으며, 나는 근거의 원리를 어떤 제한에 따라서 사용하게 될 것이다. 근거에 대한 결과의 관계는 종속의 관계이며, 그러한 관계에 있는 사물은 하나의 계열을 이루고 있다. 그래서 결과에 대한 근거의 관계는 계열의 원리이며, 그것은 단지 우연적인 것에 대해서만 타당하다. 모든 우연적인 것은 근거를 가지고 있으며, 그것에 대한 반대가 가능한 것이 우연적인 것이다. 그래서 충분한 근거의 원리는 발생하는 것은 모두 근거를 가지고 있다는 것을 의미한다. 충분한 근거의 원리는 개념 일반에 관계하는 것이 아니라, 감관에 관계한다. 충분한 근거의 원리를 증명했던 사람은 아직 한 사람도 존재하지 않았다. 이 명제의 증명은 말하자면 철학자의 십자가(crux philosophorum)이다. 이 명제를 분석적으로 증명하는 것은 가능하지 않다. 왜냐하면 "어떤 것이 발생한다면, 왜 그것이 발생하는가에 대한 근거가 존재하지 않으면 안 된다"고 하는 것은 종합 명제이기 때문이다. 이 근거는 단순한 개념으로부터는 이해되지 않는다. 이 근거는 가능한 경험에 관한 개념들의 관계에 의해서 아프리오리하게 가능하다. 충분한 근거의 원리는 가능한 경험이 그것에 기초를 두고 있는 그런 명제이다. 근거란, 어떤 것이 정립되는 경우에, 그것으로부터 다른 어떤 것이 보편적 법칙에 따라서 귀결하는 그런 것이다. 경험은 아프리오리한 오성 개념에 의해서만 가능하다. 모든 [36] 종합 판단은 결코 물자체 그 것에 관해서 타당한 것이 아니라, 경험에 의해서만 타당할 뿐이다. 모든 경험은 종합 혹은 객관적으로 타당한, 사물에 관한 종합적 인식이다. 경험의 모든 표상을 결합하는 경험적 필연성의 원리가 아프리오리한 종합적 인식이다.

충분한 근거와 불충분한 근거의 구별은 다음과 같다. 즉 결과 안에서 만나게 되는 일체의 것을 포함하는 근거는 충분한 근거이지만, 결과 안에서 만나게 되는 약간의 것만을 포함하는 근거는 불충분한 근거이다. 근거는 간접적 근거와 직접적 근거로 나뉜다. 간접적 근거는 어떤 근거의 근거이지만, 직접적 근거는 간접적 근거를 결(缺)해 있는(absque ratione intermedia) 근거이다. 어떤 것은 최고의 제1의 근거(ratio prima)라 불려질 수 있으며, 그리고 이 근거는 어떤 것에 따라서(secundum quid) 존재하거나 아니면 단적으로(simpliciter) 존재한다. 독립적 근거(ratio indepedens)는 다른 어떤 것에도 의존하지 않는 근거이다. 또한 근거들은 병립적(竝立的)인 것으로서도 보여질 수 있다. — 근거가 정립되는 경우에는 결과가 또한 정립되지만, 그러나 거꾸로, 결과가 정립되는 경우에 근거도 정립된다는 것은 성립하지 않는다.

논리적 의미에서의 어떤 것(aliquid in logico sensu)은 사유의 대상이며, 그리고 이것은 최고의 개념이다. 두 가지 대립적인 것은 한 개념 안에서 존재할 수 없다. 한정하는 것은 두 가지 대립적인 것 중 하나를 정립하는 것 외에 다름 아니다. 우리가 개념들을 통해서 가지게 되는 대상은 한정되지 않는다. 어떤 개념도, 그것이 보편적인 한, 한정 가능적(限定 可能的, determinabel)이라 불려진다. [37] 어떤 사물이든 그것을 완전히(omni modo) 한정하는 것은 불가능하다. 왜냐하면 [그것을 위해서는] 모든 사물에 속하는 모든 술어가 알려지지 않으면 안되지만, 그러한 일은 전능한 자 이외에는 누구에게도 가능하지 않기 때문이다. 근거는 한정하는 것(determinans)이다. 우리는 분석적 술어(praedicata analytica)를 한정이라고 부르지 않고, 종합적 술어(praedicata synthetica)를 한정이라 부른다. 한정들 사이에는 구별이 존재한다. 즉 한정은 긍정적이거나 부정적이다. 이 구별은 판단의 질에 속한다.[2] 내가 술어를 긍정적으로 사용하는가 혹은 부정적으로 사용하는가 하는 것은 논리학에서는 문제가 되지 않는다. 논리학은 단지 판단의 형식만을 고찰한다. 실재성과 부정성은 범주, 즉 순수 오성 개념이다. 실재성과 부정성의 구별은 다음과 같다. 즉 개념이 존재를 자신 안에 포함하고 있는 것이 실재성이며, 그 개념이 비존재를 자신 안에 포함하고 있는 것이 부정성이다. 그것을 구별하는 것은 쉬운 일이다. 그러나 종종 곤란한 경우가 생긴다. 그런 경우 그것은 지성적인 것에 관계하고 있다. 오류는 부정성이 아니다. 또한 실재성과 부정성 사이에 제3자가 존재하는 것이 아니라,[3] 이것들과 결합해 있는 제3자가 존재한다. 바로 이것이 제한성이다. 모든 한정은 내적 규정이거나 아니면 관계, 즉 타자와의 관계이다.

본질의 개념

본질의 개념은 본래 논리학에 속한다. 본질은 논리적 본질이거나 아니면 실재적 본질이다. 논리적 본질은 어떤 사물에 관한 모든 논리적 술어의 제1근거이며, [38] 실재적 본질은 어떤 존재자에 관한 모든 규정의 제1근거이다. 왜냐하면 본질은 논리적이거나 혹은 실재적(essentia est vel logica vel realis)이기 때문이다. 우리는 논리적 본질을 개념의 분석에 의해서 정립한다. 따라서 모든 술어의 제1의 근거는 개념 중에 존재한다. 그러나 그것은 아직 어떤 실재적 본질도 아니다. 예를 들면 물체가 서로 잡아당긴다는 것은, 물체의 개념 중에 존재하지 않는다고 하더라도, 사물의 본질에 속한다. 따라서 논리적 본질은 개념 안에 포함되어 있는 모든 것의 제1의 내적 근거

2) P판에는 "gehöte"로 되어 있지만, S판과 Ak판에 의해 "gehört"로 읽는다.

3) "nicht"는 Ak판에서는 "zwischen"의 앞에 있다.

이다. 그러나 실재적 본질은 사물 자체에 속하는 모든 것의 제1의 내적 근거이다. — 내가 논리적 본질을 가진다면, 나는 아직 실재적 본질을 가지고 있는 것은 아니다. 형이상학에 있어서는 본질이 결코 논리적 본질로 이해되어서는 안 된다. 왜냐하면 논리적 본질은 논리학에 속해 있기 때문이다. 논리적 본질은 분석에 의해서 발견되지만, 실재적 본질은 종합의 원리에 의해서 발견된다. 본질에 속해 있는 술어들(attributa)은 속성이라고 불리지만, 그러나 단지 귀결로서만 그렇게 불린다. 이에 반해서 근거로서 본질에 속하는 것은 본질적인 것(essentiale)이라 불린다. 속성과 본질적인 것은 본질에 속한다. 양태(modi)와 관계(relationen)는 본질에 속하지 않는, 본질외적(外的)인 것(extraessentialia)이다. 양태는 내적인 본질 외의 것(extraessentialia interna)이다. 약간의 술어는 사물의 개념에 내적 근거로서 속해 있다. 다른 술어는 단지 주어진 개념의 귀결로서만 속해 있다. 전자는 본질적인 것이며, 후자는 속성이다. 본질적인 것의 복합(complexus)이 본질(essentia)이다. 실재적 본질은 개념의 본질이 아니라, 사물의 본질이다. 예를 들면 불가침입성이라는 술어는 물체의 현존재에 속해 있다. [39] 그러나 경험에 의해서는 나는 현존재에 속하는 많은 것을 관찰한다. 예를 들면 공간에서의 연장(延長), 다른 물체에 대한 저항 등등을 관찰한다. 이들 모든 것의 내적 근거는 사물의 본성이다. 우리는 우리에게 알려져 있는 성질들로부터 내적 원리에로 추론해갈 수 있을 뿐이다. 따라서 사물의 실재적 본질은 우리에게는 탐구하기 어려운 것이다. 비록 우리는 많은 본질적 부분을 인식하고 있지만 말이다. 우리는 사물의 여러 힘을 조금씩 경험에서 배워 알고 있다. 어떤 사물의 속성들은 이 사물에만 속해 있다. 그런 경우에 그 속성들은 고유성(固有性, propria)이며, 혹은 그것들이 많은 사물에 속하는 경우에는 공유성(共有性, communia)이다. 고유한 속성(attributum proprium)은 모든 본질적인 것으로부터 함께 생겨 나온 것임에 틀림없다. 공유성은 약간의 본질적인 것 혹은 하나의 본질적인 것으로부터만 생겨난다.

현존재에 관하여

이 개념은 단순하긴 하지만 사실은 매우 난해하다. 왜냐하면 우리는 모든 경험과 실례(實例)를 넘어서는 개념에 이것을 적용하기 때문이다. 예를 들면, 신의 개념에 이것을 적용한다. 이 현존재의 개념은 일반적으로는 양상의 부류에, 즉 판단하는 가능성에 따르면 양상의 부류에 속한다. 개연적 판단과 실연적 판단의 구별은 다음과 같다. 즉 나는 전자의 경우에는, 다시 말하면 개연적인 경우에는, 객관에 관해 무언가를 생각하거나 혹은 나의 사고 안에서 주어에 술어를 부가하며, 후자의 경우에는, 다시 말하면 실연적인 경우에는, 나의 바깥에 있고, 따라서 나의 사고 안에 있지 않은 객관에 [40] 술어를 부가한다. 이와 마찬가지로 가능성과 현실성이라는 범주도 상이하다. 현실성에 의해서는 가능성에 의한 것 이상의 어떤 것도 주어에 주어지지 않는다. 모든 술어를 갖춘 가능성은 절대적으로만 정립되지만, 가능성에서는 이들 술어는 사고 안에서 각각 정립될 뿐이다. 전자는 절대적 정립(positio absoluta)이며, 후자는 상대적 정립(positio respectiva)이다. 논리적 가능성을 나는 모순율에 의해서 인식한다. 현존하는 모든 것은 실은 일반적인 방식으로 규정된다. 그러나 현존재에서는 사물은 그것의 모든 술어와 함께 정립되며, 그래서 일반적인 방식으로 규정된다. 그러나 현존재는 일반적인 방식의 규정의 개념은 아니다. 왜냐하면 나는 이 일반적인 방식의 규정을 인식할 수 없으며, 그러한 인식은 전지(全知)에 속하는 것이기 때문이다. 따라서 현존재는 일반적인 방식의 규정의 개념에 의존하는 것이 아니고, 그 역이다. 어떤 것이 단지 사유될 뿐이라면, 그것은 가능적이다. 어떤 것이 이미 주어져 있기 때문에 그것이 사유된다면, 그것은 현실적이다. 어떤 것이 사유되기 때문에 그것이 주어진다면, 그것은 필연적이다. 사물에서의 현존재에 의해서 나는 가능성에 의한 것 이상을 생각하지 못하고, 단지 이 사물을 정립하는 방식, 즉 나에 대한 관계가 현존재의 경우와 가능성의 경우에서로 다를 뿐이다. 그래서 현존재는 대상에 대해서 가능성의 경우 이상의 술어를 결코 주지 못한다. 학교에서는 "현존재는 가능성의 보충(complementum)이다"라고 말해진다. 그러나 이 보충은 나의 사고 안에서만 부가되며, 사물에 대해서는 부가되지 않는다. 현존재의 참된 설명은 "현존재는 절대적 정립이다"(existentia est positio absoluta)라는 것이다. 그래서 현존재는 어떤 보충도 아니고, 즉 사물의 어떠한 술어도 아니고, 모든 술어와 함께 사물을 정립하는 것이다. [41] 존재하는 모든 것이 실재성을 가지지 않으면 안 됨에도 불구하고, 존재는 특별한 실재성이 아니다. 존재, 가능성, 현실성, 필연성은 특수한 종류의 범주이고, 이들 범주는 사물의 술어를 전혀 포함하지 않으며, 단지 사물의 술어를 정립하기 위한 양상(modus)을 포함할 뿐이다. 존재로부터 가능성에로 추론할 수 있지만, 그러나 거꾸로 가능성으로부터 현존재에로 추론할 수는 없다(ab esse ad posse valet consequentia, nicht aber a posse ad esse valet consequentia). 또한 불가능성으로부터 비존재에로 추론할 수 있지만, 그러나 비존재로부터 불가능성에로 추론할 수는 없다(a non posse ad non esse valet consequentia; aber a non esse ad non posse non valet consequentia). 우리의 제한된 개념 — 그것에 따라서 우리는 사물의 아프리오리한 가능성을 통찰할 수 있는데 — 에 따라서 우리는 현존재로부터 가능성에로 추론하지 않으면 안 된다.

존재(ens)와 비존재(non ens)에 관해서. 어떤 것이란 논리적 의미에서는 객관 일반을 의미하지만, 형이상학적 의미에서는(즉 실재적 의미에서는, in sensu reali) 가능적인 것(상상적 존재, ens imaginarium)을 의미한다. 보통은 그것은 관념적 존재(ens rationis)라고 불려지며, 이 개념은 틀림없이 가능하지만, 그러나 그것에 관해서 우리는 이것이 가능하다, 즉 그것은 자기 모순적이지 않다고는 말할 수 없다. 그래서 심령학(心靈學)의 모든 저서 — 예를 들면 라바터[4]의 『영원에 대한 전망』(이 안에 영혼의 공동체에 관해서 많은 것이 서술되어 있다) — 에는 상상적인 관념적 존재(entia rationis ratiocinantis) 이외의 어떤 것에 대해서도 서술되어 있지 않다. 예를 들면 우리의 영혼이 죽은 후에는 하나의 천체로부터 다른 천체에로 간다는 것은 이성에 의해서 생각될 수 있으며, [42] 어떤 모순도 없다. 상상적 관념적 존재는 이상(理想)이다. 이성은 완전성의 그러한 이상을 사상(事象)에서의 극한 — 그것에 의해서 다른 것이 평가되는 — 으로서 가정할 수밖에 없다. 예를 들면 가장 완전한 우정의 모범이 그것이다. 그러한 이상은 최대의, 그 때문에 유일한 이상이다. 왜냐하면 최대의 것은 단지 하나일 뿐이기 때문이다. — 상상적인 가공적 존재(entia ficta imaginaria)는 우리 자신이 생각할 수 있는 사물이지만, 그러나 그것은 결코 이상은 아니다. 왜냐하면 이상은 이성의 사실이며, 어떤 직관도 결핍해 있기 때문이다. 이상은 이성의 필연적 기초이다. 날조물과 이상은 서로 다른 것이다. 이상은 이성의 필연적 사용에 의해서 성립하지만, 이에 반해서 날조물은 일탈하는 이성의 임의적 술어이다.

4) Johann Casper Lavater(1741～1801)는 질풍노도기(疾風怒濤期)의 극히 감정적인 독일의 철학자. 그의 철학은 비체계적이고 종교적이었다. 칸트는 그의 문장을 종종 인용하고 있다.

통일, 진리, 완전성에 관하여

"어떤 존재도 하나이거나 참이거나 선이거나 완전이다"(quodlibet ens est unum, verum, bonum seu perfectum)라는 옛 스콜라 철학의 이론이 있다. (1) 어떤 사물도 하나이며, (2) 어떤 사물도 참이다. 사물에 진리를 부여하는 것은 말의 사용 방식에 어긋난다. 사람들은 흔히 인식은 참이라고 말하기 때문이다. [그럼에도] 진리의 근거는 사물 안에 있지 않으면 안 된다. (3) 어떤 사물도 완전하다. 즉 어떤 사물도 그것에 대해서 요구되는 일체를 포함하고 있다.

모든 객관의 표상은 다음을 포함한다.

(1) 규정 가능한 것의 통일.
[43] (2) 여러 종류의 규정의 다양성과 그것들 상호간의 일치.
(3) 다양한 규정이 하나의 객관 안에서 총괄된다는 점에서 성립하는 한에서의 이들 규정의 전체성.

선험적(transcendental) 진리는, 논리적 진리와 다르며, 사물의 본질에 속하는 술어가 본질 그 자체와 합치하는 데서 성립한다. 왜냐하면 술어는 사물의 술어이므로, 그것은 사물의 본질과 합치하지 않으면 안 되기 때문이다. 선험적 의미에서는 어떤 사물도 진리이다. 선험적으로 고찰된다면, 완전성은 많은 규정의 전체성 혹은 완비성(完備性)이다. 어떤 사물도 선험적으로는 완전하다.

사물과 사물 아닌 것의 [구분] 표준은 다음과 같다.

(1) 나의 개념 중에서 사유되는 객관의 통일
(2) 다양한 규정의 결합에서의 선험적 진리.
(3) 완비성 혹은 전체성.

사물들은 다음처럼 고찰될 수 있다.

(1) 사물들이 경험을 통해서 표상되는 한에서는, 자연적으로.
(2) 사물들이 순수 이성에 의해서 표상되는 한에서는, 형이상학적으로.
(3) 사물들이 순수 이성에 의해서, 사물들의 본질에 필연적으로 속하는 것에 따라서 표상되는 한에서는, 선험적으로 [고찰될 수 있다].

[44] 자연적 완전성은 경험적 표상들의 충분성(Zulänglichkeit) 안에 존립한다. 형이상학적 완전성은 실재성의 등급 안에 존립한다. 선험적 완전성은 사물에 요구되는 일체의 것을 그것이 포함하고 있다는 점에 존립한다. 형이상학적으로는 어떤 사물은 다른 사물보다도 한층 완전하다. 하나는 다른 것보다도 훨씬 많은 실재성을 가지고 있다. 그러나 어떤 사물도 선험적으로는 완전하다.

필연적인 것과 우연적인 것에 관하여

대상과 사유 조건들의 합치가 그 대상의 가능성이다. [대상의] 절대적 정립은 현실성이다. 즉 대상이 그 자체에서, 사유와 관계하지 않고서 정립되는 것이다. 현실성은, 그것이 아프리오리하게 인식되는 한에 있어서 필연성이다. 그러나 이 필연성은, 사물의 현존재가 무언가에 따라서(secundum quid) 아프리오리하게 인식되는 경우에는, 가언적일 수 있으며, 혹은 사물의 현존재가 단적으로 아프리오리하게 인식되는 경우에는, 절대적일 수 있다. 무언가에 따라서 아프리오리하게 어떤 것을 인식하는 것은, 내가 어떤 것을 경험 없이 개념으로부터 인식하지만, 그 근거는 경험으로부터 인식하는 것을 의미한다. 완전히 아프리오리하게, 단순한 개념으로부터는, 나는 결코 사물의 현존재를 인식할 수 없다. 왜냐하면 현존재는 단순한 개념으로부터 도출될 수 없으며, 근원적으로는 경험에 의해서 인식되기 때문이다. 경험에 의해서 인식될 수 있는 근거가 주어지지 않으면 안 된다. 왜냐하면 이 근거가 단순히 [45] 경험에 의해서만 사유된다면, 개념은 사물이 나의 사유 일반에 대해 가지는 관계를 나타낼 뿐이므로, 귀결 안에는 근거 안에 있는 것 이상의 것이 있을 것이기 때문이다. 그러나 현실성은 절대적 정립이며, 따라서 대상은 그 자체로, 나의 오성과 관계하지 않고서 정립된다. 그 때문에 나는 가능성으로부터 현실성을 결코 추론할 수 없지만, 그러나 현실성으로부터 가능성을 추론할 수는 있다. 따라서 나는 완전히 아프리오리하게 사물의 현존재를 인식할 수 없다. 그런데 절대적 필연성은 단적으로 아프리오리하게 인식되어야 하는 그런 필연성이다. [현존재의 인식을 위해서는] 사유 이외에 어떤 것이 추가되지 않으면 안 된다. 이 어떤 것이 바로 현실적인 것의 직관 혹은 지각이다. 지각은 현실적인 것의 재현(再現)이다. 따라서 경험이 없으면 사물의 현존재의 인식은 결코 가능하지 않다. 나는 사물들을 완전히 경험으로부터 인식하거나, 아니면 경험의 근거들을 인식한다. 그 때문에 절대적 필연성은, 그것의 불가능성을 우리가 통찰하지 못함에도 불구하고, 완전히 인식 불가능하다. 따라서 필연성의 근거는 가언적 인식이다. 모든 사물은 파생적인 필연성(necessitas derivativa)을 가진다. 즉 나는 모든 사물을 어떤 것에 따라서, 즉 경험의 근거들로부터 아프리오리하게 인식할 수 있다. 그것의 반대가 불가능한 것이 필연적이고, 사유의 규칙과 합치하는 것이 가능적(possibile)이며, 그것의 반대가 가능한 것이 우연적(contigens)이다. 이것들은 명목상의 정의이며, 단순한 언어의 설명이다. 논리적 가능성, 논리적 현실성, 논리적 필연성은 [46] 모순율에 따라서 인식된다. 논리적 필연성은 사물의 현존재를 증명하지 못한다. 그러나 논리적 가능성은, 이미 보여진 것처럼, 실재적 가능성이 아니다. 실재적 가능성은 가능한 경험의 조건들과의 합치이다. 사물과 경험의 결합이 현실성이다. 이 결합은, 그것이 아프리오리하게 인식될 수 있는 한에 있어서, 필연성이다. 이 필연성은, 이미 보여진 것처럼, 항상 가언적이다. 절대적 필연성에 대해서는 우리는 논리적 개념을 가진다. 필연성은 실재적인 필연성과 논리적인 필연성으로 구분될 수 있다. 판단의 논리적 절대적 필연성은 항상 판단의 술어들의 가언적 필연성, 혹은 선행하는 조건들 하에서의 필연성이다. 절대적인 실재적 필연성은 어떤 실례에 의해서도 설명될 수 없다. 단지 가언적 필연성만이 통찰된다.

변화하는 것과 불변적인 것에 관하여

가동적(可動的)인 것(mutabilien)과 부동적(不動的)인 것(immutabilien), 즉 변화하는 것과 불변적인 것의 개념이 어떤 범주에 속하는지가 문제된다. 우리는 무엇보다도 변화는 무엇을 의미하는가를 설명해야 한다. 변화는 즉 동일한 존재에서 서로 대립하는 규정의 계기(successio determinationum oppositarum in eodem ente)이다. 예를 들면 물체는, 그것이 정지로부터 운동하게 되면, 외적으로 변화된다. [47] 그래서 변화하는 것과 불변적인 것의 개념은 현존의 범주에 속한다. 동시에 존재한다는 것은 동일한 시간 안에 존재한다는 것을 의미한다. 사물들이 상이한 시간에 존재한다면, 그것들은 계기하거나 혹은 점차로 생기(生起)한다. 우리가 시간·공간 안에 정립하는 모든 사물을 우리는 현상으로 간주한다. 동일한 존재에서의 서로 대립하는 규정의 존재(existentia determinationum oppositarum in eodem ente)는 오성 개념이다. 존재, 규정, 대립, 사물은 진정한 오성 개념이다. 변화의 가능성은 시간을 전제한다. 서로 계기하는 대립적 규정은 반대적으로 대립하는 것(contrarie[5] oppositae)이다. 반대적으로 대립하는 것의 규정(contrarie oppositae deterninationes)은 자기 모순적이지 않다. 그 대신에 그 반대가 생각될 수 있는 사물은 우연적이다. 서로 계기하는 대립적인 것의 존재로부터 우연적인 것은 아직 추론될 수 없다. 그러나 변화로부터 우연성을 추론하는 것은 매우 자연스러운 것처럼 보인다. 왜냐하면 그 반대도 또한 그로부터 가능하기 때문이다.[6] 그럼에도 불구하고 사람들은 그런 식으로 추론할 수 없다. 왜냐하면 변화는 모순적 대립을 증명하지 못하기 때문이다. 논리적 대립은 부정 — 앞의 대립을 폐기하는 그런 부정이다. 논리적 대립에서는 어떻게 해서 변화가 가능한가, 즉 어떻게 해서 하나의 사물 안에 서로 대립하는 규정이 존재할 수 있는가 하는 것이 크게 문제된다. 사람들은 자신이 이해하고 있는 것을 통찰하고 있다는 사실을 결코 믿지 않는다. 왜냐하면 통찰한다는 것은 아프리오리하게 이성에 의해서 어떤 것을 인식한다는 것을 의미하고 있기 때문이다. 우리는 경험에 관해서는 항상 [48] 변화를 필요로 한다. "사물의 본질은 부동(不動)이다"(essentiae rerum sunt immutabiles)라는 것은 보편적 형이상학적 규준이며, 이 규준에는 "사물의 본질은 필연적이다"(essentiae rerum sunt necessariae)라는 명제가 기초로서 존재한다. 그러나 필연성으로부터 불변성이 귀결한다. 그래서 사물의 본질은 부동인 것이다. 사물이 변화적이라는 바로 그 의미에서 사물은 역시 우연적이며, 사물이 불변적이라는 바로 그 의미에서 사물은 역시 필연적이다. 그러나 사물의 논리적 본질은 필연적이며, 그리고 우리는 여기서 실재적 본질을 문제 삼고 있는 것이 아니라,

---

5) P판과 S판에는 "contradictorie"(모순적)으로 되어 있지만, Ak판의 "contrarie" (반대적으로)를 취한다.

6) P판과 S판은 "möglich"이지만, Ak판은 "nicht möglich"로 되어 있다. 전자를 채택했다.

논리적 본질을 문제 삼고 있다. 사물의 본질은 불변이라는 것 대신에, 사람들은 어떤 사물에도 사물의 본질이 필연적 방식으로 속해 있다고 말해야 한다. 우리는 사물의 본질을 폐기하지 않고서는 그 본질을 변화시킬 수 없다. 즉 사물의 건전한 본질(salva rei essentia)은 본질에 필연적으로 속해 있는 어떤 것도 변화시키지 않는다. 그래서 사물의 본질은 불변이라고 말해지는 경우에는, 그것은 논리적 변화의 측면에서 이해되는 것이며, 실재적 변화의 측면에서 이해되는 것이 아니다. 사람들은, 형이상학을 방문한다면,[7] 많은 새로운 것을 듣게 된다고 믿고 있었다. 그러나 사람들은 항상 가언적 명제 대신에 단지 동일성의 명제만을 되찾게 되었다. 그러나 동일성의 명제는 마치 특별한 어떤 것을 포함하고 있는 것 같은 그런 외관을 보이고 있다. 그것의 원인은 "Wesen"이라는 말이 이중의 의미로 취해지기 때문인 것이다. 첫 번째 의미에서는 그것은 실체를 의미하며, 아리스토텔레스도 그가 실체는 불변이라고 이야기했을 때 이미 그렇게 생각했다. 그러나 존재론에 있어서는 이런 의미에서의 존재자(Wesen)가 문제되는 것이 아니라, 내가 사물에 관해서 만드는 바의 제1의 개념[본질(Wesen)]만이 문제된다.

[49] 실재적인 것과 부정적인 것에 관하여

사람들이 의식하고 있는 모든 것에 관하여 실재적인 것과 부정적인 것이 구별된다. 부정성은 실재성에 대립하는 것이다. 반대는 논리적이거나 실재적이다. 사람들이 어떤 것을 부정한다면, 이것은 논리적 반대이다. 실재성과 부정성은 동일한 사물 안에서 정립될 수 없다. 실재적 대립은, 하나의 근거가 다른 근거의 결과를 폐기하

7) P판과 S판은 "besuchte"이지만, Ak판은 "versuchte"이다.

는 식으로 이루어지는, 두 가지 실재적 근거의 결합 안에 존립한다. 실재성 사이에는 대립이 존재할 수 있다. 실재성에는 부정성이 대립할 뿐만 아니라, 또한 다른 실재의 결과를 폐기하는 다른 하나의 실재성이 대립한다. 실재적 근거들의 대립이 모든 변화를 가능하게 한다. 사람들이 세계 안에서 부정성을 발견한다면, 거기에는 두 가지 근거가 존재한다. 즉 하나의 실재 근거와 그것에 대립하는 또 하나의 실재 근거가 존재한다. 모든 실재성은 조화하고 있다. 실재성(realitas)은 현상(phaenomenon)이거나 본체(noumenon)이다. 적극적으로 우리의 감관에 대해서 스스로를 나타내는 것은 모두 현상적 실재성(realitas phaenomenon)이고, 적극적으로 우리의 오성에 대해서 스스로를 나타내는 것은 모두 본체적 실재성(realitas noumenon)이다. 현상적 실재성 즉 현상에서의 실재성(또는 가상적(假象的) 실재성)은, 우리의 감관 안에서만 존재하는 실재성이다. 현상에서의 실재성이 전체 실재성의 대부분을 이루고 있다.

우리는 하나의 사물 안에서 실재성과 부정성을 고려할 수 있다. 그리고 더 나아가서 그것들에 추가되어 있는 제3의 것이 제한성 혹은 국한성이다. 이 제한성은 [50] 실재성을 포함하고 있는 부정성이다. 제한성의 한계는 대체로 양에 관계한다. 실재성은 그 개념이 이미 그 자체에 있어서 존재를 의미하는 그런 것이며, 부정성은 그 개념이 그 자체에 있어서 비존재인 바의 그런 것이다. 모든 사물은 실재성이다. 물성(物性)은 말하자면 단지 실재성에만 기초해 있다. 사물 일반의 완전성은 실재성의 양 이외의 다른 것이 아니다. 그러나 단적으로 완전한 것은 부정성을 전혀 가지고 있지 않은 것이며, 그것은 최대의 실재성이다. 그 때문에 전면적으로 실재적인 존재(ens omnimode reale)는 형이상학적 의미에서는 가장 완전한 존재이다.

단일한 것과 보편적인 것

보편적 존재(ens universale)는 사유될 수 없으며, 그것은 단지 존재의 개념(conceptus entis)일 뿐이다. 전면적으로 규정된 존재는 단일한 존재이다(ens omnimode determinatum est ens singulare). 실념론자(實念論者, Realist)와 유명론자 사이의 스콜라 철학적 논쟁은, 보편이 단순한 사물인가 아니면 단지 명목일 뿐인가의 문제에 관한 것이었다. 개체 혹은 단일한 존재(ens singulare)는 그 자체에 있어서 남김없이 규정되는 한에서의 존재이다. 모든 차이는 수량적(numerica) (이것도 동일한 수량에 있어서(eodem numero)이거나 다른 수량(numero diverso)에 있어서이지만)이거나, 혹은 유적(類的, generica)이거나, 혹은 종적(種的, specifica)이다.

전체적인 것과 부분적인 것에 관하여

전체라는 개념은 양에서 존립한다. 다(多)는, 그것이 하나인 한에서, 전체성이다. 그것 안에 다의 집합이 있는 것이 전체이다(id, in quo est omnitudo plurium, est totum).

[51] 정량(定量, quantum)과 마찬가지로 합성체(compositum)는 다의 개념을 포함한다. 그러나 합성체의 개념은 보편적이다. 왜냐하면 그것의 부분들은 이 경우에는 이질적일 수 있기 때문이다. 그러나 정량의 개념에서는 이 부분들이 동종적이라는 사실이 항상 전제되어 있다. 그래서 각각의 정량은 하나의 합성체이지만, 그러나 모든 합성체가 다 정량인 것은 아니다. 정량 및 합성체에 관해서, 나는 그것이 하나의 전체로서 존재하는가 단지 부분으로서만 존재하는가를 문제로 삼는다. 하나의 합성체에 속하는 모든 부분은 구성 부분(compartes)이라 불려진다. 하나의 전체의 부분으로서만 생각될

수 있는 사물은 불완전한 존재(ens incompletum)이다. 모든 정량은 다(multitudo)이다. 그 때문에 각각의 정량은 또한 동질적인 부분으로부터 성립하지 않으면 안 된다. 그러나 무한 집합은 모든 수보다도 크며, 우리는 그것에 관해서 어떤 명료한 개념도 가질 수 없다. 각각의 정량은 연속적(continuum)이거나 분리적(discretum)이다. 그것의 크기에 의해서 부분의 집합이 결정되지 않는 그런 정량은 연속적이라 불리며, 그것은 내가 이 정량에 부여하고자 한 만큼의 다수의 부분으로부터 성립한다. 그러나 그것은 개개의 부분으로부터 성립하지는 않는다. 이에 반해서 그것의 크기에 의해서 내가 그것의 부분의 집합을 표상하고자 하는 어떤 정량도 분리적이다. 분리량(分離量, quantum discretum)은, 분리량으로서도 표상될 수 있는 연속량(quantum continuum)과 구별되지 않으면 안 된다. 그 안에서 내가 부분들을 규정하는 그런 정량은 비연속적이지만, 그러나 그 자체(per se) 분리적인 것은 아니다. 연속량 그 자체(quantum continuum per se)는 그 안에서 부분들의 수가 정해지지 않은 그런 양이다. 분리량 그 자체(quantum discretum per se)는 그 안에서 우리에 의해 부분들의 수가 임의적으로 규정되는 그런 양이다. [52] 따라서 수(numerus)는 분리량이라 칭해진다. 우리는 수에 의해서 모든 정량을 분리적인 것으로서 표상한다. 내가 분리량에 관한 개념을 만들고자 한다면, 나는 하나의 수를 생각해 낸다. 귀속될 수 있는 부분들(partes assignabiles)은 서로 결합해서 하나의 수 개념을 만드는 부분들인 것이다. 연속량의 안에서 생각되는 수다성(multitudo)은 항상 [그것의 부분으로서] 귀속될 수 있는 모든 것보다도 큰(omni assgnabili major) 것이다. 어떤 것은, 부분으로만 다른 것과 같다면, 이 다른 것보다도 크다. 어떤 것이 그것보다 큰 것으로 변화하는 것은 증가하는 것을 의미하고, 또한 어떤 것이 그것보다도 작은 것으로 변화하는 것은 감소하는 것을 의미한다. 모든 정량은 증가되거나 감소될 수 있다. 전혀 감소될 수 없는 정량은 극소(極小, minimum)라 불린다. 연속량에서는 어떤 극소도 생각되지 않는다. 왜냐하면 어떤 부분도 또한 정량이며, 따라서 최소의 것은 결코 존재하지 않기 때문이다. 또한 어떤 최소의 시간도 존재하지 않는다. 왜냐하면 [시간의] 어떤 작은 부분도 또한 부분들로부터 성립하는 연속량이기 때문이다. 그러한 개념을 라이프니츠는 개념의 기만자(conceptus deceptores)라 부른다. 공간과 시간은 연속량이다. 공간과 시간에서의 최대 및 최소는 생각될 수 없다. 그 안에 모든 귀속되어야 하는 부분이 포함되어 있는 공간은 무한한 혹은 절대적 공간이라 불린다. 또한 그 안에 모든 귀속되어야 하는 부분이 포함되어 있는 시간은 영원이다. 그러나 이 무한 공간과 영원은 우리가 파악할 수 없는 이념인 것이다.

[53] 양에 관하여

모든 양(quantitates)은 이중으로 고찰될 수 있다. 즉 그것은 외연적이거나 내포적이다. 그것 안에서 우리가 많은 동종의 부분들의 집합을 구별하지 않는 그런 대상이 있다. 이것이 내포량이다. 이런 양은 도(度)이다. 그 안에 우리가 많은 동종의 부분들을 구별하는 그런 대상은 외연량이다. 내포량은 도[8]의 양이고, 외연량은 집합의 양이다. 공간과 시간에서 표상되는 모든 것은 외연량을 가지고 있다. 공간과 시간 안에 있는 모든 실재성은 도를 가지고 있다. — 단순한 어떤 것은, 어떤 집합도 거기에서 발생할 수 없음에도 불구하고, 양으로서 고찰될 수 있다. 그래서 그것은 내포량으로서 고려될 수 있다.

8) P판과 S판에는 "Grundes"(근거)로 되어 있지만, Ak판의 "Grades"를 취했다.

가능성의 정도에 관하여

내적 가능성은 어떤 정도(程度)도 가지지 않는다. 왜냐하면 우리는 내적 가능성을 모순율에 따라서만 인식할 수 있기 때문이다. 그러나 가정적인 가능성은 정도를 가지고 있다. 왜냐하면 어떤 가정도 근거를 가지고 있고, 또한 어떤 근거도 양을 가지고 있기 때문이다. 어떤 근거도 정도를 가지고 있지만, 그러나 귀결은 또한 외연적으로 그리고 내포적으로 고찰될 수 있다. 많은 귀결을 가지고 있는 근거는 풍부한 근거라 말해질 수 있다. 큰 귀결을 가지고 있는 근거는 중요한 근거라 말해질 수 있다.

가정적인 가능성은 소멸해 가는 것으로서 간주된다. 왜냐하면 그것은 무한히 감소될 수 있기 때문이다. [54] 철학의 여러 학파에서는 통일의 양, 진리의 양, 완전성의 양이 문제된다. 선험적 통일, 진리 및 완전성은 어떤 양도 가지지 않으며, 양에 따라서 비교될 수 없다. 사물은 양에 관해서는 단지 제3의 것과 비교될 수 있지만, 그러나 선험적 통일, 진리 및 완전성에서와 마찬가지로, 그 자신의 본질과 비교되지 않는다. 그러나 사물과 [그것의] 근거의 합치는 최대의 일치이다.

실체와 우유성에 관하여

관계에는 세 가지 방식, 즉 주어가 술어에 대해 가지는 판단의 관계, 근거가 귀결에 대해 가지는 관계, 구분의 항들이 구분된 개념에 대해 가지는 관계가 있다. 관계에 따른 판단에는, 정언적, 가언적, 선언적 판단이 있다. 이 세 가지에는 각각, 기체(基體)의 범주, 속성의 범주, 상호 작용(commercium)의 범주가 대응한다. 실체는 그 자체로는 주어로서만 존재하는 것이다. 우유성(偶有性)은 술어 혹은 사물의 규정으로서만 존재하는 것이거나, 또는 그 존재가 단지 속성인 그런 것이다. 그것의 존재가 단지 기체인 것이 실체이다. 실체는 속성으로서도 존재할 수 있다. 그러나 필연적으로 그러한 것은 아니라고 생각하는 사람들이 몇몇 있지만, 그것은 부당하다.

[55] 우유성들(accidentia)은 하나의 사물의 존재를 생각하는 여러 가지 방식이며, 상이한 존재가 아니다. 마치 로크가 실체는 여러 가지 우유성의 지지자(支持者)이며, 따라서 실체는 기체로서도 칭해진다고 말하고 있는 것과 같다. 실체에 대한 우유성의 관계는 결과에 대한 원인의 관계가 아니다. 실체는 근거지워진 것(rationatum)으로서 존재할 수 있지만, 그러나 술어로서 존재할 수는 없다. 근거지워진 것과 술어는 완전히 다른 개념이다. 우리는 실로 우유성을 알지만, 그러나 실체적인 것을 알지는 못한다.

이 실체적인 것은 모든 우유성을 분리한 후에도 존재하는 주체이며, 이것은 우리에게는 알려지지 않은 것이다. 왜냐하면 우리는 우유성에 의해서 실체들을 알 수 없기 때문이다. 이 실체적인 것은 어떤 것(Etwas) 일반이다. 사물에 관해서는 나는 판단에 의하지 않고서는 어떤 것을 인식할 수 없지만, 판단에는 언제나 술어가 근거해 있다. 우리는 실체들을 우유성에 의해서만 인식할 수 있다. 우리는 어떻게 해서 어떤 것이 주어로서만 존재하고, 어떤 것이 다른 것의 술어로서만 존재할 수 있는가를 이성에 의해서 아프리오리하게 통찰할 수 없다. 기초로서 존재하는 것의 가능성, 기초로서 존재하는 것의 불가능성, 고유해 있는 것의 필연성을 우리는 아프리오리하게 통찰할 수 없다. 그러나 우리가 실체적인 것을 통찰할 수 없고, 단지 우유성만을 통찰할 수 있다는 것은 다음의 사실로부터 유래한다. 즉 우리가 너무 근시적(近視的)이라는 사실, 오성이 단지 개념에 의해서만 사유할 수 있다는 사실, 개념들은 술어 이상의 어떤 것도 아니라는 사실 등등으로부터 유래한다. 데카르트는, 실체는 그 존재를 위해서 다른 사물의 어떤 존재도 요구하지 않는 것, 즉 다른 사물의 결과가 되는 일 없이도 존재하는 것이라고 말했다. [56] 그러나 이것은 결코 실체가 아니라, 하나의 독립체(independens)이다. 이 개념을 스피노자도 답습했지만, 이것이 그의 오류의 원인이었다. 실체의 존재는 기체이며, 우유성의 존재는 속성이다. — 우리는 실체와 우유성에서 하나의 원리를 가지고 있다. 이것이 실체의 지속성의 원리이다. 모든 철학자는 실체의 지속성의 명제를 사용해 왔다. 이 명제는 극히 중요하다. 왜냐하면 이 원리가 없다면, 어떤 물리학도 가능하지 않기 때문이다. 우리는 변화를 전화(轉化, vicissitudo)라 부르고, 지속성을 존속(perduratio) 혹은 안정(stabilitas)이라 부르고자 한다. 모든 변화는 그것으로부터 여러 가지 술어가 결과로서 나오는 주어를 전제한다. 변화의 개념은 끊임없이 실체의 지속성을 전제한다. 그러나 어떤 것이 필연적으로 지속하는가 하는 것은 우리가 파악할 수 없다.

힘에 관하여

힘의 개념에는 원인의 개념이 존재한다. 실체는 주체로 간주되며, 이 주체는 원인으로 간주된다. 그 때문에 우유성은 실재적인 것이다. 왜냐하면 우유성은 속성화되어야 하는 것(inhaerendo)이며, 그 자체 독립해서 존재하는 것이 아니기 때문이다. 인과성은, 그것에 의해서 어떤 다른 것이 보편적 규칙에 따라서 정립되는, 이 다른 것의 규정이다. 관계(respecctus)의 개념, 혹은 실체가 우유성의 근거를 포함하는 한에서 우유성의 존재에 대해 실체가 가지는 관계의 개념이 힘이다. 모든 힘은 [57] 근원적인 힘 혹은 근본 힘과 파생적인 힘 혹은 도출된 힘으로 구분된다. 우리는 파생적 힘(vires derivativae)을 근원적 힘에로 환원하고자 한다. 모든 물리학, 즉 물체 및 정신의 물리학 — 이 중 정신의 물리학은 심리학이라 불려지는데 — 은 우리가 관찰에 의해서만 알게 되는 여러 종류의 힘을 가능한 한 근본 힘에로 이끌고 가는 것을 목표로 삼고 있다.

감추어진 성질(qualitas occulta)은 사물의 은닉된 성질이다. 왜냐하면 사물의 극히 많은 성질은 우리에게 알려져 있지 않기 때문이다. 예를 들면 자력(磁力)의 참된 원인은 우리에게 알려지지 않으며, 왜 초석(硝石)이 물을 차갑게 하는가 하는 원인이나 다른 많은 원인은 우리에게 알려져 있지 않다.

상태에 관하여

상태는 시간 안에 있는 사물의 일반적인 규정을 의미한다. 필연적 존재자에게는 어떤 상태도 귀속되지 않는다. 왜냐하면 외적 상태가 변화한다면, 그 사물 자체가 변화하기 때문이다. 그 때문에 신에 관해서는 상태라는 말은 전혀 사용될 수 없다. 신은 어떠한 상태도 가지지 않는다. 신은 실로 외적 사물과 관계하고 있지만, 그러나 이 외적 사물은 신에게 영향을 주는 것이 아니라 단지 세계에 대해서 영향을 줄 뿐이다. 따라서 신은 불변이다.

활동한다는 것은 무엇을 의미하는가

활동하는 것과 작용하는 것은 실체에게만 귀속될 수 있다. 활동은 [58] 어떤 종류의 우유성의 원인으로서의 실체의 힘을 규정하는 것이다. 인과성(causalitas)이란 실체가 우유성의 원인으로서 간주되는 한에 있어서 그 실체의 특성이다. 변화에 의해서 우리는 여러 사물의 힘을 인식한다. 활동(actio)은 내적(immanens)이거나 이동적

(transiens)이다. 내적 활동, 혹은 내재적 활동(actio immanens)이 수행되는 경우, 실체가 활동하고 있다고 말해진다. 이동적 활동(actio transiens)은 영향(influxus)이라 불려진다. 영향에는 분명히 수동(受動)이 대응하지만, 그러나 내적 활동에는 수동이 대응하지 않는다. 수동은 실체의 외부에 있는 힘에 의해서 실체의 우유성이 속성으로 되는 것이다. 상호 작용이란 상호 영향에 의한 실체의 관계이다(commercium est relatio substantiarum mutuo influxus). 능력과 힘은 구별된다. 능력에서 우리는 단지 힘의 가능성만을 표상한다. 능력과 힘 사이에는 노력(conatus)이라는 개념이 존재한다. 규정 근거가 작용에 대해서 내적으로 충분하다면, 그 규정 근거는 죽은 힘이다. 그러나 이 규정 근거가 내적으로도 외적으로도 충분하다면, 그것은 살아있는 힘이다. 작용을 산출하는 것은 가능하지 않고, 단지 내적으로만 충분한 힘에는, 항상 그것의 작용을 방해하는 반대의 힘이 대립한다. 즉 장애(impedimentum)가 대립한다. 그래서 이 장애가 제거되자마자, 죽은 힘은 살게 된다.

모든 종류의 사물에 대해서 충분한 능력은 능력태(能力態, habitus)이다. 이때 작용한다, 활동한다, 행위한다라는 세 가지가 구별되어야 한다. 활동한다(agere)는 것은, [59] 활동의 이성적 근거에 기초한 결과(rationatum)에 관계하고, 가능한 모든 것을 포함할 수 있다. 현실적 활동(actio)은, 그것으로부터 실제의 결과가 생겨날 때, 존재한다. 행위한다(facere)는 것은 자유로부터 행위하는 것을 의미한다. 사실(factum)은 언제나 단지 활동하는 실체에게만 부여되는 것이다.

장애는 형식적이거나 실재적이다. 형식적인, 즉 소극적인 장애(impedimentum formale s. negativum)는 결여 상태이며, 실재적인, 즉 적극적인 장애(impedimentum reale s. positivum)는 다른 작용 원인에 대립하는 작용 원인 안에서 성립한다.

단순체와 합성체에 관하여

합성체(compositum)의 개념은 여러 부분들을 전제한다. 하나의 합성체의 부분들이 합성에 앞서서 주어질 수 있다면, 그 합성체는 실재적 합성체(compositum reale)이다. 그러나 부분들이 합성 이전에 주어질 수 없다면, 그것은 관념적 합성체(compositum ideale)이다. 실로 부분들은 합성 이전에 항상 생각될 수 있는 것처럼, 그리고 그 때문에 어떤 관념적 합성체도 존재하지 않는 것처럼 보이지만, 그러나 실제로는 그러한 관념적 합성체는 공간과 시간으로서 존재한다. 공간에서는 최초로 전체를 생각하지 않고서는 어떤 부분도 생각될 수 없다.

실체적 합성체(compositum substantiale)는 실체들로부터 합성된 것이다. 합성이란 하나의 관계이며, 나는 관계 이전에 서로 관계지어진 것(correlata)을 사유할 수 있지 않으면 안 된다. 실체적 합성체는 하나의 결합에서의 많은 실체의 복합이다(compositum substantiale est complexus plurium substantiarum in uno nexu). [60] 복합은 아직 합성체는 아니지만, 나는 이것을 하나의 합성체라고 생각할 수 있다. 예를 들면 불가시적인 교회(教會)의 경우가 그것이다. 이 교회에 속하는 것은 이념 안에서는 합성적이다. 형식적 합성체(compositum formale)란 그것의 부분들이 합성에서 이외에는 표상될 수 없는 것이며, 이러한 부분들은 고립되어서는 생각될 수 없다. 나는 공간의 부분들을 잘 표상할 수 있지만, 그러나 그때 항상 전체의 이념이 근저에 존재하는 것이다. 하나의 공간만이 존재한다.

생기 및 소멸(ortus et interitus)은 어떤 변화도 아니다. 창조는 어떤 변화도 아니다. 사물에 있어서 계기하는 여러 규정이 변화이다. 사물에서의 이들 규정은 발생하거나 소멸하며, 이것이 운동(mutatio)이다. 사물이 생기한다는 것은 존재가 비존재의 뒤에 일어나는 것을 의미한다. 그러한 사물은 언제나 시간을 전제한다. 생기 작용은 그 뒤에 전체 지속이 일어나는 현존재이다. 소멸 작용은 전체 지속이 그 뒤에 일어나는 비존재이다.

주요 문제는 실체적 합성체가 단순한 실체로부터 성립하는가 어떤가 하는 것이다. 내가 실체적 합성체를 고찰하고자 한다면, 이것은 다음과 같은 상호 작용, 즉 단순한 실체들이 서로 타자에 대해서 영향을 갖고 있는 한에 있어서의 상호 작용에 의하지 않고서 도대체 어떻게 해서 가능하겠는가? 왜냐하면 상호 작용은 서로 영향을 주는 것(influxus mutuus) 안에 존재하기 때문이다. 어떤 실체적 합성체 안에도 질료와 형식이 존재한다. 질료는 실체이며, 형식은 실체들의 관계이다. 그 때문에 나는 어떤 실체적 합성체에서도 단순한 부분들을 생각할 수 있다. 이 경우에서의 주요 원칙은 세계의 모든 변화 안에는, [61] 질료는 그대로 지속하고 형식만이 변화된다는 것이다. 실체는 소멸하지 않는다. 실체의 존속성이라는 이 법칙은, 원인 없이는 어떤 것도 생겨나지 않는다는 인과성의 법칙과 비교되어야 하며, 이것과 동일한 종류의 것이다. 모든 변화는 우유성의 생기 혹은 소멸이다. 즉 우리가 시간 안에 있는 사물들을 고찰하고, 또한 시간의 변역(變易)을 고찰하는 경우, 우리는 다음과 같이 말할 수 있다. 즉 모든 사물의 상태는 유동적이며, 일체의 것은 시간의 흐름 중에 있다고 말할 수 있다. 그러나 우리는, 만약 어떤 지속적인 것이 없다면, 앞의 사실에 대해 주목할 수 없을 것이다. 또한 만약 일체의 것이 변역하고 지속적인 어떤 것도 없다고 한다면, 시간, 즉 여러 사물의 계기는 결코 지각될 수 없을 것이다. 모든 변역, 모든 변화는, 그것들에 관한 우리의 경험이 가능해야 한다면, 동시에 어떤 지속적인 것을 필요로 한다. 실체는 지속하는 것이며, 우유성만이 변화하는 것이다. 변역하는 것은 언제나 지속하는 것과 결합해 있으며, 시간에서의 현존재이든 공간에서의 현존재이든 간에, 현존재의 규정은 무언가가 지속할 때만 가능하다. 어떤 것이 지속하지 않는다면, 변화가 생겨나는 것에 관한 경험은 결코 가능하지 않다. 이 사태를 대충 비유적으로 설명한다면, 바다 위에 있는 배의 승무원은, 만약 바다가 그와 함께 움직이고 있다면, 자신의 운동을 관찰할 수 없을 것이다. 즉 어떤 지속적인 것 — 그가 계속 앞으로 전진하는 것을 알아차리도록 할 수 있는 하나의 섬과 같은 것 — 이 존재하지 않는다면, 자신의 운동을 관찰할 수 없을 것이다.

[62] 공간과 시간에 관하여

내가 사물의 현존재 모두를 제거해 버린다 하더라도, 그럼에도 감성의 형식, 즉 공간과 시간이 남아 있게 된다. 왜냐하면 공간과 시간은 사물의 특성이 아니라, 우리의 감관 안에 있는 특성이기 때문이다. 즉 그것들은 객관적 특성이 아니라 주관적 특성이기 때문이다. 따라서 나는 공간과 시간을 아프리오리하게 표상할 수 있다. 왜냐하면 공간과 시간은 모든 사물에 선행하기 때문이다. 공간과 시간은 사물의 현존재의 조건이며, 개별적인 직관이지, 개념이 아니다. 공간과 시간이라는 이 직관은 어떤 대상에도 관계하지 않는다. 즉 공허하며, 직관들의 단순한 형식일 뿐이다. 공간과 시간은 사물 그 자체도 아니고, 사물의 특성도 아니며, 사물의 상태도 아니고, 단지 감성의 형식일 뿐이다. 감성은 수용성이며, 촉발되어야 하는 감수성이다. 직관의 형식은 어떤 객관적 실재성도 가지고 있지 않고, 단지 주관적 실재성을 가지고 있다. 내가 공간을 존재 자체로서 가정한다면, 스피노자주의는 부정될 수 없게 된다. 즉 세계의 부분들은 신성의 부분들이게끔 된다. 공간은 신성이며, 유일하며, 편재적(偏在的)이게끔 된다. 공간 이외에 어떤 것도 생각될 수 없게 된다. 즉 공간 안에 일체의 것이 존재하게 된다. — 시간은 전진적이거나 외연적이거나 내포적이다. 하나가 다른 것에 뒤이어서 일어나는 한에서 시간은 전진적이다. 외연적 시간은 동일한 시간에 존재하는 사물들의 집합에 관계한다. 내포적 시간은 실재성에 관계한다. 공간은 현상으로서의 사물에서만 나타난다. 현상은, [63] 사물이 어떻게 존재하는가를 우리에게 가르쳐주는 것이 아니라, 사물이 우리의 감관을 어떻게 촉발하는가를 가르쳐준다. 단순한 실체는 연장적일 수 없다. — 분할(divisio)은 논리적이거나 형이상학적이거나 자연적이다. 순수 개념의 분할은 논리적이다. 어떤 개념도 범위(sphaera)를 가지고 있으며, 이 범위는 구분될 수 있다. 인간의 개념도 그렇다. 동물의 개념은 이미 자신 안에 더욱 많은 구분을 포함하고 있다. 이것들은 구분이지, 분할이 아니다. 형이상학적 분할은 부분들의 구별에 존립하며, 자연적 분할은 부분들의 분리에 존립한다. 공간과 시간은 형이상학적으로는 분할될 수 있지만, 자연적으로는 분할될 수 없다. 즉 이것들은 분리될 수 없다. 부분들의 구별은 어떤 분리도 아니다. 연장되어 있는 것은 모두 분할 가능하다. 물질의 어떤 부분도 운동적이며, 어떤 운동도 분리적이다. 분할은 양적이거나 질적이다(vel quantitativa vel qualitativa). 양적 분할은 동질적인 부분들로부터 성립하는 한에서의 실체들의 분할이며, 질적 분할은 이질적인 부분들로 나뉘어 가는 한에서의 실체들의 분할이다. 이것은 분해라고도 칭해진다. 이러한 분해는 종종 사고 안에서 일어나지 않으면 안 된다.

유한한 것과 무한한 것에 관하여

최대(maximum)라는 개념은 양 즉 집합의 개념에 속한다. 그러나 총체(omnitudo)는 전체(totum)라는 개념에 속한다. 최대는 상대적 개념이다. 즉 나에게는 [최대에 관한] 어떤 규정된 개념도 존재하지 않는다. 그래서 나는 다음처럼 말할 수 있다. 즉 이 인간은 최대의 학자라고, [64] 즉 많은 다른 학자 중에서 최대의 학자라고 말할 수 있다. 그러나 그 경우 나는, 그가 어느 정도의 학식을 가지는지 아직 알지 못하고, 따라서 그는 다른 학자들 사이에서 이번에는 가장 학식이 없는 사람일 수도 있다. 총체란 절대적 개념이다. 무한(infinitum)이라는 개념은 앞의 두 가지 개념과 구별된다. 무한이란, 그것에 관해서 어떤 특정한 척도도 진술될 수 없는 크기이다. 어떤 크기도, 그것을 측정하고 견적하는 것이 불가능한 경우에는, 무한이다. 그러나 이 불가능성은 주관, 즉 우리 자신 안에 있는 것이다. 우리가 크기를 측정하려는 경우에는 그 크기, 즉 일 루터(Ruthe)나 일 마일이 이미 우리에게 주어져 있지 않으면 안 된다. 수는 항상 크기의 개념을 나타낸다. 나는 실로 크기를 볼 수 있지만, 그러나 이 크기를 개념에 의해서 표현하기 위해서는, 나는 몇 번 사용한 단위를 가지고 있지 않으면 안 되며, 이 단위를 사용해야 비로소 주어진 크기를 측정할 수 있고, 또한 이 주어진 크기에 관해 일정한 개념을 획득한다. 세계 공간은 내가 그것에 관해 특정한 개념을 줄 수 없는 그리고 측정될 수 없는 최대의 양이다.

무한은 본래 이중적인 의미에서 고려된다. 첫 번째 의미에서는 무한이라는 개념은 순수 오성 개념이며, 따라서 그것은 실재적 무한(infinitum reale)을 의미한다. 즉 그것 안에는 어떤 부정도, 다시 말하면 어떤 제한도 존재하지 않는다는 것을 의미한다. 두 번째 의미에서는 무한이라는 개념은 공간과 시간에 관계하며, 따라서 감관의 대상에 관계한다. 이것은 하나에다 하나를 점차로 추가함으로써 성립하는 수학적 무한이다. 공간은 무한하다고, [65] 즉 공간의 크기의 개념은 결코 전체적이지 않다고 말해진다. 실재적 무한에서 나는 총체를 생각하고 있으며, 그 때문에 나는 특정한 개념을 가지지만, 그러나 수학적 무한(infinitum mathematicum)에서는 나는 집합적 총체를 결코 고려할 수 없다. 수학적 무한은 무한에 주어진 혹은 주어질 수 있는 양(quantum in infinitum datum s. dabile)을 의미한다. 주어진 것은 공간에 관계하며, 주어질 수 있는 것은 수에 관계한다. 어떤 수에 대해서도 나는 또한 계속 수를 추가할 수 있으며, 이것을 사유할 수 있다. 그러나 주어진 수학적 무한은 모든 인간적 인식을 넘어선다. 현상의 전체성은 그러한 것이어야 한다. 현상들의 크기는 주어질 수 없다. 왜냐하면 현상은 어떠한 물자체도 아니고, 또한 어떤 크기도 가지고 있지 않기 때문이다. 그래서 현상의 크기는 단지 공간과 시간에서의 진행(progressus)의 크기일 뿐이다. 실재적 존재(ens reale)와 그것의 실재적 무한성의 개념으로부터 수학적 무한성은 추론될 수 없다. 무한성이라는 말은 이 경우 결코 적절하지 않다. 그러나 사람들은 실재적 존재를 무한이라고 부르고 있다. 왜냐하면 이 말은 동시에 우리의 무력(無力)을 보여주기 때문이다. 그러나 실재적 무한이 수학적 무한 혹은 수와 어떤 관계를 가지는가 하는 것을 우리는 파악할 수 없다. 공간과 시간이 물자체의 성질 그 자체라 한다면, 실로 세계의 무한성은 파악될 수 없지만, 그러나 그 때문에 불가능하게 되는 것은 아니다. 그러나 공간과 시간이 물자체의 성질이 아니라고 한다면, [66] [무한하게 주어진 세계가] 파악될 수 없다는 것으로부터 이미 그러한 세계가 불가능하다는 사실이 귀결된다.

동일성과 차이성에 관하여

근본적으로 고찰한다면, 이 두 개념은 논리학에 속한다. 그러나 여기서는 라이프니츠의 명제 즉 무차별적인 것의 동일성이라는 원리(principium identitatis indiscernibilium)로 인해 이 두 개념이 나타난다. 이 무차별적 동일성의 원리는, 모든 표지(標識)에서 합치하는 것은 수적으로는 동일(numero eadem)하다고 하는 것이다. 내적으로 완전히 동일한 것은 상위(相違)하지 않다(interne totaliter eadem non sunt diversa). (사물의 내적 규정은 질과 양이다.) 그러나 이것은 잘못이다. 우리가 완전히 동일하고 모든 표지에서 합치하는 사물을 오성에 의해서 사유한다면, 이들 사물은 본체로서 분명히 수적으로 동일하다. 그러나 감관의 대상의 경우에는 사정은 달라진다. 왜냐하면 공간의 모든 부분은 서로 바깥에 있으며, 또한 이것들은 이미 외적인 규정이기 때문이다. 공간 안에 있는 대상들은, 그것들이 공간 안에 존재한다는 바로 그 사실 때문에, 이미 다(多, plura)이다. 예를 들면 내적 규정 즉 양 및 질에 관해서는 완전히 동일한 두 개의 물방울이나 계란이 모든 점에서 합치(비록 자연에서는 그런 것은 발견되지 않겠지만)하더라도, 그것들은 다른 것일 것이다(수적으로 동일하지 않을 것이다). 왜냐하면 그것들이 다른 장소에 있고, 하나는 다른 것의 바깥에 있으며, 동일한 장소에(in uno eodemque loco) 존재하지 않기 때문이다.

순간은 시간의 한계이다. 그것은 [67] 위치를 규정하는 것이다. 순간은 공간에서의 점과 동일한 것이다. 따라서 사람들은 순간을 시점(時點)이라고도 부른다. 그러나 시간은 순간들로부터 성립하고 있지는 않다. 왜냐하면 나는, 내가 시간을 가지기 전에는 순간들을 생각할 수 없기 때문이며, 사물 그 자체에 앞서서 사물의 한계를 생각할 수 없기 때문이다. 사물의 크기를 단위와의 비교에 의해서 규정하는 것은 측정이라 불린다. 차원이라는 개념도 형이상학에 속하지 않는다. 공간은 3차원을 가지지만, 시간은 1차원을 가지고 있을 뿐이다. 차원은 본래, 형식상 다른 사물과 구별되는 어떤 사물의 크기의 표상이다. 시간에 대한 생각과 동시에 존재하는 시간이 현재의 시간이고, 시간의 생각에 후속하는 시간이 미래의 시간이며, 시간의 생각에 선행하는 시간이 과거의 시간이다. 비존재의 뒤에 이어지는 현존재가 시작이며, 현존재의 뒤에 이어지는 비존재가 끝이다.

시간 안에 존재하는 모든 것은 순간적으로(in instanti) 존재하거나 지속적으로(perdurabile) 존재한다. 지속은 사물의 현존재의 크기이다. 모든 시간보다도 작은 현존재가 순간이다. 즉 순간은 시간의 한계이다. 모든 시간보다도 큰 현존재, 혹은 한계 없는 시간이 영원이다. 상시성(常時性, sempiternitas)은, 무한의 시작을 무시한다 하더라도, 미래로의 무한한 지속이다. 오성 개념으로서의 영원은 무제한의 지속일 뿐이지만, 그러나 시간에 있어서 영원은 상시성이다. 순수 오성 개념인 제한의 개념과 [68] 수학적 개념인 한계의 개념은 유사하다. 이것은 마치 무한의 개념이 그러한 것과 같다. 어떤 사물 그 자체의 척도는 전체성이며, 이것은 사물의 본래적 척도인 절대적 크기이다. 왜냐하면 만물은 이 전체성의 제한에 의해서 가능하게 되기 때문이다. 한계의 개념은 현상에만 속하지만, 제한의 개념은 본체에 속한다. 물체적 공간은 평면을 한계로서 가지고 있고, 평면적 공간은 선을 한계로서 가지고 있으며, 선은 점을 한계로서 가지고 있다. 점은 공간의 일정한 위치이다. 점은 공간 안에 있지만, 공간의 어떤 부분도 아니다. 경계선(limes)은 존재가 최대로 되지 않도록 하기 위한(ut ens non sit maximum) 부정(否定)이다. 그러나 시간은 한계, 즉 순간만을 가지고 있다.

원인과 결과에 관하여

원인과 결과는 구별되어야 한다. 가능성의 근거를 포함하는 것은 근거(ratio) 즉 존재 원리(principium essendi)이다. 현실성의 근거 즉 작용 원리(principium fiendi)가 원인이다. 어떤 것의 근거를 포함하는 것은 일반적으로 원리라 칭해진다. 원인은 규정의 현실성의 근거 혹은 실체의 현실성의 근거를 포함하고 있다. 삼각형에서의 세 선은 확실히 근거이지만, 그러나 원인은 아니다. 원인은 부정에 대해서도 사용된다. 예를 들면 부주의는 오류의 원인이다. 어떤 원인도 그 자체 실재적인 것이지 않으면 안 된다. 왜냐하면 현실성의 근거가 되는 것은 적극적인 어떤 것이기 때문이다. [69] 원인에 의해 근거지어지는 것은 결과(causatum)이다. 어떤 원인(causa)의 결과인 것은 의존적이다. 원인이 다른 것의 결과가 아닌 한에서, 그것은 독립적(independens)이다. 독립적 존재는 자기 자신에 의한 존재이다(ens independens est ens a se). 그것은, 자기 자신으로부터 존재해야 하기 때문이 아니라 원인 없이 존재하기 때문에, 자기 자신에 의한 존재라 칭해진다. 그것은 원인 결과의 계열에서 최초의 것이다. 우연(contingens)은 자기 자신에 의한 존재가 아니라, 다른 것에 의존하는 존재(dependens ab alio)이며, 그 때문에 하나의 결과이다. 그것은 인과의 계열에서 결과로서 나타나는 한 항(項)이다.

우연적 존재자도 필연적이지만, 그러나 조건적으로 필연적일 뿐이다. 그러나 자기 자신에 의한 존재는 절대적으로 필연적이다. 그래서 모든 것은 절대적으로 필연적이거나 가정적으로 필연적이다. 왜냐하면 만약 모든 것이 우연적이라면, 그것은 주관에만 타당하고 객관에 타당하지 않을 것이기 때문이다. 그것의 비존재가 가능한 것은 우연적이다. 이 비존재를 나는 모순율에 따라서 인식할 수 없다. 우리는 사물의 절대적 우연성을, 그것의 절대적 필연성과 마찬가지로 이성에 의해서도 경험에 의해서도 통찰할 수 없으며, 단지 사물의 상대적 우연성 혹은 상대적 필연성을 통찰할 수 있을 뿐이다. 어떤 것이 그것 자체로 우연적인가 어떤가를 우리는 아프리오리하게 단순한 개념으로부터 인식할 수 없다. 왜냐하면 나는 일체의 것을 나의 생각으로부터 제거할 수 있기 때문이다. 모든 사물의 반대는 가능하며, 또한 그것은 사유 가능하다(그것은 말하자면 영원의 무이다[9]). 나의 개념 안에는 그런 점에서 어떤 것도 자기 모순되지 않는다. 사물의 존재에 후속하는 변화 혹은 비존재로부터, 나는 이 우연성을 추론할 수 없으며, 그것과 마찬가지로 사물의 현존재로부터 그 현존재의 필연성을 추론할 수 없다. 왜냐하면 여기서 [70] 문제되는 것은 한 사물이 동일한 시간에서, 즉 동일한 순간에서 존재할 수 있는가 어떤가 하는 것이기 때문이다. 그러나 내가 이러한 것을 통찰하는 것은 불가능하다.

우리는 실로 절대적으로 필연적인 존재를 가정하지만, 그러나 어떻게 해서 최고 존재가 절대 필연적으로 존재할 수 있는가를 통찰할 수 없다. 왜냐하면 그 반대, 즉 비존재가 사유 가능하기 때문이다. 환언하면 반대가 사유 가능하다는 것에 관해서 나의 오성에서 어떤 것도 자기 모순되지 않기 때문이다. 사물들의 우연성을 우리는 사물의 생성과 소멸에서 인식할 수 있으며, 단순한 개념으로부터는 인식할 수 없다. 생겨나는 것, 즉 이전에 존재하지 않았던 것은 우연적이며, 그 역도 또한 가능하다. 우연은 본래 일어나는 것을 의미하며, 또 그런 것은 원인을 가지지 않으면 안 된다. 일어나는 것은 생성이거나 소멸, 즉 사물의 단순한 변화이다. 변화는 단지 상태에 속하며, 그 경우에 나는, 이 상태는 우연적이라고 말할 수 있지만, 그러나 그것 때문에 사물 자체가 우연적이 되는 것은 아니다. 생성과 소멸로부터만 나는 사물 그 자체의 우연성을 추론할 수 있다. 그래서 상태들은 원인을 가지지 않으면 안 되지만, 그러나

9) 괄호 안의 부분은 P판과 S판에는 있지만, Ak판에는 없다.

나는 물질의 원인에 대해서는 결코 묻지 않는다. 어떤 것의 근거를 포함하는 것은 이미 지적되었던 것처럼 원리이다. 현실성의 근거를 포함하고 있는 것은 원인 혹은 작용 원리라 칭해지고, 가능성의 근거를 포함하는 것은 존재 원리라 칭해진다. 인식의 근거를 포함하는 것은 인식 원리(principium cognoscendi)라고 칭해진다. 다수의 원인이 하나로 되어서 어떤 사물의 현실성의 원인으로 될 수 있다. 이때 이들 원인은 협동 원인(concausae)이라 칭해진다. 하나의 원인이 존재한다면, 그것은 단독 원인(causa solitaria)이다. [71] 협동 원인은 공존적이거나 종속적이다. 협동 원인이 다른 협동 원인의 결과라면, 그것은 종속적이지만, 하나 이상의 협동 원인이 어떤 결과의 원인이라면, 이들 협동 원인은 공존적이다. 공존하는 원인들은 협동(causae coordinatae concurrunt)하지만, 종속하는 원인들은 그렇지 않다. 어떤 원인도 충족을 위한 보충(complementum ad sufficientiam)을 하고, 결과의 보충 부분으로 간주되어야 하며, 이것들은 상호 공존한다. 신만이 단독 원인이고, 다른 모든 원인은 신에 종속하며, 어떤 원인도 신과 공존하지 않는다.

작용 원인(causa efficiens). 많은 것은 한 사물의 근거를 포함하지만, 그러나 그것들은 현실적 원인은 아니다. 적극적 원인과 마찬가지로 소극적 원인이 존재한다. 작용 원인은 작용하는 힘에 의한 원인이다. 필요 조건은 다음과 같은 사물의 규정, 즉 실로 소극적으로 존재하지는 않지만 그러나 그렇다고 해서 작용하는 원인이라고 칭해지지도 않는 — 비록 원인으로 산정(算定)되기는 하겠지만 — 그런 사물의 규정이다. 그래서 포탄의 경우에는 화약이 필요 조건이다. 그러나 그것의 작용 원인은 대포를 발사하는 병사이다. 공존하는 원인들 중에서 어떤 원인은 근본적(principalis)이며, 다른 원인은 이차적(secundaria)이다. 하나의 원인이 근본적 원인이고 다른 원인이 근본적이지 않은(minus principalis) 경우에는, 후자는 부차적 원인(causa auxiliaris)이다. 수단적 원인들(causae instrumentales)은 그것들이 인과성에 관해서(quoad causalitatem) 근본 원인에 의해서 규정되는 한에서는 종속적 원인(causae subordinatae)이다. 예를 들면 병사들이 그것에 해당한다. 수단적 원인에 귀속되는 것은, 즉 그것이 근본 원인에 완전히 의존하는 경우에는, 직접적으로 근본 원인에 귀속된다. [72] 수단적 원인이 근본 원인에 완전히 의존하지 않는 경우에는 그것은 근본 원인에 귀속되지 않으며, 따라서 자발적 원인(causa spontanea)이 된다. 예를 들면 하인은 주인으로부터 완전히 위임된 한에서 행동할 때, 그것은 근본 원인으로서의 주인에 귀속되지만, 그러나 하인이 주인에 의존하지 않는 부분에서는 그렇지 않다.

개개의 활동은 그것의 결과와 더불어 사건(Begebenheit)이라 불린다. 하나의 사건이 그것 안에서 발생하는 관계는 사정(circumstantia)이다. 이 외적 관계는 공간에 관해서나 시간에 관해서 존재한다. 공간과 시간의 이 관계가 여러 사정을 이룬다. 사건에 대해서 협동하는 시간과 공간의 모든 관계의 총괄은 기회(Gelegenheit)라 불린다. 그래서 장소와 시간의 기회가 존재한다. 장소의 기회는 적소(適所, opportunitas)라 불리고, 시간의 기회는 시의(時宜, tempestivitas)라 칭해진다. 후자에 관해서 사람들은, 시간은 곧 흘러가 버리기 때문에, 시의를 얻지 않으면 안 된다고 말한다.

사람들은 사정에 의해서 쉽게 사태는 변한다(minima circumstantia variat rem)고 말한다. 여러 사정들이 협동하지 않는다면, 그것들은 사건을 변화시키지 못한다. 원인이 정립되면 그것의 결과도 정립된다(posita causa ponitur effectus)는 것은 이미 앞에서 이야기한 것으로부터 나온다. 그러나 원인이 제거되면 결과도 제거된다(sublata causa tollitur effectus)는 것은 이것과 마찬가지로 확실하다.

[그러나] 결과가 제거되면 원인도 제거된다(sublato effectu tollitur causa)는 것은 확실하지 않으며, [이 경우] 원인이 가지고 있는 인과성이 제거된다(tollitur causalitas causae)는 것이 확실하다. 원인이 있는 것과 마찬가지로 결과도 있다(qualis causa, talis effectus)는 것은 원인이 결과와 유사하다는 것을 말하는 것이 아니다. 왜냐하면 원인과 결과는 유사성의 관계도 아니고, [73] 개념에서의 연결도 아니며, 사태에서의 연결이기 때문이다. 그것은 다음을 의미한다. 즉 결과는 그것의 원인과 같은 사정에 있다는 것, 즉 우리는 결과에 따라서만 원인을 명명한다는 것을 의미한다. 그 때문에 다른 결과가 존재하는 경우에는, 원인도 다른 명칭을 가지지 않으면 안 된다. 그러나 원인과 결과는 동어 반복적이라고 생각되어서는 안 된다. 왜냐하면 양자는 완전히 다른 것이기 때문이다. "결과는 원인과, 또한 거꾸로 원인은 결과와 유사하지 않으면 안 된다"는 명제는 유기체의 생리학에 대해서만 적용될 수 있다. 결과는 원인으로부터 증명된다(effectus testatur de causa). 우리는 원인을 알기 이전에, 어떤 것을 이미 결과로서 인정할 수 있다. 예를 들면 모든 우연적인 것[을 결과로서 인정한다]. 그러나 이 명제를 사람들은 단지 다음처럼 이해하지 않으면 안 된다. 즉 결과는 인과성의 성질에 관한 한 원인으로부터 증명된다(effectus testatur de causa quoad qualitatem causalitatis). 왜냐하면 나는 모든 직접적인 결과의 전체에 의해서 원인의 여러 가지 작용력(vires efficientes causae)을 인식하지만, 그러나 단지 인과성에 따라서만 그것들을 인식할 뿐이기 때문이다. 따라서 우리는 신을 완전히 인식할 수 없으며, 단지 신이 세계를 통해서 스스로를 계시했던 그 만큼만을 세계의 크기에 따라서 인식할 수 있다. 그래서 신에 관한 인식은 단지 신의 작용에 관한 인식과 같은 것이다. 그런데 그것은 신의 여러 가지 작용에 관한 나의 인식이 어느 정도

큰가에 기초해 있다. 그래서 "원인은 결과로부터 증명된다"는 위의 명제는 엄밀하게(stricte) 고려되고 있지는 않다.

이 결합은 인과적 결합(nexus causalis)이며, 특히 작용적 결합(nexus effectivus)이다. 이 작용적 결합은 목적적 결합(nexus finalis)과 구별되어야 하며, 실로 철학하는 방법에 있어서 우리가 목적적 결합을 작용적 결합과 치환하는 일을 하지 않기 위해서 구별되어야 한다. 예를 들면 왜 [74] 육체의 상처가 아무는가? 이런 물음에 관해서 사람들이, 섭리가 이미 그러한 식으로 결정했었다고 답하고자 한다면, 그것은 목적적 결합이지 작용적 결합은 아닐 것이다. 여기서 나는 어떻게 해서 그러한 일이 일어나는가의 원인을 알고자 원하며, 그러한 작용적 결합을 통찰하는 것이 참된 철학인 것이다. 내가 원인들의 연구를 진행하지 않고, 목적적 결합의 원리에 의거한다면, 그것은 논점 선취(petitio principii)이다. 많은 철학자는 목적적 결합의 원리를 채용하고, 그리고 그것으로부터 많은 것을 발견할 수 있다고 생각했다. 예를 들면 라이프니츠는 광선이 어떤 장소로부터 다른 장소에로의 가장 짧은 길을 통과한다고 생각하고, 그것으로부터 그는 뒤에 굴절 광학의 법칙을 도출했다. 에피쿠로스는 목적적 결합을 전면적으로 비난했지만, 이에 반해서 플라톤은 목적적 관계를 전면적으로 채용했다. 이 양자는 모두 잘못이다. 이 양자는 결합되지 않으면 안 된다. 나는 모든 것을 가능한 한 원인들로부터 도출하려고 노력하지 않으면 안 되고, 그리고 그 후에 모든 것을 합목적적으로 안배했던 존재자를 생각해내지 않으면 안 된다. — 내가 목적적 결합만을 가정하더라도, 나는 모든 목적을 알고 있는 것은 아니다. 아니 나는 망상에 기초해 있을 수 있는 여러 목적을 스스로 생각할 수 있으며, 따라서 여러 원인을 간과하게 된다. 그러나 이것은 연구에 있어서 큰 손해이다. 목적적 결합에만 의거하는 것은 태만한 철학의 침구(寢具)이다. 우선 먼저 사람들은 철학에서 모든 것을 원인으로부터, 그리하여 작용적 결합의 원리에 따라서 도출하려고 노력하지 않으면 안 된다. 그런 경우 자주 잘못에 빠지기도 하겠지만, 그러나 그것은 결코 무익한 노력이 아니다. 왜냐하면 어떤 것을 이런식으로 연구하는 방법과 길이 [75] 철학이며, 이런 방법과 길은 인간의 오성에 적합하기 때문이다. 많은 전제는 오류이다. 그러나 사람들이 이러한 전제 위에서 연구를 계속한다면, 때때로 예상에 반해서 다른 진리를 발견하게 된다. 예를 들면 루소는 다음과 같은 것을 전제했다. 즉 인간은 본성상 선하고, 모든 악은 사람들이 그것을 막지 못하기 때문에 생겨나며, 따라서 교육은 소극적인 것임에 틀림없지만, 인간은 교육에 의해서 악으로부터 피해질 수 있을 것이라는 점을 전제했다. 이러한 생각은 그 원리가 잘못된 것이라 하더라도 일반적으로 환영받는다. 그러나 내가 인간은 본성상 악하다고 생각한다면, 누구도 악을 막으려는 노력을 하지 않을 것이다. 왜냐하면 악이 이미 본성의 안에 존재하기 때문이다. 그렇다면 교육이라는 것은, 최고 존재자가 초자연적인 힘에 의해서 그러한 악을 근절시킬 수 있도록 하기 위해서, 최고 존재자에 대한 기원(祈願) 중에 존재하게 될 것이다.

그 때문에 사람들은 자신이 작용적 결합의 안으로 결코 들어가지 못한다는 것을 알고 있음에도 불구하고, 작용적 결합 쪽에 머무르지 않으면 안 된다.

질료와 형식에 관하여

우리의 이성의 본성 안에도 이미 질료와 형식의 구별이 존재한다.

질료는 소여(datum)이다. 따라서 그것은 소재이다. — 그러나 형식, 즉 이들 소여가 어떻게 정립되는가는 다양한 것이 결합 안으로 들어오는 방식이다. 우리는 모든 데에서 질료와 형식을 본다. 우리는 우리의 판단에서 그리고 작품에서 질료와 형식을 본다. 고대 사람들은 보편적인 것 [76] 혹은 유(genus)는 질료이며, 종차(differentia specifica)는 형식이라고 말했다. 예를 들면 인간은 유이고, 그 때문에 질료이지만, 학자는 종차이고, 그 때문에 형식이 될 것이다. 고대 사람들은 형식에 상당히 치중하고 있으며, 형식을 사물의 본질이라고 말했다. 이것은 아주 완전히 옳다. 왜냐하면 우리는 어떤 점에서도 질료를 산출할 수 없고, 다만 형식을 산출할 수 있을 뿐이기 때문이다. 예를 들면 모든 예술가나 장인(匠人)이 그러하다. 우리의 마음 중에는 감각이 질료이지만, 우리의 개념이나 판단은 형식이다.

자연적 의미에서의 질료는 연장된 대상들의 기체, 즉 물체의 가능성이다. 그러나 선험적 의미에서는 어떤 소여도 질료이지만, 그 소여의 관계는 형식이다. 선험적 질료는 규정 가능한 것(determinabile)이지만, 선험적 형식은, 규정, 즉 규정하는 작용(actus determinandi)이다. 선험적 질료는 실재성, 즉 모든 사물에 대한 소여이다. 그러나 실재성의 제한이 선험적 형식을 이룬다. 사물의 모든 실재성은 말하자면 무한의 질료 안에 존재하며, 이 무한의 질료에서 사람들은 그 다음에, 형식인 바의 한 사물을 위해 약간의 실재성을 분리한다.

질료는 그것으로부터의 질료, 그것에 있어서의 질료, 그것을 위한 질료(materia ex qua, in qua, circa quam)로 구별된다. — 그것으로부터의 질료는 규정 가능한 것 그 자신이며, 이미 규정된 사물이다. 그것을 위한 질료는 규정의 활동 그 자체 안에(in ipso determinationis actu) 있는 질료를 의미한다. 예를 들면 설교 책은 그것으로부터의 질료가 아니고, [77] 그것을 위해 어떤 것이 향해져 있는(circa quam aliquis versatur) 질료이다. — 그것에 있어서의 질료는 속성의 기체를 의미한다. 본래 그것을 위한 질료는, 그것에 의해서 사태에 형식이 주어지는 그런 사고를 의미한다. 예를 들면 건축물의 계획이 그것을 위한 질료이다. 그러나 돌이나 목재 등은 그것으로부터의 질료이다. — 이 구별은 상당히 미묘한 것이다.

선험 철학

선험 철학은 원리들의 철학, 즉 인간의 아프리오리한 인식의 요소들의 철학이다. 그것은 동시에, 기하학이 어떻게 해서 아프리오리하게 가능한가 라는 것의 근거이다. 그러나 어떻게 해서 학문이 우리 자신으로부터 산출되는가, 어떻게 해서 인간의 오성이 그러한 것을 산출할 수 있는가를 아는 것은 극히 필요한 일이다. 이러한 연구는, 만약 우리가 우리에 있어서 매우 중요하고 관심을 불러일으키는 다른 아프리오리한 인식들, 예를 들면, 사물의 기원이라든가, 필연적인 것 및 우연적인 것이라든가, 세계가 필연적인가 필연적이지 않은가에 관한 아프리오리한 인식을 가지지 않았더라면, 기하학에 관해서는 그렇게 필요하지는 않았을 것이다. 이들 지식은 기하학이 가지는 정도의 명증성을 가지지 못한다. 따라서 우리가 인간의 지식이 어떻게 해서 아프리오리하게 가능한가를 알고자 한다면, 우리는 아프리오리한 모든 지식을 구별하고 검토해보지 않으면 안 되며, 그 후에 우리는 인간 오성의 한계를 규정할 수 있고, 또한 보통 형이상학에서 가능한 모든 망상이 특정한 원리 및 규칙의 아래로 가져와질 수 있다. [78] 그러나 이제 우리는 인간 인식의 아프리오리한 원리들을 구분하고자 한다.

(1) 감성의 아프리오리한 원리들. 이것은 선험적 감성론이며, 선험적 감성론은 공간과 시간의 아프리오리한 인식과 개념을 포함하고 있다.
(2) 지성적인 인간 인식의 아프리오리한 원리들. 이것은 선험적 논리학이다.

인간 인식의 아프리오리한 원리들은, 이미 위에서 보았던 것처럼, 오성의 범주들이며, 이들 범주는 오성이 아프리오리하게 포함하고 있는 일체의 것에 걸쳐 있으며, 그럼에도 다른 개념들이 이들 범주로부터 도출될 수 있다.

우리가 선험적인 개념들을 앞에서처럼 분석하고자 한다면, 이것은 인간 언어의 근거를 포함하는 **선험적 문법론**일 것이며, 예를 들면 현재(praesens), 현재 완료(perfectum), 과거 완료(plus quam perfectum)가 인간 오성 안에 어떻게 존재하는가, 혹은 부사(adverbia)는 무엇인가 등등이 여기서 문제된다. 이러한 것을 숙고한다면, 사람들은 선험적 문법론을 가지게 될 것이다. 논리학은 오성의 형식적 사용을 포함한다. 그것으로부터 그 다음 선험 철학, 즉 아프리오리한 보편적인 개념들의 이론이 나올 수 있을 것이다.

[79] 이념과 이상에 관하여

그것에 의해서 대상들이 가능하게 되는 아프리오리한 인식이 존재한다. 대상이 단지 인식에 의해서 가능하다는 것은 의아하게 보이지만, 그러나 모든 질서, 모든 합목적적 관계는 인식에 의해서 가능하게 된다. 예를 들면 진리는 선행하는 인식이 없이는 가능하지 않다. 그것에 의해서 대상이 가능하게 되는 아프리오리한 인식이 이념이다. 플라톤은 사람들이 이념을 연구해야 한다고 말했다. 또한 그는 이념은 신에 있어서는 직관이며, 인간에 있어서는 반성이라고 이야기했다. 마지막으로 그는 이념이 사상(事象)인 것처럼 이념에 대해 이야기했다. — 이념은 불변이고, 또한 본질적인 것이며, 그것에 의해서 대상들이 가능하게 되는 근거이다.

원형(原型)은 본래, 그것이 모방의 기초인 한에 있어서는, 직관의 대상이다. 그래서 그리스도는 모든 도덕성의 원형이다. 그러나 어떤 것을 원형으로 간주하기 위해서는 우리는 그것에 따라서 원형을 인식할 수 있는 이념을 미리 가지고 있지 않으면 안 된다. 이렇게 해야만 원형을 원형으로 볼 수 있는 것이다. 왜냐하면 그렇지 않다면 우리는 원형을 실제로 인식할 수 없을 것이며, 또한 그 때문에 기만당할 수 있을 것이기 때문이다. 그러나 우리가 어떤 것에 관한 이념, 예컨대 최고의 도덕성에 관한 이념을 가지고 있다면, 게다가 우리에게 이제야 그것에 대한 직관의 대상이 주어지고, 누군가가 우리에게 이 이념과 매우 잘 일치하는 자로서 표상된다면, 우리는 이 사람이 원형이다, 이 사람을 모방하라고 말할 수 있을 것이다. — 우리가 어떠한 이념도 가지지 못한다면, 우리는 원형을 가정할 수 없으며, [80] 설령 원형이 하늘로부터 온다고 하더라도 그렇다. 원형을 구체적으로 구(求)하기 위해서는 나는 이념을 가지지 않으면 안 된다. — 모범은 모방의 근거이다. 우리는 행위와 대상을 이념이 없더라도 모범에 따라서 성취할 수 있지만, 그러나 그 경우에는 그것들은 단지 우연적으로 모범과 일치한다. 도덕에서는 사람들은 어떤 모범도 가정해서는 안 되고, 단지 신성성(神聖性)의 이념과 같은 원형을 추구하지 않으면 안 된다.

제2장

우주론

세계 개념

우주론은 자신의 원리를 경험으로부터가 아니라 순수 이성으로부터 빌려오기 때문에, 그것은 합리적 우주론이라 한다. 그러나 원리뿐만 아니라 그것의 대상 자체도 순수 이성의 대상이며, 경험의 대상이 아니기 때문에, 그것은 선험적 우주론(cosmologia transcendentalis)이라 불린다. 우리는 이미 존재론에서 인식의 계열에서 한계를 이루는 한계 개념에 대해 언급했었다. — 관계 안에는 다음과 같은 세 가지 개념, 즉 실체와 우유성의 관계, 원인과 결과의 관계, 전체와 부분의 관계가 있다. — 이 모든 인식에서 우리는 처음의 것과 마지막 것을 생각할 수 있고, 그렇게 함으로써 [81] 이들 인식 안에 전체성(Completudo) 또는 총체성이 존립하게 된다. — 실체와 우유성의 문제에서 실체적인 것(Substantiale)은 더 이상 다른 어떤 것의 우유성으로 되지 않는 것이다. 원인과 결과의 관계에서 제1원인은 다른 것에 의한 결과가 아닌 한계 개념이다. 세 번째인 전체와 부분의 관계에서는 더 이상 다른 것의 부분이 아닌 그런 전체가 한계 개념이다. 그리고 이것이 세계 개념이다. 이 개념은 순수한 이성 개념[1]이며, 인간 이성에 있어 필연적인 것이며, 결코 자의적인 것이 아니다. 우리의 이성은 사물의 계열에서 전체성에 마주칠 때까지 즉 완전한 전체성을 생각할 수 있을 때까지 만족하지 않는다는 요구를 가지고 있다. — 세계는 실체적인 것의 전체(totum substantiale)이다. 그 때문에 우유성의 전체는 세계가 아니다. 우유성은 또한 부분 즉 전체의 구성 부분(compartes)으로 간주되지 않는다. 예를 들면 사상(思想)이나 운동은 인간에 속하는 것이 아니라 상태의 일부분이지만, 전체의 부분은 아니다. 따라서 세계 전체는 모든 상태의 전체가 아니라, 모든 실체의 전체이다.

세계 전체에서 우리는 다음과 같은 두 가지 점에 주목하게 된다.

1) 질료에 주목하게 되며, 그것은 실체들이다.
2) 형식에 주목하게 되며, 그것은 합성체, 또는 많은 것의 결합 (nexus plurium)이다.

[82] 결합에는 일방적이거나 교호적이라는 두 가지 방식이 있을 수 있다. 두 번째 것이 첫 번째 것에 의존하지만, 첫 번째 것이 두 번째 것에 의존하지 않는다면, 그 결합은 일방적이다. 한쪽이 다른 쪽을 규정한다면 그 결합은 교호적이다. 그러나 실체들은 일방적인 결합과 작용에 의해서가 아니라 교호적 결합과 작용에 의해서 전체를 구성하며, 이것이 상호 작용(commercium)이다. 그 때문에 실체적인 것의 합성을 위해서는[2] 상호 작용이 필요하다. 따라서 실체적인 것의 합성의 형식은 상호 작용에 근거하고 있다. — 그러므로 신과

1) P판과 S판에는 "Verstandesbegriff"(오성 개념)이지만, Ak판에는 "Vernubftbegriff" (이성 개념)으로 되어 있다.

2) P판과 S판에는 "Im"이지만, Ak판에는 "Zum"이다.

세계는 결코 전체를 구성하지 않는다. 왜냐하면 거기에는 어떠한 상호 작용, 교호적 작용도 없으며, 단지 일방적인 작용이 있기 때문이다. 여기에 반해서 어떤 국가의 각 구성원은 전체를 구성한다. 왜냐하면 거기에는 교호적인 작용이 있기 때문이다. 그러나 구성원은 지배자와 함께 전체를 구성하는 것은 아니다. 왜냐하면 거기에는 작용은 단지 일방적일 뿐이기 때문이다. 따라서 세계 안에 있는 모든 실체는 상호 작용 중에 있으며, 그렇게 함으로써 전체를 형성하고 있다. 단순한 집합은 아직 전체는 아니다. 거기서는 결코 교호적인 결합 안에 있지 않는 다수(plura)만이 고려되고 있기 때문이다. 세계가 다른 모든 합성체와 다른 점은 세계가 결코 다른 것의 부분이 아니(quod non est pars alterius)라는 사실, 즉 실체적인 것의 전체라는 사실이다. — 자신보다도 더 큰 것에 종속하지 않은 다수성은 총체성(omnitudo)이다. 모든 합성체(compositum)는 예컨대 하나의 사과처럼 전체로 보인다. 지구는 하나의 전체이지만 동시에 보다 큰 전체의 일부이다. 그러나 하나의 절대적 전체이다. 세계 전체는 상태들의 전체와 [83] 구별된다. 왜냐하면 세계 안에는 일체의 변화에서 상태들이 존재하지만, 그러나 세계는 실체적인 것의 전체이기 때문이다. 상태들의 계열은 항상 진행해 가는 것이기 때문에, 우리는 그것을 한 번에 표상할 수 없다. 그러나 우리는 실체들을 총괄적으로 사유할 수 있으며, 그 경우에 그것은 이미 하나의 전체이다. 따라서 나는 다른 것의 부분이 결코 아닌 바의 합성체를 가지고 있다. 이것이 바로 세계이다. 실체들은 실재적 결합 중에(in nexu reali), 따라서 상호 작용하고 있는 한에서, 세계로 간주될 수 있다. 상호성이 존재하지 않는 실체들의 집합은 아직 세계를 형성하지 못한다. 교호적인 규정, 즉 합성체로서의 세계의 형식은 상호 작용에 근거하고 있다. 만약 실체들이 실재적인 결합 없이 그리고 상호 작용 없이 생각되고, 여기에서 모든 실체는 그것 자체로서 존재하며, 서로 상호 관계도 가지지 못하다면, 그것은 집합체(multitudo)이지, 아직 세계는 아니다.

따라서 상호 작용하고 있는[3] 실체들의 결합은 세계의 본질적 조건인 것이다.

여기에서 두 가지 물음이 구별될 수 있을 것이다. "이 세계 외에 또한 다른 세계가 가능한가?", "이 세계 대신에 다른 세계가 가능한가?" — 만약 우리가 하나의 세계 외에 다른 세계가 가능한가 어떤가를 묻는다면, 이런 물음은 그 자체로는 모순되지 않는다. 세계의 단일성은 세계의 개념으로부터 아프리오리하게 증명될 수 없다. 왜냐하면 세계가 실체적인 것의 합성체이고, 여기에서 실체들은 상호 작용하며, [84] 따라서 세계가 다른 것의 부분이 아닌 전체를 이루고 있다고 우리가 말한다 하더라도, 이것에 의해 상호 작용을 포함하고 있는 다수의 그러한 전체들이 존재할 수 없다는 주장이 반박되지는 않기 때문이다. — 따라서 세계의 개념으로부터 세계의 단일성이 귀결되지 않는다. 그러나 단일성은 다음과 같은 다른 근거로부터 명료하게 될 수 있다. 즉 만약 모든 사물이 일자에 의존하는 식으로 일자 밖에 존재한다면, 이 일자에 의존하기 때문에 일자 외에 존재하는 모든 실체는 결합되고, 그 모두는 하나의 전체를 구성하게 된다. 따라서 공통의 그리고 최고의 한 원인으로부터 단지 하나의 세계만 존재한다는 사실이 귀결된다. 이러한 점은 뒤에 설명된다. 따라서 세계의 개념으로부터 세계의 단일성은 결코 추론되지 않는다.

3) P판과 S판은 "bestehen"이지만, Ak판은 "stehen"이다.

무한의 전진과 배진에 관하여
(de progressu et regressu in infinitum)

전진이란 내가 아프리오리한 기점(terminus a priori)으로부터 멀어지는 경우의 계열의 진행이며, 배진이란 내가 아프리오리한 기점에 가까워지는 경우의 계열의 진행이다. 종속된 사물들의 계열에서 내가 앞으로 진행하면 할수록 나는 전진의 과정 중에 있고, 반대로 후퇴하면 할수록 배진의 과정 중에 있다. — 우리의 이성은, 만약 다른 것에 의한 결과가 아닌 제일 원인이 가정되지 않으면, 사물의 가능성에 관한 어떤 표상도 만들 수 없다. 원인은 완전하며, 규정될 수 있어야 한다. 그러나 만약 어떤 원인이 [85] 하위의 원인(causa subalterna)이라면, 그것은 완전하지 않다. 우리는 제1원인(causa prima)과 하위의 원인을 가질 수 있다. — 제1원인이 없다면 하위의 원인의 계열은 이성에 있어서는 결과를 도출하기 위해 충분히 규정될 수 없다. 그러므로 그것은 이성에게는 파악되지 않는다. 즉 사물의 현존재가 하위의 원인 중에 정초(定礎)되는 한에 있어서, 이성은 그것이 어떻게 해서 가능한가를 완전히 통찰할 수는 없다. — 그러나 우리가 제1원인을 가정하지 않고서는 무한의 배진을 통찰할 수 없다고 하더라도, 이것이 절대적으로 불가능하다고 말할 수는 없으며, 다만 제1원인을 가정하지 않고서는 이러한 배진을 이해할 수 없다고 말할 수 있을 뿐이다.[4] 일반적으로 무한의 배진이 가능한가 어떤가를 묻는 것은 이 계열이 제1원인을 가지는가 어떤가를 묻는 것과는 다른 문제이다. 무한이란 수학적 개념이고, 모든 수보다 큰 수량을 의미하며, 따라서 우리는 이 경우 끝없이 소급해 올라가지

---

4) “So können wir…nicht einsehen können”(이것이 절대적으로 불가능하다고 말할 수는 없으며, 다만 제1원인을 가정하지 않고서는 이러한 배진을 이해할 수 없다고 말할 수 있을 뿐이다)의 부분은 앞의 문장과의 중복이며, Ak판에는 삭제되어 있다.

않으면 안 된다. 그리고 이것은 어떤 원인도 존재하지 않는다는 것을 의미하는 것은 아니다. 이 계열은 항상 하나의 원인에 의존할 수 있다.[5] 그러나 이 계열은 모든 수보다도 크기 때문에, 우리는 거슬러 올라감에 있어서 그 원인에까지 도달할 수 없다. 그러므로 난점은 문제 자체 안에 놓여 있다. 사람들은 결과의 계열에서의 진행을 통찰할 수 있다고 믿으며, 무한의 전진의 가능성을 떠올린다. 그러나 [86] 그러한 가능성은 배진의 경우에도 있다. 왜냐하면 모든 수보다 더 큰 수량은 불가능하지 않기 때문이다. — 그러나 무한한 수량은 불가능하다. 원인의 계열(series causarum)에서의 무한으로부터는 무한은 통찰될 수 없고, 그로부터 제1원인을 추론하는 것도 불가능하게 된다. 제1원인은 오히려 우연성으로부터 추론된다. 왜냐하면 우연적인 것은 필연적이고도 완전함에 틀림없는 원인을 가지고 있으며, 따라서 결과의 계열은 근저에 제1원인을 가지고 있기 때문이다. — 그 때문에 세계가 영원으로부터 존재하는가의 물음은 세계가 원인을 가지지 않는가의 물음과 동일하지 않으며, 세계가 어떤 원인에 영원으로부터 의존하는가 어떤가의 물음과 동일하다. 그러므로 세계의 배진이 무한하게 계속되고, 그것을 위해 거슬러 올라갈 때, 원인이 존재함에도 불구하고 그 원인에 도달할 수 없는가 어떤가의 물음과 방금 제시한 물음은 동일하다. — 그 때문에 원인의 계열에서의 무한의 배진을 제1원인 없이 진행한다는 점과, 이 계열에 있어서 계기적으로 결과를 그 원인에 종속시키고 그 원인에서 종국에 도달할 수 없다고 하는 점이 혼동되고 있다.

우리가 계기적으로 계속 배진을 함에 있어 종국에 이를 수 없다는 명제가 다른 명제, 즉 이 계열이 어떤 원인도 가지지 않는다는

5) P판에는 의문 부호가 붙은 의문문이지만, S판에서는 의문 부호가 없으며, Ak판도 이것을 따르고 있다.

명제와 혼동되는 일이 드물지 않지만, 그러나 양자는 다른 것이다. — 이 계열은 내면적인 것이기 때문에 우리는 종국에 도달할 수 없지만. 그러나 그로부터 어떤 원인도 존재하지 않는다는 것은 나오지 않는다. 인간은 최소의 집합, 즉 다섯 선(線)조차도 한번에 알 수 없고, 반복되는 정립 행위(actus)에 의해서 알 수 있다. 그는 하나를 하나에다(unum uni) 계기적으로 추가해야 한다. 그러나 이 계열은 무한하기 때문에, [87] 인간은 이 가산(加算)에서(in addendo) 종국에 이를 수 없다. 그렇다고 이로부터, 이 계열은 원인이 없이도 그 자체에 있어 가능하다는 결론이 나오는 것은 아니다. 신이 어떻게 영원을 완전히 계획할 수 있었던가를 나는 지성적으로 통찰할 수 있다. 왜냐하면 최고의 원인은 계열의 완전한 원인이며, 따라서 계열을 완전히 인식해야 하기 때문이다. 그러나 감성적으로는, 즉 시간을 매개로 해서는, 이러한 통찰은 불가능하다. 왜냐하면 완전한 통찰은 매거(枚擧)에 의해서 생겨나기 때문이다. 그러나 매거할 때 나는 결코 종국에 도달할 수 없다. — 여러 가지 결과가 제1원인을 가진다고 오성은 주장한다. 이처럼 세계는 원인을 가지고 있지만, 그러나 이 원인은 계열, 즉 세계에는 속하지 않는다. 이 원인에 종속되는 계열은 유한적일 수도 있고 혹은 무한적일 수도 있지만, 그것은 어느 쪽이든 동일한 것이다. 그러나 어쨌든 결과의 계열은 제1원인을 가지고 있다. 그러므로 세계가 기원을 가지는가 아닌가의 물음이 제출될 때에는, 이 물음을 세계가 원인을 가지는가 어떤가의 물음으로 간주해서는 안 된다. 왜냐하면 세계는 여하간 하나의 원인을 가지지 않으면 안 되기 때문이다. 이 물음은 세계가 시작되는 경우의, 배진 방향(a parte ante)의 세계 한계를 보여주고 있다. 그러나 세계의 한계를 우리는 규정할 수 없다. 그것은 우리가 규정해야 하는 방법을 알지 못하기 때문이 아니라, 이 한계가 무규정적이기 때문이다. 어떻게 해서 세계가 영원으로부터 존재할 수 있었던가를 고려하는 것은 어려운 일이다. 시작을 가졌던 계열이, 그럼에도 불구하고 어떻게 해서 무한한가 라는 물음을 고려하는 것도 불가능하지만 말이다. 신이 어떻게 해서 활동을 개시할 수 있었던가 하는 물음이 제시될 때, 우리는 이러한 경우와 동일한 당혹에 빠지게 된다.

[88] 운명과 우연에 관하여

여기서는 다음의 세 명제에 주목해야 한다.

(1) 세계에서의 모든 현상은 운명에 의해서 존재하지 않는다 (omnia phaenomena in mundo non existunt per fatum).
(2) [이것들은] 우연에 의해서 생겨나지 않는다(non fiunt per casum).
(3) [이것들은] 비약에 의해서 결합되지 않는다 (non connec - tuntur per saltum).

사물들의 관계에서 이성에 어긋나는 것은 두 가지가 있는데, 그것은 다음과 같다.

(1) 맹목적 필연성
(2) 맹목적 우연성

맹목적인 것은 사람들이 스스로 볼 수 없는 경우를 의미하지만, 그러나 또한 사람들로 하여금 아무 것도 볼 수 없도록 하는 것을 의미하기도 한다. 따라서 맹목적인 필연성은, 우리가 이 필연성을 통해서는 오성에 의해서 어떤 것도 볼 수 없는 그런 것이다. 맹목적인 필연성은 운명이며, 맹목적인 우연성은 우연이다. 이 양자는 이성에 어긋나는 불가해(不可解)한 것이다. 맹목적인 필연성은 어떤 것이 사태 자신의 본질에도, 또한 다른 원인에도 근거해 있지 않는 것을 의미한다. 맹목적인 우연성은 우연적인 사건이지만, 그럼에도 이 우연성은 모든 관념에서 일어난다. 그러나 어떤 관점에서는 우연적이지만, 다른 관점에서는 필연적인 것이 있을 수 있다. 모든 관점에서 우연적인 것만이 맹목적인 우연성이다. 맹목적인 필연성에 대립되어 있는 것은 원존재자(Urwesen)이지만, 맹목적인 우연성에 대립되어 있는 것은 원인이다. [이 두 경우에 있어서] 사람들은 오성이나 이성의 법칙에 따라서는 결코 일어나지 않는 사건 그 자체를 생각하기 때문에, 양자는 모두 반이성적이다. — [89] 단적으로 우연적이라고 생각되며, 그리고 모든 관점에서 우연적인 그런 맹목적 우연을 가정해 본다면, 그것은 모든 법칙이나 근거의 예외를 이룬다. 또한 근원적인, 그리고 원인을 통해서 규정된 필연성 없이 맹목적인 필연성을 가정해 본다면, 이 필연성은 오성이나 이성의 법칙에 대해서 그것을 깨뜨리는 것이다. 판단하는 모든 권리가 이것에 의해서 우리로부터[6] 박탈된다. 따라서 양자는 사건의 설명 근거가 아니며, 단지 무지의 이불로서의 역할만 하고, 오성 사용을 불가능하게 한다. 양자, 즉 우연에도, 운명에도 자연과 자유가 대립한다. 자연과 자유는 맹목적인 우연성에 대립되며, 오성의 두 가지 설명 근거가 된다. 운명은 맹목적인 필연성이다. 만약 내가 이 맹목적인 필연성과 다툰다면, 나는 사건을 자유로부터 도출한다. 그러나 이 사건이 어떤 필연성이라면, 나는 그것을 절대적 필연성, 즉 최고의 원인으로부터 도출하거나 혹은 가언적 필연성, 즉 자연의 근거들로부터 도출한다. — 그러나 자연의 필연성은, 그것

6) 우리로부터(uns)는 Ak판의 정정이며, P판과 S판은 "ihr"이다.

만으로는 모든 것의 설명 근거가 될 수 없으며, 발생의 최초의 근거는 자유에 의해서 일어나지 않으면 안 된다. 왜냐하면 자유 이외의 어떤 것도 발생의 근거를 줄 수 없기 때문이다. 이것에 관해서는 합리적 신학(theologia rationalis)에서 좀더 많은 것이 밝혀진다. — 자유를 모두 부정하고, 자연의 필연성을 인정하는 사람은 엄격한 운명론(fatum strictum)을 주장한다. 그러나 절대적 필연성을 인정하고, [90] 모든 것이 단적으로 필연적이라고 이야기한다면, 그 사람은 스피노자적 운명론(fatum spinozisticum)을 주장하고 있다.

비약과 연속의 법칙에 관하여

비약은 다수를 결합할 때, 원격(遠隔)의 근거로부터, 중간 항(membra intermedia) 없이 규정에로 이행해 가는 것이다. 비약이라는 개념은 단지 사건에 관계할 뿐만 아니라, 사물에도 관계하며, 연속성에 반대되는 것이다. 그러므로 우리는 우선 연속성에 대해서 언급해야 한다.

모든 크기 혹은 크기로서의 모든 전체성은 연속량(quantum continuum) 또는 분리량(quantum discretum)이라고 간주된다. 어느 정도의 부분이 그 중에 포함되어 있는가를 우리가 그 자체로는 결정할 수 없는 그런 최소의 것이 가능한 경우, 이것은 연속량이다. 따라서 연속성이란 전체 안에 있는 어떤 부분의 수량의 절대적인 규정 불가능성이다. 그래서 어떤 최소의 것도 가능하지 않은 경우, 연속성이 존재한다. 예를 들면 공간과 시간은 연속량이다. 최소의 직선은 불가능하다. 왜냐하면 점은 직선의 한계이기 때문이다. 그러나 두 한계 사이에는 언제나 직선이 존재하지 않으면 안 된다. 따라서 두 점은 직접적으로 서로 접할 수 있는 것이 아니라, 이 사이에 항상 공간이 존재한다. 시간에 관해서도 사정은 동일하다. 두 점 사이에 직선이 존재하는 것처럼, 두 순간 사이에는 시간이 존재한다. 모든 순간이 시간 중의 하나의 시점(時點)이라는 것은 점이 공간 중의 하나의 위치인 것과 꼭 같다. 점들 사이에 있는 모든 부분은 그 자체 공간이며, 순간 사이의 모든 부분은 [91] 그 자체 시간의 부분이다. 따라서 하나의 점으로부터 다른 점에로의 이행은 갑자기 일어나는 것이 아니라, 연속적으로 일어난다. 즉 어떤 물체가 하나의 점으로부터 다른 점에로 운동할 경우, 이 물체는 무한하게 많은 중간적 공간, 즉 직선상의 어떤 점과 다른 점 사이에 있는 모든 중간적 점을 경과해야 한다. 어떤 물체가 모든 중간적 지점을 경과하지 않고서, 하나의 지점으로부터 다른 지점에로 이행해갈 수 있다면, 이것은 비약에 의한 장소의 이동(mutatio loci per saltum)이다. 그러나 어떤 사물도 하나의 지점으로부터 다른 지점에로 모든 중간 지점을 경과하지 않고 직접적으로 이동할 수는 없다. 이 사물은 공간의 무한히 많은 부분을 경과하지 않으면 안 된다. 더욱이 어떤 사물도 어떤 상태로부터 다른 상태에로 직접적으로, 즉 비약에 의해서 변화할 수 없으며, 어떤 상태에로의 이행은 이 사물이 모든 중간적인 상태를 경과하지 않으면 안 되는 방식[7)]으로 일어난다. 그러나 일반적으로 모든 운동은 연속적이라고 말할 수 있다. 어떤 상태도 두 개의 한계(terminus), 즉 어떤 것으로부터(a quo)와 어떤 것에로(ad quem) 라는 한계를 가진다. 이 상태의 각각은 어떤 특수한 순간 중에서 구별된다. 모든 이행에 있어서 사물은 두 개의 서로 다른 순간 중에 놓여 있다. 사물이 어떤 상태에 있는 순간은 그 사물이 다른 상태에 있는 순간과는 다르다. 그러나 두 순간 사이에 시간이 존재하는 것은 두 점 사이에 공간이 존재하는 것과 꼭 같다. 따라서 변화는 시간 중에

7) Ak판에만 "geschieht so, daß"로서 "so"가 들어 있다.

일어난다. 왜냐하면 어떤 사물이 A점에서부터 B점에로 이동하는 순간들 중에는, 그것이 A점에도 B점에도 존재하지 않는 시간이 포함되어 있기 때문이다. [92] 그러나 이 시간 속에서 사물은 운동, 즉 이행 중에 있다. 사물은 어떤 상태로부터 다른 상태에로 결코 직접적으로 이행하지 못하고, 모든 중간 상태를 경과하게 되며, 이것에 의해서 어떤 사물의 상태의 변화가 가능하게 된다. 여러 상태 사이의 상위(相違)는 모두, 어떤 크기를 가지고 있으며, 그리고 이 크기에는 연속성이 존재한다. 연속성의 법칙의 원인은 시간이다. 연속성의 이 법칙은 결코 형이상학적 망상이 아니고, 전체 자연에 퍼져 있는 법칙이다. 예를 들면 심성(心性)이 어두운 표상으로부터 밝은 표상에로 높아지는 경우, 직접적으로 그렇게 되는 것이 아니고, 이전의 표상보다도 더 밝은 모든 중간 표상을 통해서 거기에 도달한다. 이 연속성의 법칙은 라이프니츠가 최초로 제기했던 명제이지만, 오늘날까지 극소수의 사람밖에 이해하지 못했다. 그러므로 이 명제를 이해할 수 있도록 하기 위해서, 다른 측면에서부터 그것을 음미하고, 다음의 경우를 이 명제에 적용해 보기로 하자. 모든 현상은 심성에서의 표상으로서는 내관(內官)의 형식인 시간 아래에 있다. 어떤 표상도 심성이 시간 중에서 그것을 통람(通覽)하도록 되어 있다. 즉 심성이 현상을 설명하며, 따라서 어떤 표상도 설명 가능하다. 예를 들면 심성이 직선의 표상을 가질 때에는, 심성은 직선의 모든 부분을 통람하고, 이 현상을 설명한다. 우리가 신체를 표상하는 것은 신체의 모든 부분을 통람하는 식으로밖에 가능하지 않으며, 그리고 이것이 현상의 설명이다. 따라서 우리는 대상의 설명에 의하지 않고서는 그 대상을 의식할 수 없다. [93] 이것의 원인은 우리에게 주어진 모든 표상이 시간 속에서 일어난다는 사실에 있다. 감관의 대상은 모두 우리의 표상 능력에 의해서 설명 가능하다.

즉 우리는 시간 속에서 점차적으로 심성을 규정할 수 있다. 이것은 현상을 통람하는 것이라고도 불린다. 그것은 사람들이 차례로 현상의 어떤 부분으로부터 다른 부분에로 이행해 가는 것이다. 이로부터, 무한하게 분할될 수 없는 어떤 현상도 그리고 주어진 현상의 어떤 부분도 존재하지 않는다는 사실이 귀결된다. 그러므로 계기하는 현상 중에도, 현상의 다양이 존재하는 경우에도, 현상 중에는 결코 단순한 것은 존재하지 않는다. 왜냐하면 현존하는 것은, 심성이 그것을 통람하고, 현상을 설명하는 한에서만, 정립될 수 있기 때문이다.

이상의 이유로부터 모든 현상은 결코 단순한 부분으로부터 성립하지 않는다는 점이 보여진다. 모든 현상은 시간 안에 있는 표상으로서 존재하며, 설명된다. 전체 현상의 부분은 전체 시간의 부분 속에서 설명된다. 그러므로 현상의 어떤 부분도 시간의 한 부분 속에 있다. 그러나 시간의 어떤 부분도 순간[8]은 아니고, 시간의 부분은 그 자체 시간이다. 순간이란 시간의 한계에 지나지 않기 때문에, 현상의 모든 부분은 시간의 일부에 속하며, 시간 중에 없는 현상의 부분은 존재하지 않는다. 그러나 시간은 무한하게 분할 가능하기 때문에, 무한하게 분할될 수 없는 현상의 부분도 존재하지 않는다. 왜냐하면 현상의 어떤 부분도 우리가 통람하는 시간의 두 한계 사이에 있기 때문이다. [94] 이러한 현상의 어떤 부분을 통람하는 것은 순간 안에서는 일어날 수 없지만, 그러나 두 개의 한계 사이에 봉쇄되어 있는 것은 그 자체 부분들을 가지고 있다. 왜냐하면 두 순간 사이에는 항상 시간이 존재하기 때문이다. 그러므로 현상의 어떤 부분도 다시 설명될 수 있으며, 따라서 단순한 현상은 결코

8) P판과 S판은 "im Augenblick"이지만, Ak판은 "ein Augenblick"이다.

존재하지 않는다. 만약 단순한 현상이 존재한다면, 이것은 전체의 일부여야 할 것이다. 그러나 현상의 이러한 계열은 시간을 가지고 있으며, 따라서 현상의 어떤 부분도 또한 역시 시간의 부분을 가지고 있다. 시간의 어떤 부분도 단순하지 않다. 따라서 현상의 어떤 부분도 단순하지 않다. — 그러나 어떤 장소로부터 다른 장소에로의 이동, 어떤 상태로부터 다른 상태에로의 변화는 무한히 많은 중간 지점 또는 중간 상태를 경과하는 식으로밖에 가능하지 않다. 그리고 이 중간 지점 또는 중간 상태에 의해서 생긴 구별은 최초와 그것의 끝과의 구별보다도 작다. 그러므로 두 장소는 직접적으로 서로 접해 있는 것이 아니며, 이 사이에는 무한히 많은 중간 지점이 존재한다. 따라서 어떤 물체도 직접적으로는 변화할 수 없으며, 무수한 중간적 변화의 모두를 경과하지 않으면 안 된다. 직접적으로 다른 것에 이어지는 상태란 존재하지 않는다. 왜냐하면 어떤 물체가 어떤 상태로부터 나와서 다른 상태에로 이행할 때에는, 이 물체가 어떤 선행 상태로부터 나온 순간과, 다음의 상태에로 이동하는 순간이 존재해야 하기 때문이다. 이 두 순간 사이에는 이 물체가 어떤 하나의 상태에도 그리고 다른 상태에도 있지 않고, 이 물체가 다음의 상태에로 이행하는 근거가 되는 중간 상태에 있는 시간이 존재한다. [95] 변화는 연속적이라고 말할 수 있는 것과 마찬가지로, 속도에 관해서도 동일한 것이 고려된다. 어떤 물체도 곧바로 어떤 일정한 속도를 가지고 운동하는 것이 아니고, 점차로 커지며, 또한 항상 이 일정한 속도에 가까이 오는, 무한히 많은 속도의 정도를 거치지 않으면 안 된다.

이상이 제1의 자연 법칙이며, 그것의 필연성은 아프리오리하게 통찰될 수 있다. 더욱이 어떤 물체도 직접 정지로부터 운동에로, 그리고 운동으로부터 정지에로 움직이는 것은 운동과 정지의 무한히 작은 정도를 경과하지 않고서는 불가능하다고 하는 사실도 이 법칙에 근거해 있다. 또한 어떠한 물체도, 예컨대 삼각형에서 [이동하는] 경우처럼 중간적인 정지 없이는 직접 그 방향을 변화시킬 수 없다. 하나의 점은 중간적 정지 없이는 직접 어떤 방향으로부터 다른 방향에로 아동하지 않는다. 하나의 지점에서 어떤 시간 동안 존재하는 것이 정지이다. 그러나 운동의 부분들 사이에 정지가 있을 때, 이 운동은 중지되기 때문에, 물체는 중간적 정지에 의하지 않고서는 자신의 방향을 직접적으로 변경하지 못한다. 만약 중간적 정지 없이 그 방향이 바뀌어야 한다면, 어떤 물체는 연속적으로 자신의 방향을 변화시키지 않으면 안 되는데, 이러한 일은 곡선에서 일어나며, 어떤 각도에서는 일어나지 않는다. 이 물체는 최초의 방향으로부터 다른 방향을 향한 편향(偏向)의 무한히 작은 정도를 가지고서 연속적으로 나아간다. — 더욱이 물리학에서 사람들이 알게 되는 것은 어떤 광선도 그 방향을 갑자기 변경하지 않고(이것은 뉴턴이 설명했던 것이다), [96] 연속적으로 변경한다는 것이다. 거울 위에 떨어지는 광선은 어떤 각도를 이루어 굴절하지만, 그러나 어떤 일정한 시간 동안 거울 위에서 정지해 있다. 그리고 광선에 관해서도, 앞에서 삼각형의 운동을 이루는 물체에 관해서 언급된 것이 적용된다. 그러므로 광선은 거울 위에 정지해 있다. 만약 새로운 힘이 새로운 방향을 광선에 주지 않는다면, 광선은 영원히 정지해 있을 것이다. — 그리하여 모든 현상은 어떤 크기를 가진다. 따라서 어떤 것도 단순한 것이 아니다. 내관 혹은 외관의 현상 중 어떤 부분도 계열을 이루는 것이거나, 단순한 집합임에도 불구하고, 결코 단순하지 않다. 그래서 모든 현상은 시간 안에서 설명될 수 있다. 설명에 있어서 시간의 모든 부분이 현상의 각각의 부분에 속하는 것은 마치 현상 전체에 시간 전체가 귀속하는 것과 같다. 왜냐하면 시간의 어떤 부분도 그 자신 시간이며, 또한 공간의 어떤 부분도 마찬가지로 그 자신 공간이기 때문이다. 공간이나 시간 안의 어떤 부분도 단순하지 않다. 공간 안의 점, 시간 안에 순간은 단순한 어떤 것이지만, 그러나 그것은 공간과 시간의 부분이 아니다. 왜냐하면 만약 그렇지 않다면, 사람들은 공간이나 시간에 앞서 그것의 부분을 생각할 수 있기 때문이다. 그러나 지금 나는 순간을 시간 중에, 점을 공간 중에서 사고한다. 그러므로 그것들은 [공간과 시간의] 규정이며, 부분이 아니다. 그런데 시간 중에는 단순한 어떤 것도 없고, 어떤 현상에도 시간이 속해 있기 때문에, 현상 중에는 단순한 어떤 것도 존재하지 않는다. 그런데 공간 중에도 단순한 것은 존재하지 않기 때문에, 어떤 물체나 물질도 무한하게 분할 가능하다. 왜냐하면 모든 물체의 부분은 공간의 두 한계 사이에 존재하며, 따라서 항상 어떤 공간을 점하고 있기 때문이다. 그러나 [97] 무한하게 분할 가능한 것은 연속량이기 때문에, 모든 현상은 연속량이다.

그러나 실체는 단순한가? 분명히 그렇다. 내가 물체를 볼 때, 나는 어떤 실체도 보지 못하고 현상을 본다. 나는 결코 실체를 지각할 수 없다. 왜냐하면 창조자 이외의 어떤 존재자도 다른 사물의 실체를 지각할 수 없기 때문이다. 그러므로 공간과 시간 안에 있는 것은 무한히 분할될 수 있다. 공간 중에도 시간 중에도, 최소한의 부분이라는 것은 존재하지 않는다. 따라서 연속성의 법칙은 공간과 시간의 연속성에 근거해 있다. 그러나 이것들이 연속량이라는 것이 증명되는 것은, 공간 중의 점이나 시간 중의 순간이 공간과 시간의 부분이 아니라 그것의 한계이기 때문이다. 모든 경험이 감관에 의해서 발생함에도 불구하고, 우리는 오성에 의해서 현상을 예료(豫料)하고, 또한 대상의 조건을 아프리오리하게 알 수 있다. 형식의 연속성(continuitas formarum)은 유개념과 종개념 사이에, 또한 어떤 종과 다른 종 사이에 무한히 많은 중간적 종이 존재하고, 그 사이의 상위는 점차로 작아진다는 사실 속에 성립한다. 예를 들면 학자와 상식인 사이에는 학자에 좀더 가까이 가는, 학식의 무한히 많은 정도가 존재한다. 이것은 논리적인 의미를 가진 그런 종류의 연속성이다. 형식의 연속성에 관한 물리적 명제는 논리적 명제와 매우 다르다. 물리적 명제는 실로 이성에서 큰 빛을 발휘하지만, [98] 실제에 있어서는 그렇지 않다. 광물계로부터, 생명의 시작을 이미 포함하고 있는 식물계에로의 이행이나, 식물계로부터 생명의 상이한 작은 정도를 가지는 동물계에로의 이행을 나는 본다. 그러나 최고의 생명은 인간에서 발견되는 자유이다. 더욱 나아간다면, 나는 이미 관념적 세계의 사유 존재에 속해 있다. 이 세계가 결정되어 있는가, 혹은 이 계열이 계속되는가가 여기서 문제된다. 신이 계열을 완결한다고 이야기하면, 볼테르의 다음의 말은 정당하다. 즉 신은 이 계열에 속하는 것이 아니라, 이것을 유지하고 있고, 신은 자신의 본성에 따라서 그 계열과 완전히 구별되며, 만약 계열이 무한히 계속될 수 있다고 하더라도, 신에 가장 가까운 존재자에 근접할 수 없고, 이 존재자로부터 곧바로 신에 이를 수 없다고 하는 말은 정당하다. 사람들은 예를 들면 교황으로부터 카푸친 교단(教團)[9]에 이르는 계열을 표상할 수 있다고 볼테르는 말한다. 그러나 이것은 결코 연속량이 아니라, 부분들이 공간에서 규정될 수 있는 비연속량일 것이다. 피조물이 존재한다면, 하나의 피조물과 다른 피조물 사이에는 여러 가지 정도로 구별되는 중간적 피조물이 존재할 여지가 있지만, 그 수는 결코 무한하지 않다. 그러므로 연속성의 물리적

9) 카푸친 교단(ordo capucini)은 수도회로서 프란체스코 수도회의 독립적 분파 중 하나이며, 1525년 이탈리아 사람 마테오 바시오(Mateo da Vascio)에 의해 창설되었고, 유럽 각지에 확산되었다. 성 프란체스코의 규율을 엄수하고, 그 수도 생활은 엄격하며, 일상은 극히 간소하였다고 한다.

법칙은 단지 비교적인 개념에 지나지 않는다.

우주의 제부분에 관하여

독단론자로 하여금 자신의 지식은 정확하며, 자신은 문제를 확실히 알고 있다고 믿지 않도록 하는 것은 매우 좋은 일이다. [99] 그러므로 진리를 보다 잘 통찰하고 발견하기 위해서는, 의심을 일으키는 어떤 종류의 회의적 방법이 필요하다. 그런데 이 회의란 어떤 것인가? 극히 확실한 것은 우선 먼저 내가 존재하고, 나 자신을 느끼며, 내가 존재한다는 것을 확실히 알고 있다는 것이다. 그러나 다른 존재자가 나의 바깥에 존재한다는 것을 나는 그처럼 확실하게는 알 수 없다. 과연 나는 현상(Phänomena)을 알지만, 그러나 이 현상의 근저에 동일한 것이 존재하는가 어떤가는 확신하지 못한다. 왜냐하면 꿈속에서도 나는 표상이나 현상을 가지고 있으며, 꿈을 중지한 곳에서 항상 다시 꿈을 시작하는 식으로 꿈꾸는 것이 보통이라면, 사람들은 자신들이 다른 세계에 있다고 항상 주장할 수 있기 때문이다. 그래서 나는 여기[현상의 세계]에서도 현상의 근저에 무엇이 있는가를 알 수 없다. — 이때 자신 이외에 다른 어떤 존재자도 존재하지 않는다고 주장하는 사람은 유아론자(Egoist)이다. 유아론은 논증에 의해서 반박될 수 있는 것이 아니다. 왜냐하면 생기(生起)했던 것에 관해서 그 원인에까지 추론을 소급하는 것은 가능하지 않기 때문이다. 이 현상은 바로 그러한 결과를 산출하는 많은 다른 원인을 가지고 있을는지도 모른다. 동일한 결과에 관해서 두 가지 원인이 가능하다는 것은 유아론자에 대해서 위의 반박을 확정적으로 증명할 수 없도록 한다.

현상이 존재한다는 것은 확실하다. 그러나 이 현상의 근저에 무엇이 있는가를 우리가 알 수 없는 것은 우리의 직관이 지성적이 아니라 감성적이기 때문이다. 우리는 사물에 관해서, 그것으로부터 촉발되는 방식 이외에는 어떤 것도 알 수 없다. 그러나 [100] 사물의 안에 무엇이 있는가를 우리는 알지 못한다. — 물체가 실재성을 가지지 않는 단순한 현상이라고 생각하고, 진실한 존재가 그 근저에 놓여 있는 감관의 참된 대상은 결코 존재하지 않는다고 생각하며, 따라서 단지 정신만을 인정하고, 물체의 기초에 있는 실체를 승인하지 않는 사람은 관념론자이다.

유아론 및 관념론은 철학상 두 가지 방식으로, 즉 개연적인 것과 독단적인 것으로 구분된다. 유아론의 경우에는 다른 존재자의 현존재에 관해서, 관념론의 경우에는 우리 외에 어떤 물체의 현존재에 관해서, 확실성의 정도를 측정하는 데 있어 회의적인 태도를 각각 개연적인 유아론 및 개연적인 관념론이라 한다. 이것은 나의 감관의 신뢰도에 대한 회의적인 시도이다. 내관의 신뢰성은 확실하다. 나는 존재하고, 이것을 나는 느끼며, 또한 나는 직접적으로 나를 직관한다. 그러므로 이 명제는 경험의 신뢰성을 갖는다. 그러나 나 이외에 무엇인가가 존재한다는 것에 관해서는 감관은 확실히 어떤 가르침도 줄 수 없다. 왜냐하면 현상은 나의 상상력의 유희일 수 있기 때문이다. — 더욱이 감관은 관념론에 반대하는 확실한 근거를 줄 수 없다. 왜냐하면 물체는 우리가 그것에 의해서 촉발되는 바의 현상의 존재 방식일 수 있을 뿐이기 때문이다. 물체가 존재한다는 것은, 내가 그것을 본다는 사실로부터는 아직 증명될 수 없다. 그러한 현상은 사물이 없더라도 항상 가능하기 때문이다. 예를 들면 색, 따뜻함, 무지개는 물체의 특성이 아니라, 우리가 대상에 의해서 촉발되는 방식일 뿐이다. [101] 감관은 단지 나 안에서 현상이 움직이는 방식만을 증명한다. 그래서 사람들이 사물을 부정하지 않고, 감관으로부터 그것의 확실성을 박탈할 때, 유아론과 관념론은 회의적인 시도가 된다. 감관이 결코 증거를 주지 못한다는 것(이것은 철학에서 매우 유익한 것이지만)은 여러 연구를 구분하는 역할을 한다. 오성은 감관의 확실성에 대해서 무언가를 추가할 수 있다. 왜냐하면 사물이 변화할 때에는, 사물 중에 변화의 근거가 있지 않으면 안 되기 때문이다. 그리하여 유아론과 관념론은 철학에서 문제 거리로 남아 있게 된다.[10)]

그러나 독단적 유아론은 숨겨진 스피노자주의이다. 스피노자는 "단지 하나의 실체가 있으며, 다른 모든 것은 이 실체의 양태이다"라고 말했다. 독단적 관념론은 신비적이며, 따라서 플라톤적 관념론이라 불린다. 나는 나 자신을 직관하지만, 물체는 그것이 나를 촉발하는 방식으로밖에 직관할 수 없다. 그러나 이 방식은 사물의 특성[11)], 예를 들면 불의 곁에 있는 밀랍은 녹고, 점토(粘土)는 건조한다는 것을 가르치지 않는다. 따라서 이러한 상위는 지금의 경우 촉발되는 바의 물체 안에 존립한다. 그러나 물체는 순수한 현상이며, 그 근저에 무언가가 있지 않으면 안 된다. 지금까지 나는 올바른 철학적 사유를 했다. 그러나 내가 이 규정의 측면에서 좀더 나아가고자 한다면, 나는 신비적 관념론에 빠지게 된다. 만약 내가 지적 직관의 대상이 되는 그런 사유 존재를 주장한다면, 이 주장은 [102] 신비적이다. 그러나 [인간의] 직관은 감각적일 뿐이다. 왜냐하면 감관만이 직관하지만, 그러나 오성은 직관하는 것이 아니라 반성하기 때문이다. 독단적인 유아론과 관념론은 무익하기 때문에 철학으로부터 추방되어야 한다. 라이프니츠는 플라톤적 관념론에 호의를 갖

---

10) P판과 S판은 "als problematisch in der Philosophie"이지만 Ak판은 "in der Philosophie problematisch"이다.

11) P판과 S판에는 "Eigenschaft"로 단수로 되어 있지만, Ak판에는 "Eigenschaften" 으로 복수로 되어 있다.

고 있었다. 그에 의하면, 세계는 모나드의 집합이며, 그것의 본질적인 힘은 표상력(表象力, vis repraesentativa)이라는 것이다. 실체에서는 사유하는 힘 이외의 어떤 힘도 본질적인 것이라고 생각될 수 없다. 다른 모두는 그것의 변양(變樣)일 뿐이다. 그러므로 표상만이, 실체에서 절대적으로 우유성으로서 인식될 수 있는 유일한 것이다. 그러므로 라이프니츠는 실체는 모두 표상력을 가지는 모나드 혹은 단순한 부분이며, 이 모나드 혹은 단순한 부분은 모든 현상에서 나타난다. 그러나 이미 언급된 것처럼 모든 현상은 연속적이며, 현상의 어떤 부분도 단순하지 않다. 따라서 물체는 단순한 부분 혹은 모나드로부터 성립하지 않는다. 그러나 실체적인 합성체(composita substantialia)가 오성에 의해서 생각될 때에는, 그것은 단순한 부분으로부터 성립한다. 그러나 모든 실체적인 것이 표상력을 가지는가 어떤가 하는 것은 여기서는 결정될 수 없다. 그러므로 우리를 신비적이고 예지적인 세계(mundus mysticus und intelligibilis)로 이끌고 가는 이 명제는 철학으로부터 추방되는 것이다.

이제 우리는 물체의 선험적 개념에 도달했다. 이 개념은 불가침입성(不可侵入性)과 연장(延長)이다. 불가침입성이란 대상이 점하는 공간을 없애는 것이 그 대상을 파괴하는 것 말고는 불가능한, 공간 중의 연장체가 보여주는 저항을 의미한다. [103] 그러므로 대상은 하나의 공간을 채울 수 있으며, 그 공간 중의 존재를 방해하는 것이 불가능한 식으로 저항한다.

수학적인 점에 관해서는 이미 설명했다. 물질은 단순한 부분으로서 성립하는 것이 아니며,[12] 그래서 점에 의해서 성립하는 것이 아니다. 물리적 점(puncta physica)이라는 표현은 모순(contradictio)이다.

---

12) 이 “nicht”는 Ak판에 삽입되었음. P판, S판에서는 “단순한 부분으로부터 성립한다”로 되어 있다.

그것은 단순하며 직접적인 현상을 의미해야 한다. 모든 점은 수학적이며, 그것은 부분이 아니라 규정이다.

모든 사물의 장소는 점이다. 내가 사물의 장소, 예를 들면 달의 장소를 알고자 한다면, 나는 그것을 중심부에까지 추구하지 않으면 안 되며, 이 경우 어떤 모래알도 장소일 수 없다. 왜냐하면 그렇지 않다면, 모래알의 어떤 측면에[13] 그 장소가 있는가 라고 물을 수 있기 때문이다. 장소는 점이다. 따라서 공간은 점으로부터 성립하는 것이 아니다. 하물며 물질은 더더욱 단순한 부분으로부터 성립하지 않는다.

물체의 생성에 관하여

세계라는 개념에서 본질적인 것을 이루는 것은 실체의 결합이다. 상호 작용이 세계의 형식을 이룬다. 반작용(reactio)은 반대 방향의 작용이다. 전체 안에 상호 작용이 있을 때, 실체는 활동적(agens)이다. 그러므로 어떤 전체에도 상호 작용이 있지 않으면 안 된다. 반대 방향의 작용이 모두 대항적(對抗的)인 작용인 것은 아니다. 대항적인 작용은 저항(resistentia)이지만, 모든 반작용이 저항인 것은 아니다. [104] 이것은 훌륭한 물리학적인 명제이며, 이러한 연구에 관여하는 것은 매우 좋은 일임에도 불구하고, 이것은 선험적 우주론에 속하지 않는다. — 절대적인 최초의 부분으로서의 우주의 구성 부분(partes constitutivae)은 단순한 부분 또는 실체이다. — 우리는 절대적인 최초의 부분을 물질 및 물질적 세계 중에서 가정할 수 없다.[14] 물질의 전체는 결코 절대적인 최초의 구성 부분을 가지고

13) P판과 S판은 “von welcher Seite”이지만, Ak판은 “auf welcher Seite”이다.

14) “keine”가 포함되어 있는 것은 Ak판뿐이다.

있지 않다. 최초의 단순한 부분은 요소라고 불려진다. 그러므로 물질은 어떤 요소도 가지지 않는다. 물질 중에서 그것의 분할에 관하여 무언가를 비교적인 의미에서 요소라고 부르지만, 그러나 이 요소는 그 자체 현실적인 물질이고, 단지 더 이상 연장될 수 없으며, 그 자체 물질인 물리적 요소이다. 그러나 형이상학적 요소는 단순하다. 물질은 공간을 채우는 것에 의해서만 가능하며, 따라서 물질의 모든 부분은 두 개의 한계 사이에 있기 때문에 공간을 채우지 않으면 안 된다. 그러므로 물질은 단순한 부분으로부터 성립하는 것이 아니다. 또한 물질은 실체가 아니라 실체의 현상일 뿐이다. 현상에 있어서 지속하는 것, 즉 다양한 물체의 기초에 있는 것을 우리는 실체라고 부른다. 그런데 물체 중에 우리가 유비에 의해서(per analogism)만 실체라 부르는 그런 실체들이 발견된다는 이유로부터, 물질은 단순한 부분으로부터 성립한다는 사실이 추론될 수 없다. 왜냐하면 물질은 실체로서가 아니라 단지 현상으로서만 고찰되기 때문이다. 나는 직관에 의하지 않고서는 어떤 실체도 인식하지 못하고 또한 실체의 어떤 개념도 가지지 못한다. [105] 그러므로 물질 속에는 어떤 형이상학적 요소도 가정될 수 없으며, 그 이상 분할 불가능하다는 이유에서 비교적인 의미에서 요소라고 불리는 물질적 요소만이 가정될 수 있다. 물리적 요소는 두 가지로 있을 수 있다. 종적(種的)인 요소와 통일적인 요소가 그것이다. 맥주의 부분들은[15] 종적인 요소이다. 그것의 부분은 여러 종류로부터 성립하고 있기 때문이다. 그러나 물은 여러 상이한 종류의 상이한 물질로 분할되지 않는다.

종이 서로 나누어지는 경우 우리는 그것을 분리라고 부른다. 그

15) Ak판에는 “geistige Theil”(정신적 부분)으로 되어 있지만, P판과 S판에는 “geistige”가 빠져 있으며, 번역은 후자에 따른 것이다.

러나 분할은 어떤 것이 물질에 따라서 상이한 부분으로 나눠어지는 것이다. — 원자는 이러한 물질의 부분이며, 그것은 자연의 힘에 의해서는 결코 분할되지 않는다. 그러한 원자를 많은 사람들이 승인했으며, 근대 사람으로는 데카르트가 이러한 생각을 지지했다. 그는 다음처럼 진술했다. 만약 이러한 원물체(Urkörper, 原物體), 혹은 모든 물질의 구성 부분이 계속 분할될 수 있다면, 어떠한 종도 스스로를 유지할 수 없으며, 따라서 물(水)로부터 재(灰)가 될 수 있을 것이다. 그러나 어떤 종도 특수한 부분으로서 성립하기 때문에, 어떤 특정한 원(原) - 부분(Ur-Theil)이 있지 않으면 안 된다.

물체의 설명 방식은 공간, 시간, 운동이라는 특성에 근거하고 있다. 물체의 일반적인 특성은 불가침입성, 상호 연관, 형태이다. 물체의 이 일반적인 특성들이 물체의 모든 물리적 설명의 기초이다. 어떤 것이 이러한 물체의 일반적 특성으로부터, [106] 전달된 운동에 의해서 설명된다면, 그것은 기계적 설명 방식이다. 그러나 어떤 것이, 우리에게는 통찰되지 않지만 경험이 우리에게 가르쳐주는 자연의 힘에 의해서 설명된다면, 이것은 물리적 혹은 역학적 설명 방식이다. 예를 들면 구연산(枸櫞酸)이 결석(結石)을 녹이는 경우가 그것에 해당된다. 만약 내가 이것을 전달된 원자들에 의해 설명한다면, 그것은 기계적인 설명이다. — 뉴턴은 기계적인 설명 방식을 중지하고, 물리적 힘에 의해서 설명을 시도한 최초의 사람이었다. 물질의 기초에 본질적으로 그리고 근원적으로 놓여 있으면서, 물질의 형태에는 전혀 의존하지 않는, 인력(引力)이라는 힘을 그는 물질에 부여했다. — 그러나 기계적인 설명 방식이 항상 선행하지 않으면 안 된다. 즉 우리는 우선 기계적인 설명을 시도하고, 운동의 전달을, 힘을 가정하지 않고서 설명하려고 노력해야 한다.

사람들은, 다른 설명 방식이 가능하기 전까지는, 결코 근원력(根

源力)을 가정해서는 안 된다. 현상의 특별한 근원력을 가정하는 것은 철학에서의 절망을 의미한다.

우리가 근원력의 개념을 가지지 않고서 근원력을 가정할 경우, 우리는 그 힘을 숨겨진 성질(qualitates occultae)이라 부른다. 예를 들면 옛날에, 왜 펌프의 물이 높은 장소에 놓인 통 안으로 들어오는가라는 질문에 대해서, 물질은 공허한 공간을 혐오한다고 답했던 것이 이 경우에 해당된다. 사람들은 이 혐오를 진공의 혐오(horror vacui)라고 명명했다. 그러므로 그들은 물질에 어떤 욕망을 부여하고, 그렇게 하여 이성은 종종 근거 대신에 욕망을 가정하지 않으면 안 되는 그런 말에 의해서 속임을 당한다. [107] 이런 것을 하기 전에 나는 오히려 기계적으로 설명하고자 한다. 이것을 물리적으로 설명하고자 한다면, 근원력을 가정하게 되고, 기계적으로[16] 설명한다면, 근원적인 물질의, 제1운동과 근원적인 형태를 가정하게 된다. 그리고 이것을 에피쿠로스가 했다. 그의 생각으로는 이 원자는 모두 아래로 떨어지는 운동 중에 있으며, 충돌이 일어나지 않는 한 영구히 아래로 계속 떨어진다는 것이다. 그러나 충돌을 일으키기 위해서, 그는 충돌의 시작을 일으키는 원자를 가정했지만, 이것이 어떻게 일어나는가를 그는 알지 못했다. 그는, 이 원자가 충돌하기 시작하면, 동시에 또한 모든 원자가 하나로 집합해서, 이윽고 여러 형태, 즉 동물, 인간, 그 밖의 만물을 생겨나게 한다고 생각했다. 이것이 물체들의[17] 근원이다. 이것을 기계적으로 설명하려는 사람들은 운동 또는 부분을 근저에 두고 있다. 물체의 모든 현상에 대한 최선의 설명 방식은

16) P판과 S판에서는 "형이상학적"(metaphysisch)으로 되어 있지만, Ak판에서는 "기계적"(mechanisch)으로 되어 있다.

17) P판과 S판에는 "Ursprung der Atomen"(원자들의 근원)으로 되어 있지만, Ak판에는 "Ursprung der Körper"(물체들의 근원)으로 되어 있다.

물리적-기계적 방식이다. 이것과 반대되는 것이 영혼에 의한 설명이며, 필요없는 한 이것을 물체계에 적용해서는 안 된다.

물체의 본성에 관하여

사물의 현실성에 속하는 것의 제1의 내적 근거는 사물의 본성(Natur)이지만, 사물의 가능성과 개념에 속하는 것은 그것의 본질(Wesen)이다. 삼각형에는 어떤 본성도 없다. 왜냐하면 그것은 현실성이 아니라 단순한 형태일 뿐이기 때문이다. 따라서 기하학 전체에는 어떤 본성도 없다. [108] 신이 다른 모든 것으로부터 스스로를 구별시키는 바의 신적인 본질, 즉 그것의 개념에 속하는 것은, 예를 들면 그것의 본성의 필연성, 불변성, 무감각성(Impassibilität)이다. — 물체의 본질은 그 물체의 개념에 속한다. 그러나 본성은 그것에 의해서 모든 현상이 설명될 수 있는 그런 것이다. 모든 현상의 원리를 포함하는 것, 즉 이른바 물체의 본성의 일반적인 것은 얼마 되지 않는다. 다시 말하면 불가침입성, 상호 연관, 형태가 그것이다. 그러므로 개념으로부터 도출될 수 있는 것 이외에는 어떤 것도 물체의 본성에 속하지 않는다.[18] 왜냐하면 물리학의 경우와 마찬가지로, 여기서도 그런 것을 가지고 들어오는 것이 그렇게 좋은 것은 아니기 때문이다.

세계의 완전성에 관하여

최선의 세계(mundus optimus)에 관해서는 여기서는 아직 언급될 수 없다. 왜냐하면 우리는 아직 목적의 개념을 가지고 있지 않기

18) P판과 S판에서는 "nicht Mehr"이지만, Ak판에서는 "noch Mehr"이다. 전자를 채택해 번역했다.

때문이다. 그러나 형이상학적 완전성에 관해서는 충분히 다루어질 수 있다. 형이상학적 완전성은 실재성에서 성립한다. — 실재성 혹은 사물성(Dingheit)은 어떤 대상이 사물로서 완전한 것을 말한다. 실재적인 사물은 적극적인 어떤 것이며, 부정이 있는 곳에도 마찬가지다. 그러므로 형이상학적 완전성은 실재성의 등급에서 성립한다. 따라서 완전한 세계는 형이상학적 의미에서는 어떤 하나의 세계에만 속할 수 있는 최고의 실재성의 등급을 갖추고 있는 세계이며, 그리고 이러한 등급은 하나의 세계에서만 가능한 최고의 등급이다. 그 세계에만 속할 수 있는 모든 실재성을 고려한다면, 우리는 [109] 가장 완전한 혹은 가장 실재적인 세계(mundus perfectissimus oder realissimus)를 가지게 된다. 그러나 가장 실재적인 세계는, 그것만으로는 아직 가장 실재적인 존재(ens realissimum)는 아니다. — 세계는, 상호적인 결합 안에 있는 그리고 그것에 의해서 통일, 즉 하나의 전체를 이루는 실체들이다. 세계는, 하나의 실체가 다른 실체를 제한하는 식으로 실체들은 서로에 대해 결정하기 때문에, 우연적인 실체들의 전체이다. 그러므로 가장 완전한 세계는 아직 단지 우연적인 실체의 전체에 불과할 뿐이다. — 따라서 가장 완전한 세계도, 모든 다른 사물에 비해서, 보다 많은 완전성을 가지고 있는 전체에 불과할 뿐이다.

실체의 상호 작용에 관하여

세계의 원존재자(原存在者)는 세계의 사물들과 결합 관계에 있기는 하지만, 하나의 전체에 속하는 것으로서 그것과 일체가 되는 데서 존립하는 것이 아니라, 단지 [세계가 그로부터] 도출된다는 결합의 관계에서만 존립한다. 따라서 세계의 존재자는 전체로서의 세계에 속하지 않는다. 왜냐하면 전체 중에는 상호적 결정이 있지만,

원존재자는 결정되지 않기 때문이다. — 그러나 어떤 전체 중에도 결합과 연관이 있다. 그래서 세계의 실체들은 일반적인 상호적 연관 중에(in nexu mutuo passivo) 있고, 그리고 이것이 상호 작용이며, 이 상호 작용에서는 어떤 것의 상태는 다른 것의 상태에 의존하고, 또한 한쪽은 다른 쪽을 규정하며, 다시 다른 쪽에 의해서 규정된다. 그러나 신과 세계 사이에는 결코 이러한 상호 작용은 없다. 왜냐하면 신은 세계로부터 다시 어떤 것도 받지 않기 때문이다.

[110] 그러나 상호 작용은 하나의 전체 중에서 도대체 어떻게 가능한가? 이것은 앞의 문제와 동일한 문제이다. 왜냐하면 실체의 집합이 세계인 것이 아니라, 실체의 상호 작용이 비로소 세계를 형성하기 때문이다. 그러나 실체가 존재하는 것만으로는 상호 작용이 일어나지 않고, 실체의 존재에 다른 근거가 추가되어서 상호 작용이 생겨난다. — "모든 실체는 필연적"이라고 가정한다면(posito), 어떤 실체도, 다른 어떤 것도 존재하지 않을 때에도, 그 자체 독립적으로 존재할 것이기 때문에, 실체는 결코 상호 작용 중에 있지 않을 것이다. 실체의 존재는 다른 실체의 존재와 완전히 무관계하며, 따라서 상호 작용 중에 있지 않을 것이다. 그러므로 절대적으로 필연적인 실체는 상호 작용 안에 들어올 수 없다. 그 다음으로 "두 분의 신이 있으며, 각자가 하나의 세계를 창조했다"고 가정한다면, 이 때에는 하나의 신이 만든 세계와 다른 신이 만든 세계는 상호 작용 중에 있을 수 없고, 각각의 세계는 독립적으로 존재하지 않으면 안 될 것이다. [이 두 세계 사이에는] 연관도 관계도 불가능할 것이다. 이런 근거로부터 본다면 두 분의 신이 존재하는 것은 있을 수 없다. 그러나 우리는 모든 사물을 공간에서 표상한다고 말할 수 있다. 그리고 이때 사물은 하나의 공간 안에서 존재하기 때문에, 이미 상호 작용 중에 있지 않으면 안 된다. 그러나 공간 안에 존재

한다는 것은 단순히 존재하는 것이 아니라, 이미 상호 관계에 있다는 것을 의미한다. 왜냐하면 공간은 세계의 보편적 결합의 현상이며, 그리고 [111] 우리는 이 공간에 의한 결합에 관해서 그것의 근거를 가지고 있기 때문이다.

상호 작용은 다음 중 하나이다.

(1) 근원적(originarium)
(2) 파생적(detivativum)

상호 작용이 실체의 존재에 근거해 있다면, 그것은 근원적이다. 그런데 이미 보여진 것처럼, 단순히 존재로부터는 어떤 상호 작용도 생기지 않는다. 일체의 근거도 없이 실체의 이런 연관을 단지 실체가 거기에 있다는 이유에서 주장하는 것은, 볼프의 철학이 조야한 의미에서 물리적 영향 작용(influxus physicus)이라 명명했던 것이지만, 오히려 맹목적(caecus)이라고 불려지는 것이 더 나을 것이다. — 우리가 공간에 대해 그러한 질문을 한다면, 공간은 분명히 우리를 비웃을 것이며, 실제로 그렇고, 또한 이미 그럼에 틀림없지만, 그러나 이것은 그 자체로서 필연적인 것은 아니라고 답할 것이다. 따라서 근원적인 상호 작용은 일어나지 않는다.

파생적인 상호 작용은 실체의 존재 이외에 또한 제3의 근거가 필요한 경우이다. 파생적 상호 작용은 두 가지로 있을 수 있다. 즉 물리적 및 초물리적 영향 작용에 의한(per influxum physicum et hyperphysicum) 것이다. 우리는 여기에서 물리적 영향 작용을, 보다 막연한 의미에서의 근원적·물리적 영향 작용(influxus physicus originarius in sensu crassiori)과 구별하지 않으면 안 된다. 전자는 자연 법칙과 관계하는 파생적인 영향 작용[19](influxus derivativus)이며, 어쨌든 어딘가에 그 근거를 가지고 있다. 이에 대해서 초물리적 영향 작용은 다른 존재자에 의해서 정립된 법칙에 따른다. — 여기서 문제되는 것은, 실체들은 어떤 조건하에서 서로에 대해 근원적으로 영향을 받는가 하는 것이다. [112] 실체의 근원적 영향 작용은 제3자의 중개 없이도 일어나기 때문에, 어떤 실체도, 실체 자신이 그것의 원인이 되는 것에 대해서 이외에는, 다른 것에 대해서 근원적으로 영향을 미칠 수는 없다. 예를 들면 신이 세계에 주는 영향, 즉 창조자의 피조물에 대한 영향만이 그래서 근원적이다. 그러나 어떤 다른 존재자도 그것의 원인이 아닌 그런 실체의 영향은 서로 근원적으로 일어날 수 없다. 그러므로 실체는 서로 의존하지 않는 한에서 근원적으로 서로에 대해 영향을 미칠 수 없으며, 실체 모두가 그것에 의해서 생겨나는[20] 바의 제3의 실체의 매개에 의해서만 그것이 가능하게 된다. 왜냐하면 이 경우에는 실체의 원리들은 모두 하나의 원리 위에 정초되기 때문이다.

단지 상호 작용이 있는 곳에서는, 다만 일방적인 영향뿐 아니라, 교호적인 영향이 있으며, 따라서 하나의 실체는 다른 실체에 근원적으로 영향을 미칠 수 없다. 상호적으로 하나가 다른 것의 창조자가 되는 그런 불합리는 있을 수 없기 때문이다. 그런데 모든 세계에는 상호 작용이 있기 때문에, 이 상호 작용은 파생적이지 않으면 안 된다. 따라서 실체의 상호 작용은, 실체가 모두 하나의 실체에 의해서 존재하게 된다는 사실에 근거해 있으며, 그리고 그 때문에 실체의 다양은 통일을 가지고, 하나의 전체를 구성한다.

모든 필연적인 존재자는 분리되어 있지만(그것들은 상이한 공간을 점하고 있는 식으로 공간에서 분리되어 있는 것이 아니다. 왜냐하면 공

19) P판과 S판에는 "influxus physicus derivativus"이지만, Ak판에는 "physicus"가 없다.
20) P판과 S판에는 "hergebracht"으로 되어 있지만, Ak판의 "hervorge- bract"를 취한다.

간은 이미 그것들을 결합하고 있기 때문이다), 그 자체에 있어서 분리되어 있는 것이다. 따라서 상호 작용은 공간에 의해서 가능한 것이 아니라, [113] 다음에 의해서만, 즉 모든 실체가 일자에 의해서 존재할 뿐 아니라, 그 일자에 의존한다는 사실에 의해서만, 가능하게 된다. 왜냐하면, 만약 그렇지 않다면, 다른 것에 의존하는 것은 서로 상호 작용할 수 없을 것이기 때문이다. 그 때문에 모든 세계는 원존재를 전제한다. 왜냐하면 세계는 모두[21] 일자에 의해서 존재하는 한에서가 아니라면, 어떤 상호 작용도 가능하지 않기 때문이다. 공간은 현상으로서는 실체들 상호간의 무한한 결합이다. 실체의 모두가 신성(神性) 안에 있는 한에서, 우리는 오성에 의해서 다만 실체의 결합만을 통찰할 뿐이다. 이것은, 모든 실체가 신성 안에 있는 것처럼 우리가 그 실체들을 직관하는 한, 실체의 결합이 오성에게 알려지기 위한 유일한 근거이다. 우리가 이 결합을 감성적으로 표상한다면, 그것은 공간을 통해서 일어난다. 그러므로 공간은 이 결합의 가능성의 최고의 근거이다. 만약 우리가, 신이 모든 사물에 현전한다는 사실에 의해서 성립하는 실체들의 결합을 감성적으로 표상한다면, 우리는 공간이란 신의 편재(偏在)[22]의 현상이라고 말할 수 있다. — 그러나 상호 작용을 설명하는 체계(systemata commercium explicandi)를 보다 잘 알기 위해서는, 제3의 존재자에 의존하고 있는 파생적 상호 작용이 물리적 영향 작용이나 혹은 초물리적 영향 작용에 의해서 일어난다는 것에 주목해야 한다. 물리적 영향 작용은 사물의 본성의 보편적 법칙에 의해서 일어난다. 초물리적 영향 작용은 보편적 법칙에 따라서 일어나는 것이 아니라, 세계 바깥의 존재자(ens extramundanum)의 보편적 규정에 따라서 일어난다. 예를 들면 만약 인간 신체의 사지가

21) P판과 S판에는 "also"이지만, Ak판에는 "alle"이다.

22) P판, S판에는 "Gegenwart"(현존)이지만, Ak판에 의해"Allgegenwart"(편재)로 했다.

[114] 나의 의지에 의해, 보편적 법칙에 따라서 움직인다면, 이것은 물리적 영향 작용이다. 그러나, 제3의 존재자가 있고, 내가 다리를 움직이고자 할 때, 이것을 움직인다면, 이것은 초물리적 영향 작용이다. 이 영향 작용은 또한 두 가지로 나뉜다. 즉 자동적(automaticus) 영향 작용과 기회 원인적(occasionalisticus) 영향 작용으로 나뉜다. 자동적 조화(harmonia automatica) (조화라고 말하는 이유는 이 경우 더 이상 상호 작용이라고는 말할 수 없기 때문이다)는 개개의 경우에 대해서 최고의 원인이 조화를 준비함에 틀림없는 경우를 말한다. 따라서 여기서는 조화는 보편적 법칙에 의거해 있는 것이 아니라, 신이 세계라는 기계 중에 놓았던 시원적(始原的)인 섭리에 의거해 있다. 예를 들면 플루트를 부는 기계가, 내가 연주하는 곡에만 맞추어 반주할 수 있도록 준비되어 있는 경우에, 만약 내가 새로운 곡을 연주하고자 한다면, 다른 준비가 마련되어 있지 않으면 안 된다. 그러나 처음에 근거가 준비되어 있지 않아서 신이 세계의 진행에 있어서 모든 기회에 연속적으로 작용을 수행한다고 내가 이야기한다면, 이것은 초물리적 · 기회 원인적 영향 작용이다. 양자 즉, 자동적 조화와 기회 원인적 조화[23], 이 두 가지는 모두 초물리적이다. — 사람들은 자동적 조화를 예정 조화라고도 부르며, 비자동적 조화를 기회 원인적 조화라고도 부른다. 최초의 체계를 라이프니츠가, 후자를 데카르트가 주장했다. 이 두 가지 상호 작용은, 초물리적인 한에서, 관념론적 결합 이외의 어떤 결합도 주지 못하며, 그리하여 상호 작용은 관념론적 상호 작용이 될 것이다. 그러나 세계는 하나의 체계이므로, 상호 작용은 실재적인 것이지 않으면 안 된다. 그러므로 실체의 상호 작용을 설명하는 체계는 [115] 영향 작용에

---

23) Ak판에는 "기회원인적 조화" 앞에 "und did nicht automatische"(자동적인 것이 아닌)이 포함되어 있다.

의한 것 이외 다름 아니다. 실체는 영향 작용에 의해서만 실재적 결합 중에 있을 수 있다. 이 영향 작용은 물리적이며, 그럼에도 파생적이다. 실체들은 모두 일자에 의해 존재하므로, 이것들이 통일과 변화의 다양성을 이룬다고 하는 개념은 정당한 개념이다. 그것은 필연적인 보편적 법칙에 따른 관계이다. 따라서 이 영향 작용을 고려할 때에는 다음의 두 가지 점에 주의해야 한다. 즉 그것은 맹목적 결합(nexus caecus)도 아니고, 초물리적 결합도 아니라는 점을 고려해야 한다. 더 나아가서 [두번째로] 실체들 상호 간의 결합의 현실적 표상은, 실체는 모두 일자에 의해서 존재하기 때문에, 그것들은 모두 지속적이라는 것에서 성립한다는 점을 고려해야 한다. 그 때문에 세계의 통일이라는 개념은 원존재자의 통일에 근거해 있다. 만약 이것이 자연 신학(theologia naturalis)에서 통찰된다면, 그로부터 세계의 통일이 필연적으로 나온다.

자연적인 것과 초자연적인 것에 관하여

본성은 사물의 실재성에 속하는 것의 제1의 내적 근거이다. 그러나 본질은 사물의 가능성의 제1원리이다. 모든 사물, 모든 실체는 본성을 가지고 있다. 본성은 사물의 특수한 본성과 전체 본성과 구분되어야 한다. 특수한 본성은, 그것으로부터 사물에 속하는 것이 발현(發現)하는 바의 제1원리이다. 예를 들면 물체의 본성은 물체로서의 물체에 속하는 것이다. 사물의 수만큼 [116] 본성의 수가 존재한다. 실체의 우유성에 속하는 것도 본성으로 간주된다. 그러나 본질은 사물의 개념에 속하는 논리적 술어를 문제로 삼는다. 상이한 본성이 전체 본성을, 세계의 통일을 이룬다. 전체 본성은 일반적으로 자연이라 불리는 세계의 본성이다. 그러나 특수한 본성의 총계 및 모든 부분의 본성만으로는 아직 전체성이 되지 않는다. 그것을 위해서는 또한 통일이 필요하다.

자연적인 것에 대립하는 것은 반(反)자연적인 것, 초자연적인 것, 비자연적인 것이다. — 자연적인 것은 사물의 특수한 본성과 전체 본성으로부터 설명될 수 있는 것이다. — 반자연적인 것은 사물의 특정한 본성으로 나오지 않는 것이다. — 비자연적인 것은 사물의 특수한 본성과 모순되는 것이다. — 초자연적인 것은 전체 본성으로부터 설명될 수 없고, 그것의 근거가 세계의 바깥에 있는 존재자 중에서 구해지지 않으면 안 되는 것이다. 반자연적인 것의 원인은 전체 본성에서 구해진다. 자연의 과정은 사건의 변화의 계열이다. 자연의 질서는 보편적 법칙 아래에 있는 한에서의 변화의 계열 외에 다름 아니다. 자연의 과정은 자연의 질서와 다르다. 자연의 과정은 경험적으로 인식되지만, 자연의 질서는 내가 규칙을 인지하는 것에 의해 오성을 통해 인식된다. [117] 자연의 과정은 항상 자연의 질서이다. 왜냐하면 사건은, 그것이 자연적으로 생기(生起)하는 한, 사물의 본성 중에 그것이 생기하는 원리를 가지고 있기 때문이다. 모든 자연은 법칙을 가진다. 법칙은 다양한 것이 보편적인 원리로부터 인식되는 일반적 방식이다. 왜냐하면 방식은 질서의 규칙이기 때문이다. 우리는, 세계의 본성으로부터 생겨나는 다양한 변화가 무언가 어떤 초자연적인 것으로 변조될 때에는, 자연의 과정이 중단된다고 생각할 수 있다. 질서의 계열 안에 있는 초자연적인 것이 자연의 과정과 질서를 중단한다.

사건은 시간 안에서 일어난다. 그러나 시간은 세계 안에 있다. 자연의 시작은 세계의 사건이 그 아래서 일어날 수 있는 조건일 뿐이다. 그러므로 창조는 어떤 사건도 아니고, 그것에 의해 사건(eventus)이 일어나는 것일 뿐이다. 따라서 그것은 초자연적 행위(actio supernaturalis)이지만, 세계의 과정에는 속하지 않는다. 그것은 자연의 과정을 중단하는 초자연적인 것에 속한다.

기적에 관하여

자연의 질서에 따라서 일어나지 않는 세계 내 사건이 기적이다. 기적이라는 말은, 보다 높은 질서에 따라서 있을 수 있는 것임에도 불구하고, 인식된 자연에 따르지 않고서 일어나는 사건을 의미한다. [118] 통상 존재하지 않는 무언가가 일어날 때, 우리는 그것에 대해 이상하게 생각한다. 초자연적인 것이 보통 일어나는 일이라면, 누구도 그것을 이상스럽게 생각하지 않을 것이다. 그러므로 자연의 이미 알려진 질서와 어긋나는 무언가가 일어날 때, 사람들은 이상하게 생각한다. 그러나 여기서 우리는 자연의 이미 알려진 질서를 고려하지 않고, 그 자체로서 기적인 사건을 채택한다. — 기적은 자연적 사건과 대립한다. 기적이 자연의 힘들에 의해서 일어날 수 [없다][24]고 우리가 인지하는 경우, 그것은 기적의 실질이다. 그러나 이 자연의 힘들로부터 사건이 사물의 질서에 따르지 않고서[25] 생겨나는 것이 기적의 형식이다. 그러므로 기적의 원인은 단지 실질 중에만 있는 것이 아니라, 형식 중에도 있다. 기적은 이렇게 해서 이중적이다. 즉 실질적 기적과 형식적 기적(miracula materialia et formalia)으로 나뉜다.

실질적인 것은 사건의 원인이 자연적이지 않은 경우(in quibus causa eventus non est naturalis)이다. 형식적인 것은 원인의 결정력이 자연의 질서에 따라서 일어나지 않는 경우(in quibus determinatio causae non fit secundum ordinem naturae)이다. 실질적 기적은 원인조차 자연 바깥에 있는 사건이다. 형식적 기적은, 원인은 분명 자연 안에 있지만, 그것의 결과를 규정하는 것이 자연의 질서에 따라서 일어나지 않는 경우이다. 자연 안에 그것의 힘이 발견되지 않는 경

24) 세 판 모두에 "nicht"가 없지만, 문맥에 따라서 삽입했다.

25) P판과 S판에는 "nicht"가 없지만, Ak판에서는 그것이 추가된다.

우가 실질적이다. 그 힘이 분명 자연 중에 있지만, [119] 이 힘에 의해 사건이 규정되는 일이 자연의 과정에 따르지 않는 경우가 형식적이다. 그러므로 실질에 관한 한(quoad materiam) 사건은 자연 안에 근거를 가지지만, 형식에 관한 한(quoad formam) 그렇지 않은 것이다. 그러므로 기적의 본질적인 것은 형식에, 즉 자연의 질서의 규정에 근거해 있다. 이 때문에 기적을 반쯤은 자연적으로 설명하고, 그것의 힘을 자연 안에서 찾으려는 노력을 한다면, 상당한 수의 신학적 망상이 파괴될 것이다. 그러나 이것에 의해서 기적은 작아지지 않는다. 왜냐하면 기적이 존재할 때, 사람들은 중간 원인들의 문제에 대해 골치를 썩이며, 신의 손에 자연적 수단을 부여하기 때문이다. 왜냐하면 이 자연적 수단을 규정하는 작용은 자연 안에는 존재하지 않으며, 따라서 그것은 전과 동일한 기적이라고 생각되기 때문이다. 예를 들면 산헤립 왕[26]의 패배를 천사에 의해서(신의 모든 작용과 그런 결정의 수행은 천사를 통해서 이해된다), 사미엘[27]을 죽음의 바람에 의해서 설명하고자 한다면, 이 바람이 지금의 경우에 해당된다. 그러나 이 바람이 바로 그때 산헤립 왕의 군대에 작용했다고 하는 것이 그야말로 기적인 것이다. 이스라엘 사람들의 홍해의 통과를 사람들은 동일한 방식으로 설명하고자 한다.[28] 바람이

---

26) 산헤립(Sanherib)은 기원전 7세기경의 아시리아의 왕. 종종 각지로 원정을 기도했으며, 바빌로니아, 페니키아, 이집트를 공격했다. 구약성서, 열왕기(列王記)에 의하면, 예루살렘을 공격하려고 했던 왕의 군대는 신의 천사에 의해서 어느 날 밤 궤멸되었고, 십팔만 오천명이 죽었다고 한다(열왕기 하(下) 19장).

27) 사미엘(Samiel). 유대교 랍비의 천사관에 의하면 악마의 수장(首長) 사마엘(Samael)로서, 사람을 상하게 하고, 그의 악을 신에게 호소했다고 한다. 독일의 민간전승에서는 사미엘이라는 명칭으로 불린다.

28) 모세에 의해서 인솔되어 이집트를 탈출한 이스라엘 사람들이 홍해를 건널 때, 신은 홍해의 물을 갈라 이스라엘 사람을 무사히 건너게 하고, 이스라엘 사람들을 따라오던 이집트 군을 수장(水葬)시켰다(출애굽기 14장).

홍해의 일부의 물을 날려버려서, 이스라엘 사람들이 통과할 수 있었다고 사람들은 말한다. 이 경우 원인은 분명히 자연 안에 있지만, 그러나 어떤 민족이 다른 나라의 왕에 압박되고, 추적되는 그 때 바람이 불었다는 것은 자연의 질서에 따라서 일어나지 않는다. [120] 따라서 여기에는 어떤 특별한 지시가 필요하다. — 형식적 기적은 실질적 기적과 마찬가지로 기적이다. 형식적인 기적은 또한 예정 조화적 기적과 기회 원인적 기적(miracula praestabilita und occasionalia)으로 나뉜다. 예정 조화적 기적은, 이미 처음부터 개개의 경우에 원인이 보편적 법칙에 따르지 않고서 결과를 낳도록, 자연의 구조가 만들어진 경우이다. 예를 들면 신이 세계29)의 시초부터 이스라엘 사람들이 홍해를 건널 때 바람이 불도록 그렇게 만들었거나, 바다를 건널 때 신이 바람을 창조했을 경우가 이에 해당된다. 따라서 기적을 형식적인, 그리고 예정 조화적인 것으로 보는 구실은 인간의 눈을 속이는 것 이외에 어떤 역할도 하지 못한다. 이성의 사용은 실질적 기적에 의해서보다도 형식적 기적에 의해 오히려 중단된다. 이성의 사용은, 하나의 자연, 즉 세계의 원리가 있고, 거기서는 보편적 법칙에 따라서 세계의 규정들이 나타난다고 우리가 생각해야 할 것을 요구한다. 그래서 이성의 사용은 자연과 자연의 질서가 존재하는 한에 있어서 일어난다. 따라서 질서가 이성 사용의 유일한 조건이다. 오성은 현상이 모두 규칙에 따라서 일어난다는 것을 필연적인 가설이라고 생각한다. 자연의 중단은 모두 오성을 방해하는 것이다. — 그러나 기적은 그 자체로서는 불가능하지 않다. 왜냐하면 우리는 사물의 질서를 [121] 오성이나 이성의 구조상 필연적인 가설이라고 생각하기 때문이다. 그러나 기적은 단지 가장 필요한 경

29) P판, S판에 있는 “der Welt”가 Ak판에는 빠져 있다.

우 이외에는 받아들여져서는 안 된다. 그러나 가장 필요한 경우는 우리의 이성 사용 그 자체를 폐기하지 않으면 안 되는 경우이다. 자연에서의 이성의 사용을 중지할 권리를 우리가 가지는 경우에만 기적이 인정되어야 한다. — 기적을 가정하는 일이 허용되는 조건은, 자연의 과정이 도덕 법칙에 합치하지 않는다는 것이다. 그러므로 자연의 과정에는 불완전성이 남아 있다. 이 불완전성은 도덕 법칙에로의 동기로서 [다른 동기와] 다투어야 하는 조건과 합치하지 않는다. 이 불완전성을 보완하기 위해 기적이 가능하다고 생각될 것이다. 그러나 이를 위해 우리는 기적을 승인할 필요는 없다. 말할 것도 없이 언젠가는 도덕성과 합치하리라는 것을 우리는 아직 기대할 수 있다. 그러나 최고의 도덕성은 최고의 존재자와의 합치이다. 자연적 질서에 의해서는 인식되지 않지만, 도덕성의 목적에 근거해 있는 그런 경우가 있다면, 그런 경우에는 기적을 승인하는 일이 허용된다. 그런데 그리스도의 복음이 그러한 목적을 가진다면, 기적을 승인하는 일은 허용된다. 기적은 엄격한(rigorosa) 기적에 속하거나 비교적인(comparativa) 기적에 속한다. — 전자는 자연의 질서를 파괴하는 의미에서의 초자연적인 사건이다(miraculum rigorosum est eventus supernaturalis, quatenus interrumpit ordinem naturae). — 비교적인 기적은, 어떤 사건이 전체 자연에 관해서는 자연적이지만, [122] 이미 알려진 자연으로부터는 인식되지 않는 경우의 기적이다. 성령(聖靈)의 작용에 의해서 설명되는 것은 모두 이에 속한다. 이 현상은 실로 전체 자연에 따라서 가능할 수 있지만, 그러나 우리 오성의 범위를 넘어선다. 왜냐하면 우리는 신의 본성을 알지 못하는 것과 마찬가지로 성령의 본성을 알지 못하기 때문이다. 따라서 성령의 힘에 의해 혹은 최고의 존재자 그 자체에 의해 어떤 것이 일어난다고 가정한다면, 양자의 본성을 우리가 알지 못하는 이상, 이성의 준칙에 관해서는 양자는 틀림없이 동일한 의미를 가지게 된다. 그리고 우리가 기적을 가정한다면, 최고의 존재자에 의해서 일어난 기적을 가정하고 성령의 힘에 의한 기적을 가정하지 않는 것이 더 나은 일이다.

일반적으로, 신이 우리에게 우리의 오성 사용을 지시했던 그 궤도 바깥으로 나갈 권리를 우리에게 주지 않았으며, 그런 식의 이탈은 일종의 불손이다. 우리는 원인을 연구해야 하며, 모든 것을 신의 지시에 돌려서는 안 된다. 모든 것을 직접 신에게 전가하도록[30] 명한 자가 누구이겠는가? 물론 최후에는 모든 것이 신에게 귀착된다 하더라도, 우리는 자신에게 부여했던 권역 안에 머물러 있어야 한다. 신의 비밀을 발견하고자 하는 것은 불손이다.[31] — 기적은 드문 일이어야 한다. 많은 사람들, 특히 신학자들이 이것을 주장하고자 했다. 그러나 드물다고 하는 말의 의미는 명료하지 못하다. 왜냐하면 매년 10번의 기적이 드문가 혹은 그것으로도 많은가를 알지 못하기 때문이다. 그러므로 이러한 것은 객관적으로 오성에 의해서 증명되지 않는다. 그러나 주관적인 원리에 따라서 [123] 우리는 기적을 드문 것으로 생각할 수도 있다. 왜냐하면 오성은 규칙에 따라서 사용되기 때문이다. — 규칙과 명제는, 몇 개의 사건이 어떤 관계 속에서 서로 보편적으로 일치한다는 것을 우리가 알 때에는, 경험에 의해서 발견된다. 따라서 사건의 어떤 예외도 규칙을 폐기하게 된다. 그런데 규칙의 예외가 다양하게 그리고 종종 일어난다면, 이들 예외는 규칙의 사용을, 심지어는 이성 사용을 폐기한다. — 예외는 규칙의 제외 예(例, exceptiones)이다. 그러나 예외는 규칙에

30) P판과 S판에는 "schreiben"으로 되어있지만, Ak판에는 "schieben"으로 되어 있다.

31) 이 다음에 Ak판에는 "그러므로 기적에 호소하는 것은 결코 경건한 것이 아니며, 오히려 유죄의 비난받아야 마땅한 일이다"가 추가되어 있다.

합치하는 경우보다도 많아서는 안 된다. 왜냐하면 예외가 더 많을 때에는 규칙은 폐기되며, 그렇다면 그것은 더 이상 예외가 아니고, 예외로부터 다른 규칙이 만들어지지 않으면 안 되기 때문이다. 그러므로 예외는 드물게만 존재해야 한다. 기적도 또한 자연의 질서가 있음으로써만 존재한다. 만약 자연의 질서가 없다면, 그것의 중단도 있을 수 없을 것이다. 그러나 기적은 자연의 질서를 중단하는 사건이다. 그래서 질서가 있기 위해서는 사건들은 어떤 관계에서 보편적 법칙과 합치해야 하며, 기적은 이 질서와 규칙의 예외로서만 생각되어야 한다. 그러나 예외는 드물다. 기적이 드물다고 하는 근거는 오성 사용 안에 있다.

기적에 관해서 두 종류의 사람이 있다. 어떤 사람들은 기적을 부정은 하지 않지만 곤란한 것으로 생각하고, 다른 사람들은 기적을 인정하려는 경향이 상당히 있다. [124] 그것의 원인은 이성 사용에 있다. 자신의 이성을 사용하는 것에 익숙해져 있는 사람은 기적을 곤란한 것으로 느끼며, 이성 사용을 하지 않는 사람은 기꺼이 기적을 인정한다. 왜냐하면 기적을 인정하면 그는 숙고할 필요가 없고, 다른 사람과 마찬가지로 영리하게 되기 때문이다. 어째서 현재가 과거보다도[32] 그렇게 기적이 일어나지 않는가 하는 것은 결코 증명될 수 없음에도 불구하고, 사람들은 과거의 기적을 현재의 기적보다도 더 승인하는 성향이 있다. 왜냐하면 이전에 기적에 의해서 일어났던 것은 현재의 이성 사용을 결코 방해하지 않기 때문이다. 그러나 우리는 고대의 사람에 관해서, 그들이 기적에 의해서 오성 사용을 방해했다고 믿어서는 안 된다. 그들도 우리와 마찬가지로 오성을 사용했음에 틀림없다.[33] 따라서 사람들이 기적에 의한 설명을

32) P판과 S판은 "vorhin"이지만, Ak판은 "vorher"이다.

33) P판과 S판의 "그들도 우리와 마찬가지로 오성을 사용했음을 틀림없다" 대신에,

시도하더라도, 도덕성의 가치가 이것에 의해서 조금도 손상되지 않을 때에는, 우리는 그들의 이러한 시도를 의심할 수 없다.

Ak판에는 "그러므로 자연의 질서에 관해서 오성 사용을 불가능하게 하는 것은 승인되어서는 안 된다는 원칙은 당시에도 지배적이었다"가 나온다.

제3장
[125] 심리학

예비적인 개념

형이상학의 상술한 부분에서는 자연 일반이 다루어졌고, 대상 일반이 고찰되었다. 이 관점에서 본다면, 자연은 모든 내적 원리들의 총괄 및 사물의 현존재에 속하는 모든 것을 의미했다. 그러나 자연에 관해서 일반적으로 언급한다면 이 경우 자연이 단지 형식적으로만 다루어진다는 사실이다. 이때 자연은 결코 대상을 의미하지 않고, 대상이 존재하는 방식만을 의미한다. — 자연은 본질이 개념 안에서 점하는 지위를, 현존재 속에서 점하는 것이다. 우주론에서 취급되는 것은 모든 사물 일반의 본성, 세계의 본성, 즉 일반적 의미에서의 자연이며, 이때 자연은 모든 자연의 총괄을 의미하며, 따라서 자연은 감관의 모든 대상의 총괄이다. 이러한 감관의 대상의 인식이 자연학(Physiologie)이다. 그러나 감관의 대상이 아닌 것은 자연을 초월하고, [126] 초자연적이다. 그러므로 감관의 대상의 총괄이 자연이며, 이 자연의 인식이 자연학이다. 자연의 이러한 인식 혹은 자연학은 경험적이거나 아니면 합리적이다. 그러나 자연학의 이러한 구분은 형식적인 것일 뿐이다. — 경험적 자연학은 경험의 원리로부터 도출되는 한에서의 감관의 대상의 인식이다. 합리적 자연학은 경험으로부터가 아니라 이성 개념으로부터 도출되는 한에서의 대상 인식이다. 이 대상은 항상 감관과 경험의 대상이며, 다만 그것에 대한 인식은 이성 개념에 의해서 획득될 수 있다. 왜냐하면 그것에 의해서 자연학은 선험 철학 — 이 대상도 경험으로부터가 아니라 이성으로부터 차용되는 선험 철학과 구별되기 때문이다. 합리적 자연학(physiologia rationalis)에 속하는 것은 예를 들면 물체는 무한하게 분할 가능하다고 하는 명제이다. 왜냐하면 물체 개념에는 물질의 전체가 속해 있기 때문이다. 그러나 물질은 공간을 점하고 있으며, 공간은 무한하게 분할될 수 있다. 따라서 공간 안의 모든 현상도 그러하다. 더욱이 물질에는 어떤 무생명성(無生命性, vis inertiae)이 속해 있으며, 이 무생명성에 의해서 물질은 생각하는 존재자와 구별된다. 그러므로 물질은 외적인 힘에 의해서 유발되지 않고서는 운동할 수 없다. 이 모든 것이 합리적 자연학에 속하며, 일반적으로 모든 운동론은 물체의 개념으로부터 이해될 수 있다. 그러나 물체가 [127] 서로 끌어당긴다는 것, 무게를 가지고 있다는 것, 유동적이라는 것은 모두 경험으로부터 알려지기 때문에, 이것들은 경험적 자연학(physiologia empirica)에 속한다. 그러나 자연학은 대상 혹은 물질에 따라서도 구분될 수 있다. 자연학은 감관의 대상에 대한 인식이기 때문에, 우리가 두 종류의 감관, 즉 외관과 내관을 가진다는 것에 주의한다면, 그 구분은 쉽게 이해된다. 따라서 외관의 대상의 자연학과 내관의 대상의 자연학이 있게 된다. 외관의 대상의 자연학이 물리학이고, 내관의 대상의 자연학이 심리학이다. 이 두 부문은 모두 앞의 구분, 즉 형식에 따라서 경험적인 것과 합리적인 것, 이 두 가지로 나뉜다. 따라서 경험적 및 합리적 물리학과 심리학이 존재한다. 내관의 대상이 행하는 활동의 일반적 규정 혹은 이 대상의 일반적 성격은 사유이며, 외관의 대상의 일반적 성격은 운동이다. 그러므로 일반 심리학(psychologia generalis)에서는 사유하는 존재 일반이 다루어지는데, 이것이 정신론(Pneumatologie)이다. 이에 반해서 특수 심리학(psychologia specialis)에서는 우리가 알고 있는 사유하는 주체가 다루어지는데, 이것이 바로 우리의 마음이다. 마찬가지로 일반 물리학(physica generalis)은 외관의 대상 혹은 물체 일반을, 그리고 특수 물리학(physica specialis)은 우리가 알고 있는 물체를 문제로 삼는다. [128] 경험적 심리학은 경험으로부터 획득되는 한에서의, 내관의 대상에 관한 인식이며, 경험적 물리학은 경험으로부터 차용되는 한에서의, 외계의 대상에 관한 인식이다. 합리적 심리학은 순수 이성으로부터 획득되는 한에서의, 내관의 대상에 관한 인식이다. — 경험적 물리학이 형이상학에 속하지 않는 것과 마찬가지로, 경험적 심리학도 형이상학에 속하지 않는다. 왜냐하면 내관의 경험설은 내관의 현상들의 인식이며, 이것은 물체가 외관의 현상들인 것과 마찬가지이기 때문이다. 따라서 경험적 심리학은 경험적 물리학의 경우와 같지만, 다만 그것의 소재(素材)가, 전자는 내관에 의해서, 후자는 외관에 의해서 주어진다는 점에서 다르며, 따라서 양자는 모두 경험적인 교설(教說)이다.

형이상학은 순수 이성의 학문이며, 이에 반해서 물리학은 그 원리를 경험에서 찾는다는 점에서, 형이상학은 물리학 및 다른 모든 경험설과 구별된다. 체계를 가지기 위해서는 학문의 한계를 규정하고, 구분의 근거를 명료하게 하는 것은 매우 바람직한 일이다. 왜냐하면 이렇게 하지 않고서는 사람들은 언제까지나 도제(徒弟) 시대에 머무르게 되고, 학문, 예컨대 심리학이 어떻게 형이상학 안으로 들어오며, [129] 또한 몇 개의 학문이 그 안에 추가될 수 있는지 어떤지를 알지 못하기 때문이다. 그리하여 사람들은 합리적 심리학과 합리적 물리학이, 자신의 원리를 순수 이성에서부터 빌려 오기 때문에, 분명히 형이상학에 속하게 되는 것을 알게 된다. 그러나 경험적 심리학과 경험적 물리학은 결코 형이상학 안에 속하지 않는다.

경험적 심리학이 형이상학에 편입되어 왔던 이유는 다음과 같다. 즉 형이상학은 매우 긴 기간 연구되어 왔음에도 불구하고, 그것이 무엇인가 하는 것은 결코 올바로 이해되지 못했다. 사람들은 그것의 한계를 규정할 줄 몰랐으며, 그래서 형이상학에 속하지 않는 많은 것을 그 중에 가지고 들어왔지만, 사실상 그것은 정의에 근거해 있었던 것이다. 왜냐하면 사람들은 "인간 인식의 제1원리"라는 말로써 형이상학을 정의했기 때문이다. 그러나 이 정의에는 어떤 것도 규정되지 않는다. 모든 것 안에 항상 최초의 원리라는 것이 있기 때문이다. 제2원리는 분명 다음과 같을 것이다. 즉 마음의 현상들에 대한 경험설은 어떤 체계에도 속하지 않기 때문에, 특수한 학문의 부문을 구성해야 했었다. 그것이 경험적 물리학만큼 광범위하다면, 그것은 바로 그 광범위성 때문에 마찬가지로 형이상학과 분리될 것이다. 그러나 그것은 작고, 또한 사람들은 그것을 완전히 제거[1)]하고 싶어했기 때문에, 형이상학 안에서 합리적 심리학 쪽으로 밀쳐 버렸던 것이며, 이 관행은 그렇게 빨리는 폐기되지 않을 것이다. 그러나 이제 경험적 심리학은 이미 대단히 큰 것이 되었으며, 거의 경험적 물리학과 같은 정도의 크기에 도달했다. 경험적 심리학도 경험적 물리학과 마찬가지로 특별히 논술될 만한 가치를 가지게 되었다. [130] 왜냐하면 인간의 인식은 물체의 인식에 비해 결코 열등한 것이 아니기 때문이다. 아니 가치적으로는 훨씬 중요시되어야 하기 때문이다. 만약 그것이 아카데믹한 학문이 된다면, 완전한 크기에

---

1) P판과 S판에는 "weglassen"이지만, Ak판에는 "wegschaffen"이다.

도달하게 될 것이다. 왜냐하면 대학의 교수는 길드(Zunft)적인 것으로부터 자유로운 학자로서, 학문에 있어서 보다 많은 훈련을 할 기회를 가지기 때문이다. 대학 교수는 결함이나 불명료한 것을 빈번한 강의를 통해서 신속하게 알아차리며, 모든 새로운 강의에서 그것을 개선하기 위한 새로운 결정을 할 수 있기 때문이다. 따라서 동물이나 식물을 알기 위해 이루어졌던 것과 같은 여행이 인간을 알기 위해 결국 이루어지게 될 것이다. 심리학은 내관 혹은 사유적 존재의 자연학이며, 물리학은 외관 혹은 물체적 존재의 자연학이다. 나는 사유적 존재를 단순히 개념으로부터 인식하는데, 이것이 바로 합리적 심리학이다. 혹은 나는 이 사유적 존재를 경험에 의해서, 즉 그것의 일부는 내적으로 나 자신 안에서 일어나며, 또한 일부는 외적으로 다른 본성에서 인지하는 바의 경험에 의해서, 그리고 외적인 존재가 나에 대해서 가지는 유비에 따라서 인식한다. 이것이 바로 경험적 심리학이며, 여기서 나는 사유적 존재를 경험을 통해서 관찰한다. 근저에 놓여 있는, 그리고 내관의 의식을 나타내는 바의 기체가 나라는 개념인데, 그것은 단지 경험적 심리학의 개념이다. 나는 존재한다 라는 명제는 데카르트에 의해서 직접적으로 확실한 최초의 경험 명제라고 생각되었다. [131] 왜냐하면 어떤 물체도 거기에 존재하지 않는다 하더라도, 나는 물체의 표상을 가질 수 있으며, 나는 나 자신을 직관하고, 나는 나를 직접적으로 의식하기 때문이다. 그러나 나의 바깥에 있는 모든 사물의 현존재는 나에게는 의식되지 않고, 그것의 표상만 의식된다. 그러나 사물이 항상 그러한 표상의 기초에 있지 않으면 안 된다는 것은, 이로부터 도출되지 않는다. 그것은 단순한 경험의 유비물에 지나지 않는다. 즉 나는 경험으로부터 사물의 현존재를 추론한다. 이 "나"는 두 가지 의미로 취해진다. 즉 인간으로서의 나 그리고 지성으로서의 나이다. 인간으로서의 나는 내관과 외관의 대상이다. 지성으로서의 나는 내관만의 대상이다. 따라서 나는 내가 신체라고 말하지 않고, 나에 근거해서 있는 것이 신체라고 말한다. 신체와 결부되어 있는 인간을 구성하는 이 지성은 마음이라고 불리지만, 그러나 신체 없이 그것만으로 고찰되는 경우는 지성이라고 불려진다. 그러므로 마음은 단순히 사유하는 실체에 그치는 것이 아니라, 신체와 결합되어서 통일을 이루는 한에 있어서 사유하는 실체인 것이다. 따라서 신체의 변화는 나의 변화이다.

마음으로서의 나는 신체에 의해 결정되며, 이것과 상호 작용을 한다. 지성으로서의 나는 어떤 장소에도 존재하지 않는다. 왜냐하면 장소는 외적 직관의 관계이지만, 그러나 지성으로서의 나는 이러한 관계에 의해서 규정될 수 있는 어떤 외적 대상도 아니기 때문이다. 그래서 세계 내에서의 나의 장소는 세계 내에서의 나의 신체가 점하는 장소에 의해서 규정된다. [132] 왜냐하면 현상하는 것, 그리고 외적인 관계에서 성립해야 하는 것은 물체여야 하기 때문이다. 그래서 나의 장소는 직접적으로는 규정되지 않고, 마음으로서의 나는 세계에서의 나의 장소를 신체에 의해서 규정하지만, 신체에서의 나의 장소를 나는 규정할 수 없다. 왜냐하면 만약 이것이 가능하다면, 나는 자신을 외적 관계에서 직관할 수 있지 않으면 안 되기 때문이다. 우리 자신이 표상하는, 두뇌에서의 마음의 장소는, 마음이 가장 많이 움직이는 바의 신체의 장소에 마음의 위치를 의존시킨다는 의식일 뿐이다. 그것은 장소의 유비물이지만, 그러나 마음의 위치는 아니다. 단순한 의식만으로도 이미 마음과 신체의 상위(相違)가 분명해진다. 왜냐하면 내가 나에 근거해서 보는 외적인 것은 내 안에 있는 사유의 원리와 명백히 구별되기 때문이다. 그리고 이 사유의 원리는 이번에는 또한 단지 외관의 대상일 수 있을 뿐인 모든 것과 구별된다.

신체가 파열된 사람의 내장이나 그의 모든 내부를 보는 것은 가능하다. 따라서 이들 내부에 있는 것은 신체적 존재일 뿐이며, 사유적 존재와 완전히 구별된다. 사지의 대부분을 잃어버리더라도, 그래도 또한 이 사람은 사람이며, "나는 존재한다", "이것은 나의 다리다"라고 말할 수 있다. 그의 다리가 절단될 때, 그는 그의 다리를, 마치 버려야 하는 오래된 장화처럼, 더 이상 사용할 수 없는 물건으로 볼 수 있다. 그러나 그 자신은 여전히 변하지 않으며, 그의 사고하는 "나"는 아무 것도 잃어버린 것이 없다. 그러므로 [133] 인간이 신체와는 다른 마음을 가지고 있다는 것은 가장 일반적인 상식을 통해서 누구도 아는 것이다.

변화하지 않는, 그리고 더 이상 서술할 수 없는 바의 "나"라는 개념은 내관의 대상을 나타내고, 그럼에도 그것과 구별되는 한에서, 다른 많은 개념의 기초가 된다. 왜냐하면 "나"라는 개념은 다음의 것을 나타내기 때문이다.

(1) 실체성. — 실체는 모든 고유(固有)한 우유성의 제1주체이다. "나"는 모든 우유성과 술어가 귀속해 있는 절대적 주체이며, 또한 다른 것의 술어로 될 수 없는 것이다. 그러므로 "나"는 실체적인 것을 나타낸다. 모든 우유성에 고유해 있는 그런 기체는 실체적인 것이기 때문이다. 이것이 우리가 실체를 직접적으로 직관할 수 있는 유일한 경우이다. 우리는 어떤 사물에 관해서도 그것의 기체와 최초의 주관을 직관할 수 없다. 그러나 나 안에서 나는 실체를 직접적으로 직관한다. 그러므로 "나"는 단지 실체를 나타내는 것에 그치는 것이 아니라, 실체 자체를 나타내기도 한다. 아니 더 나아가서, 우리가 모든 실체에 관해서 가지고 있는 개념은 이 "나"로부터 빌려온 것이다. 이 "나"의 개념이 실체의 근원적 개념이다.

(2) 단순성. "나"라는 개념은 단순성을 나타낸다. 즉 나 안에서 사유하는 마음이 절대적 통일을 이룬다는 것, 또한 절대적인 의미에서 단일한 것(ein singulare in sensu absoluto), 따라서 단순성을 가진다는 것을 나타낸다. 왜냐하면 많은 실체가 합해진다고 해서 [134] 하나의 마음이 구성될 수 있는 것이 아니기 때문이다. — 많은 것을 나라고 말할 수는 없다. 그것은 가장 엄격한 의미에서 단일한 것(singularis)이다. — 마지막으로 "나"라는 개념은 비물질성을 나타낸다.

(3) 비물질성. 인간이 자신을 정신적 존재자로 생각하는 이유는 자기 자신을 분석한다는 점에 있다. 즉 인간이 자신을 내관의 대상으로서 표상할 때, 그는 생각했던 내용을 분석함으로써 자신을 정신적 존재자로 생각한다. 왜냐하면 이것이 외관의 대상이 아닌 것은 그들의 의식에 의해 명료하게 됨에 틀림없기 때문이다. 그러나 결코 외관의 대상이 아닌 것은 빗물질적이다. — 그러나 어떤 것이 공간을 점하지도 않고, 불가침입적 이지도 않으면서, 공간 중에 현전할 때, 그것은 비물질적인 것이다.

지성으로서의 "나"는 사유하고 의지(意志)하는 존재자이다. 그러나 사유나 의욕은 직관될 수 없다. 따라서 나는 외적인 직관의 어떤 대상도 아니다. 외적인 직관의 대상이 아닌 것은 비물질적이다. 물체와 구별되는 주관의 의식, 즉 마음을 이 주요 범주가 증명하는 한에 있어서만, 이 "나"가 사유할 수 있겠다.[2] 따라서 그런 한에서 우리는 확실히 마음에 관해 언급할 수 있다. 나는 다음의 두 대상을 의식하고 있다.

(1) 나의 주관과 나의 상태
(2) 나의 바깥에 있는 사물

나의 표상은 대상 쪽이나 나 자신 쪽을 향해 있다. [135] 전자의 경우에 나는 다른 것의 인식을, 후자의 경우에 나의 주관을 의식하

2) Ak판에는 "denkt"로 되어 있지만, P판과 S판에는 "dient"로 되어 있다.

고 있다. 예를 들면 계산을 하고 있는 사람은 수를 의식하고 있지만, 그러나 그 시간에 그의 주관은 전혀 의식되지 않는다. 이것은 논리적 의식(conscientia logica)이며, 나의 주관만을 의식하는 심리적 의식(conscientia psychologica)과는 다르다. 객관적 의식 혹은 대상의 인식은, 모든 대상에 관해 인식을 하기 위한 필연적 조건이다. 그러나 주관적 의식은 강제된 상태이다. 그것은 자기 자신으로 향해진 통찰이며, 그것은 논증적이 아니라 직관적이다. 가장 건전한 상태는 외적인 대상의 의식이다. 그런데 이 상태는 자기 자신의 지각 또는 의식을 필요로 하며, 그럼에도 그것은 검사(檢查)로서 필요하다. 의식은 나에게 속하는 것에 대한 지식이다. 그런 의식은 나의 표상의 표상이고, 자기 감지(感知), 지각(Perception)이다. 객관적 의식에 관해서 말한다면, 우리가 대상에 대해서 가지는 표상들은 그것을 우리가 의식하는 때에는 명석(明晳)한 표상이고, 그것의 징표도 의식되는 때에는 판명(判明)한 표상이며, 그 표상이 전혀 의식되지 않는 때에는 판명하지 않은 표상이다. 이 구분은 원래 논리학에 속한다. 심리학에 관한 한, 주의해야 할 것은 판명하지 않은 표상이 있다는 것이다. 라이프니츠는 다음처럼 진술했다. 즉 마음의 가장 큰 보물은 마음의 의식에 의해서만 명료하게 되는, 판명하지 않은 표상 중에 있다고 진술했다. [136] 만약 우리가 모든 판명하지 않은 표상과 마음의 전 범위를 일거에 초자연적인 상황에 의해서 직접적으로 알 수 있다면, 우리 자신 및 우리의 마음의 보석에 관해서, 그것이 얼만큼의 부(富)를 인식 자체에 대해서 가지고 있는지에 관해, 경탄할 것이다. 망원경을 가지고서 우리의 눈을 가장 먼 천체로 향하게 할 때, 망원경은 육안으로는 볼 수 없지만, 판명하지 않은 표상으로서 이미 우리의 마음 안에 있는 무수한 천체에 관한 의식을 불러일으킬 뿐이다. 우선 망원경을 통해서 물체들에 대해 지각하는 것을 모두 사람들이 의식할 수 있다면, 이 사람은, 실제로는 이미 가지고 있지만[3] 단지 그것을 의식하고 있지 못했을 뿐인, 그런 큰 지식을 물체에 대해서 가질 것이다. 더 나아가서, 형이상학과 도덕에서 가르쳐지는 모든 것을 누구도 이미 알고 있지만, 이것을 의식하지 못했을 뿐이다. 그리고 이상과 같은 것을 설명하고 논술하는 사람은 우리가 아직 의식하지 못했던 새로운 것을 본래 말하고 있는 것이 아니라, 내 안에 이미 존재했던 것을 나에게 의식시켜 줄 뿐이다. 만약 신이 갑자기 나의 마음에 빛을 가져다주고, 우리가 우리의 모든 표상을 의식할 수 있도록 했다면, 우리는 천체의 모두를 마치 눈 앞에서 보는 것처럼 완전히 명석, 판명하게 볼 수 있을 것이다. 그러므로 만약 내세(來世)에서 우리의 마음이 모든 판명하지 않은 표상을 의식하게 된다면, 가장 뛰어난 학자라도 그는 무학자(無學者)보다 더 두드러지지 않을 것이다. [137] 다만 학자는 이미 세계에서 무학자보다도 더 많은 것을 알고 있을 뿐이다. 그러나 양자의 마음에 빛이 들어온다면, 양자는 마찬가지로 명석하고 판명하게 된다. 그래서 판명하지 못한 대상의 분야에는, 우리가 도달할 수 없는, 인간 인식의 심연을 이루는 보물이 들어 있다.

A. 경험적 심리학

정신 능력의 일반적 구분에 관하여

나는 나 자신을 어떤 활동을 받아들이는 수동적인 것으로서 느끼거나 혹은 스스로 활동하는 것으로서 느낀다. 내가 수동적인 한에서

3) P판과 S판에는 “weiß”이지만, Ak판에는 “hat”이다.

나의 능력은 하급의 능력에 속한다. 능동적인 것으로서 나의 능력에 속하는 것은 나의 상급 능력이다.

나의 능력에 속하는 것은 다음의 세 가지이다.

(1) 표상
(2) 욕구
(3) 쾌 · 불쾌의 감정

표상 능력 혹은 인식 능력은 하급 인식 능력이거나 아니면 상급 인식 능력이다. 하급 인식 능력은 우리가 대상으로부터 촉발된 한에서 표상을 가지는 힘이다. 상급 인식 능력은 자기 자신으로부터 표상을 가지는 힘이다.

욕구 능력에는 상급 욕구 능력과 하급 욕구 능력이 있다. [138] 하급 욕구 능력은 대상에 의해 촉발되는 한에서 어떤 욕구하는 힘이다. 상급 욕구 능력은 대상과 무관하게 우리 자신으로부터 어떤 것을 욕구하는 힘이다.

마찬가지로 쾌 · 불쾌의 능력도 상급의 능력과 하급의 능력으로 나뉜다. 쾌 · 불쾌의 하위 능력은 우리를 촉발하는 대상에 만족, 불만족을 느끼는 힘이다. 쾌 · 불쾌의 상위 능력은 대상으로부터 독립해서 우리 자신 안에서 쾌 · 불쾌를 느끼는 힘이다. 하위의 능력은 모두 감성을 형성하고, 상위의 능력은 지성을 형성한다. 감수성은, 사람들이 대상에 의해서 촉발되는 한, 어떤 것을 인식하고, 욕구하며, 또는 어떤 것에 만족, 불만족을 품기 위한 대상들의 조건이다. — 그러나 지성은 사람들이 대상과는 전혀 무관한 한에서의 표상 능력, 욕구 능력, 쾌 · 불쾌의 감정의 능력이다. 감성적 인식은, 그것들이 혼란된 것이라는 이유에 의해서 감성적인 것이 아니라, 대상으로부터 촉발된 한에서의 심성(心性) 안에서 일어난다는 이유에서 감성적인 것이다. 다른 한편 지성적 인식이 지성적인 것은, 그것이 판명하다는 이유에 의한 것이 아니라, 그것이 우리 자신에서부터 생겨난다는 이유에 의한 것이다. 그러므로 지성적 표상이 혼란되고, 감성적 표상이 판명한 일도 있을 수 있다. [139] 어떤 것이 지성적이므로 그것이 판명하며, 또한 어떤 것이 감성적이므로 그것이 혼란되는 일은 있을 수 없다. 따라서 감성적 판명성과 지성적 판명성이 있다. 감성적 판명성은 직관에, 지성적 판명성은 개념에 있다. 감성은 대상에 의해서 촉발되는 한, 우리의 인식 능력의 수동적인 특성이다. 지성은 우리가 스스로 인식하고, 욕구하며, 어떤 것에 만족, 불만족을 느끼는 한, 우리의 능력의 자발성이다. — 볼프나 다른 사람들이 혼란된 인식을 감성적이라고 생각했던 이유는, 인식은 오성을 통해서 가공되기 전에는 결코 판명하지 않으며, 즉 개념에 의해서 통찰되지 않는 때에는 아직 논리적으로 혼란스럽다고 그들이 생각했기 때문이다. 그러나 감성적으로 혼란한 것은 감성에 의해서 판명하게 파악될 수 없는 경우이다. 그런데 인식이 혼란스러울 경우, 그것의 원인은 인식이 감성적이기 때문이 아니라, 논리적으로 혼란스럽기 때문이며, 아직 오성이 그것을 가공하지 않았기 때문인 것이다. 감관에서 오는 모든 인식은 오성의 가공이 있기 전 처음에는 논리적으로 혼란스럽다. 그러나 인식이 혼란스럽기 때문에 그 인식이 감성적인 것은 아니며, 인식은 감관에서 오는 경우에는, 오성에 의해 가공되고 판명하게 된다고 하더라도, 그것의 기원에 의해서 감성적이다. 왜냐하면 판명성과 불판명성은 감성적 표상과 지성적 표상 모두에 속하는 형식일 뿐이기 때문이다. [140] 그러나 표상이 감성적이거나 지성적인 것은 그것의 기원에 의한 것이다. 이들 표상은 판명할 수도 혼란스러울 수도 있다.

개개의 감성적 인식 능력에 관하여

감성적 인식 능력은 우리가 대상으로부터 촉발되는 한에서 대상에 관해서 우리가 가지는 표상을 포함한다.

그러나 우리는 감성적 인식 능력을, 감관 자신의 능력과 감관의 모방적 인식 [능력]으로 구분한다. 감성적 인식은, 완전히 대상의 인상(印象)에 의해서 생겨나거나 — 이때 이 감성적 인식은 감관 자신의 표상이다 —, 아니면 심성으로부터 생겨나지만, 심성이 대상에 의해서 촉발되는 조건하에서 생겨나는 경우가 있는데, 후자의 경우 그 인식은 감관의 모방적 표상이다. 예를 들면 내가 보고 있는 것의 표상, 더 나아가서 신 맛, 단 맛 등등의 표상은 감관 자신의 표상이다. 그러나 내가 이전에 보았던 집을 떠올린다면, 그 표상은 지금은 심성으로부터 생겨나는 것이지만, 그러나 감관이 이전에 이 대상에 의해서 촉발된 조건하에서 이 표상은 생겨난 것이다. 심성의 자발성으로부터 생기는 그러한 감성적 인식은 형성력(形成力)의 인식이라 불리며, [141] 대상의 인상에 의해서 생기는 인식은 감관 자신의 표상이라고 불린다.

감성은 다음의 방식으로도 구분된다. 즉 모든 감성적 인식은 주어진 것이거나 아니면 만들어진 것이다. 우리는 감관 일반을 혹은 감관 자신의 표상을 주어진 것으로 산정할 수 있다. 만들어진 감성적 인식 [능력]에 속하는 것은 다음의 세 가지이다.

(1) 창조력(facultas fingendi)
(2) 조성력(組成力, facultas componendi)
(3) 지시력(指示力, facultas signandi)

창조력에는 또한 다음의 세 가지가 속해 있다.

(a) 표현력(facultas formandi)
(b) 상상력(facultas imaginandi)
(c) 예견력(facultas praevidendi)

따라서 형성력의 표상은 다음처럼 구분된다.

(1) 유(類, genus)인 형성력 그 자체
(2) 표현력
(3) 상상력
(4) 예견력

이들 힘은 모두 감성적 능력이 가지고 있는 형성력에 속한다. 감성에 속하는 이 형성력은 오성에 속하는 바의 사유하는 힘과 구별된다.

[142] 감관 자신의 표상에 관하여

감관 자신의 표상은 우리가 대상에 의해서 촉발되는 한에서 가능하다. 그러나 우리가 대상에 의해 촉발되는 방식은 상이하다. 즉 인상에 의해서 생겨나는 대상들의 표상은 서로 다르다. 예를 들면 미각은 후각과 다르다. 상이한 감관이 어떤 유사성도 가지지 않는 한, 그것을 특수한 감관이라 부른다. 우리는 다섯 가지 특수한 감관,[4] 즉 시각, 청각, 후각, 미각, 촉각을 가진다. 일정한 수의 감관을 가지는 이유는 우리가 일정한 수의 신체 기관을 가지기 때문이며, 이 기관들을 통해 우리는 대상에 대한 인상을 받아들인다. 그래서 우리는 감관을 신체 기관의 구분에 따라서 구분한다. 우리는 특별한 기

4) P판과 S판에는 "darum haben wir fünf"으로 되어 있지만, Ak판에는 "deren haben wir fünf"로 되어 있다.

관을 가지지 않고, 따라서 구별할 수도 없는 다른 감성적 감수성을 가지고 있다. 예를 들면 차갑고 뜨거운 것의 느낌, 압박[5]의 느낌 등등은 우리의 전신(全身)에 퍼져있다. 우리는 다섯 가지 기관 이상을 가지고 있지 않기 때문에, 단지 다섯 가지 감관만을 가정한다.

이들 기관 중 몇 개인가는 객관적이며, 다른 기관은 주관적이다. 객관적 감관은 동시에 주관적 감관과 결합되어 있다. 그러므로 객관적 감관은 객관적일 뿐만 아니라 주관적이기도 하다. 감관에서는 객관적인 것이 주관적인 것보다 크거나, 아니면 그 반대이다. 예를 들면 [143] 시각의 경우는 객관적인 것이 주관적인 것보다 크며, 또한 귀에[6] 들리는 강한 음의 경우는 주관적인 것이 더 크다. 그러나 강도가 아니라 감관의 질(質)에 주목한다면, 시각, 청각, 촉각은 주관적 감관이라기보다는 객관적 감관이지만, 그러나 후각과 미각은 객관적 감관이라기보다는 주관적 감관임을 알게 된다. 주관적 감관은 향유(享有)[7]의 감관이며, 이에 반해 객관적 감관은 인지에 관한(belehrend) 감관이다. 후자의 감관은, 멀리 떨어진 지점에 있는 섬세한 물질에 의해 그 감관이 우리에게 작용할 때에는 섬세(纖細)하며, 조잡한 물질에 의해 우리에게 작용하고 우리를 촉발할 때에는 조야(粗野)하다. 따라서 시각의 감관은, 그것에 의해서 대상이 우리를 촉발하는 바의 빛의 물질이 가장 섬세하기 때문에, 가장 섬세한 감관이다. 청각은 시각보다 다소 조야하지만, 촉각이 가장 조야하다. 시각과 촉각은 완전히 객관적인 표상이지만, 촉각은 객관적 표상 중 가장 기본적인 것이다. 왜냐하면 촉각에 의해서 형태를,

5) P판과 S판에는 “des Schalles”로 되어있지만, Ak판에는 “des Druckes”로 되어 있다. Ak판의 내용을 취했다.

6) P판과 S판에는 “auf”이지만, Ak판에는 “in”이다.

7) P판은 “des Gewissen”이고, S판은 “des Gewissens”이지만, Ak판의 “des Genusses”를 취한다.

내가 모든 방면으로부터 그것에 접촉함으로써, 지각할 수 있기 때문이다. 따라서 그것은 형태를 해명하는 기술(技術)이다. 보는 것에 의해서 나는 단지 대상의 표면만을 인식한다.

모든 감관의 인식이 감관으로부터 나온다고 믿어서는 안 된다. 인식은 감관이 제공하는 대상에 관해서 반성하는 오성으로부터도 나오며, 그것에 의해 우리는 감성적인 인식을 유지한다. 이렇게 해서 허위 진술의 잘못(vitium subreptionis)이 우리에게 생겨난다. 왜냐하면 [144] 우리는 어릴 때부터 모든 것을 감관에 의해서 표상하는 습관을 가지고 있으므로, 감관에 관한 오성의 반성에 주목하지 않고, 인식을 감관의 직접적인 직관으로 생각하기 때문이다.

아리스토텔레스와 같은 고대의 철학자들과 그 이후 스콜라 철학자들은, 우리의 개념은 모두 감관에서 유래한다고 말했으며, 이것을 "감각 안에 미리 존재하지 않았던 어떤 것도 지성 안에 존재하지 않는다"(nihil est in intellectu, quod non antea fuerit in sensu)는 명제로 표현했다. 즉 오성은 감관이 이전에 경험하지 않았던 어떤 것도 인식할 수 없다. 이 점에서 아리스토텔레스는 플라톤과 반대의 의견을 진술했는데, 플라톤은 신비적 철학자로서 위의 명제와 반대되는 것을 주장했고, 개념을 생득적인 것으로 보았을 뿐만 아니라, 신이 가지고 있는 이전의 직관의 잔존물이지만, 현재로는 육체에 의해서 방해받는 바의 개념으로 보았다. — 에피쿠로스는 이전의 생각을 더욱 진전시켜, 우리의 개념은 모두 감관의 경험적 개념이라고 말했다. 이 명제를 명확하게 인식하고, 아리스토텔레스의 명제가 어디까지 허용되는가를 알기 위해서는, 우리는 이 명제를 어느 정도 제한하고, 다음처럼 말하지 않으면 안 된다. "물질에 관해서는 감각 안에 미리 존재하지 않았던 어떤 것도 지성 안에 존재하지 않는다"(nihil est quoad materiam in intelletu, quid non antea fuit in sensu).

감관은 우리에게 물질과 소재(素材)를 주지만, 이 물질은 오성에 의해 가공되어야 한다. 그러나 개념의 형식에 관해서 말한다면, 이 형식은 지성적이다. 이리하여 최초의 인식의 원천은 감관이 제공하는 물질 안에 있다. 제2의 원천은 오성의 자발성 안에 있다. 사람들이 최초로 [145] 소재를 가지게 될 때, 그는 항상 새로운 표상을 만들 수 있다. 예를 들면 그가 일단 색의 표상을 가질 때, 색의 혼합에 의해서 자연 안에는 전혀 존재하지 않는 새로운 표상을 만들 수 있다. 그러나 새로운 감관을 표상하는 것은 완전히 불가능하다. 왜냐하면 그것을 위한 소재가 우리에게는 없기 때문이다. 따라서 감관은 인식의 필연적인 원리이다.

그러나 우리는 개념 — 감관으로부터는 어떤 것도 얻지 않는 개념에 의한 인식의 원리도 가지고 있다. 즉 우리는 감관에 의해서 결코 촉발되지 않는 한에서의 대상들에 대한 인식을 가지고 있는데, 이 개념이 지성적인 개념이다. 그러므로 감각적 개념과 지성적 개념이 있게 된다. 질료에 따르면, 감관 안에 존재하지 않았던 것은 어떤 것도 오성 안에 존재하지 않는다고 말할 수 있다. 형식에 따르면, 지성적이고 감관의 대상이 아닌 인식이 존재한다. 예를 들면 도덕에서는 감성적 인식은 아포스테리오리한 기초를 만들지만, 그러나 오성은[8] 근본 개념을 가지고 있다. 그러나 오성의 이 근본 개념이 감관으로부터 도출되지 않음에도 불구하고, 이 개념 자체는 경험을 기연(機緣)으로 해서 생겨난다는 것에 주목해야 한다. 예를 들면 경험에 의해서 원인을 확인하지 못한다면, 누구도 원인과 결과의 개념을 가질 수 없다. 또한 언제나 진짜 사기꾼 사이에 있다면, 사람들은 결코 덕(德)의 개념을 가지지 못할 것이다. 그러므로 그런

8) P판과 S판에는 "auch"가 추가되어 있어서 "오성도 또한"이 되지만, Ak판에는 "auch"가 없다.

한에서 감관은 모든 인식의 근거를 이루고 있다. 비록 모든 [146] 인식이 다 감관에 자신의 기원을 가지는 것은 아니지만. — 감관은 존재 원리(principium essendi)가 아님에도 불구하고, 그것의 불가결한 조건(conditio sine qua non)이다.

그러나 감관은 어디에서 오성 안으로 들어오게 되는가? 우리는 감관을 천부의 생득적인[9] 것으로 생각하지는 않는다. 왜냐하면 그것은 모든 탐구의 끝을 의미하며, 또한 극히 비철학적인 태도이기 때문이다. 감관이 생득적인 것이라면, 그것은 계시 이외 다름 아니다. — 크루지우스(Crusius)는 그러한 몽상으로 머리가 가득 차 있으며, 그런 식으로 완전히 생각할 수 있었을 만큼 낙천적인 사람이었다. 그러나 개념은 그 본성에 따라서, 오성에 의해, 경험을 기회로 해서 생겨난다. 왜냐하면 오성은 경험과 감관을 기회로 해서 개념을 만들며, 개념은 감관으로부터가 아니라, 감관에 관한 반성으로부터 도출되기 때문이다. — 로크는 이 점에서 큰 잘못을 범했다. 그는 모든 개념이 경험으로부터 도출된다고 생각했기 때문이다. 그럼에도 그는 감관의 대상에 적용되는 반성으로부터 개념을 이끌어내고 있다. 그러므로 질료에 따르면 모든 것은 감관으로부터 생겨난다. 그러나 형식에 따라서 말한다면, 그것은 오성으로부터 생겨나지만, 오성이 처음부터 가지고 있는 것이 아니라, 경험을 기회로 해서 반성에 의해서 생겨난다. 우리가 감관의 인상을 가지자마자, 반성의 작용이 우리에게 일어난다. 이러한 반성은 습관에 의해서 우리에게 익숙해져 있어서, 자신이 반성하고 있다는 것을 우리 각자는 알아차리지 못하고, 이러한 작용이 감성적 직관 안에 있다고 믿어버린다.

---

9) P판에는 "ungebohren"(생래(生來)적이 아닌)으로 되어 있지만, S판과 Ak판은 "angebohren"(생득적인)으로 되어 있다.

이제 우리는 개념이 어디까지 [147] 반성에 의존하는가를 보고자 한다. 감관에 의한 감각을 조금도 가지고 있지 않은 대상에 관해서 우리는 인식을 가질 수 있다. 그러므로 타고날 때부터의 맹인도 눈을 가지고 보는 사람과 마찬가지로, 오성이 그에게 제공하는 빛에 관한 인식을 가질 수 있다. 다만 맹인은 감각을 가지고 있지 않으며, 따라서 우리는 감각에 관해서 [맹인에게] 이야기할 수 없을 뿐이다. 왜냐하면 보통 사람은 누구도 빛이라는 말에 대해서 그 사람 특유의 감각을 가지고 있기 때문이다. 따라서 우리는 인상을 판단과 구별할 수 있다. 오성을 통한 감각의 인식은 인상을 통한 인식과 다른 것이다. 그런데 감각에 관한 반성을 인상이라고 간주한다면, 우리는 구별의 잘못을 범하게 된다. 감관의 대상은 우리로 하여금 판단하도록 만든다. 이 판단은 그것이 참된 한(限) 경험이다. 그러나 이 판단이 잠정적인 판단이라면, 그것은 가상(假象)이다. 가상은 경험에 선행한다. 왜냐하면 가상은 오성에 의한, 감관의 대상에 관한 일시적인 판단이기 때문이다. 가상은 진리도 아니고 거짓도 아니다, 왜냐하면 그것은 경험으로부터 판단을 하도록 만들기 때문이다. 그러므로 가상은 현상과 구별되어야 한다. 현상은 감관 안에 있지만, 그러나 가상은 단지 경험으로부터 판단을 하도록 하는 유인(誘因)일 뿐이다. 지각(Wahrnehmung)은 가상에도 관계하고, 경험의 현실적 대상에도 관계한다. 예를 들면 태양이 떠오르고 지는 것은 가상을 의미한다. 대상의 가상으로부터 환상(Illusion)이나 감관의 기만이 생긴다. 환상은 결코 감관의 기만이 아니라, [148] 성급한 판단 — 그 뒤에 오는 판단이 그것과 곧바로 반대되는 그런 성급한 판단이다. 그러한 환상을 우리는 매우 사랑한다. 예를 들면 광학상자에 의해서 우리는 기만당하지 않는다. 왜냐하면 실제로는 그렇지 않다는 것을 우리는 알고 있기 때문이다. 그러나 우리는 곧바로 오성에 의해서 반론(反論)되는 판단을 내리게 된다. 환영(幻影, Blendwerk)은 감관의 기만과 다르다. 전자의 경우에 우리는 그 기만을 발견한다. 감관의 대상이 우리로 하여금 판단하도록 만들기 때문에, 오류를 감관에 귀속시키는 것은 올바르지 않다. 왜냐하면 오류는 본래 감관에 관한 반성에 귀속되어야 하기 때문이다. 그러므로 "감각은 기만하지 않는다"(sensus non fallunt)는 명제에 주목해야 한다. 이것은, 감각이 올바로 판단하기 때문이 아니라, 전혀 판단하지 않기 때문에, 일어나는 일이다. 그러나 감관 안에는 가상이 있다. 감관은 기만하지 않지만, 판단하도록 부추긴다. 이 명제는 판단의 근거를 검토하고, 이것의 해명에 의해서 허위를 발견하는 기회를 우리에게 부여한다. 그러므로 이 명제는 우리에게 허위의 근거를 명료하게 하는 동인(動因)을 부여한다. 보편적 개념은 감관에 의해서가 아니라 오성에 의해서 생긴다.

감관의 의해서 생겨나는 것은 단지 개개의 판단뿐이다. 그러므로 우리는 개개의 판단에 의해서는 원인과 결과의 개념이나 결핍의 개념을 얻을 수 없다. 왜냐하면 부정(否定)은 감관을 촉발할 수 없으며, 그러므로 나는 "누구도 방에 없다는 것을 보았다"고 말할 수 없기 때문이다. 나는 무(無)를 볼 수 없기 때문이다.

[149] 우리는 이상과 같이, 감성에 관해서, 감각 능력이라고도 불릴 수 있는 감관 자신의 표상을 고찰하고, 또한 대상에 의해서 우리가 촉발되는 한 우리가 어느 정도까지 표상과 인식을 획득할 수 있는지 (인식은 대상이 우리의 감관에 영향을 주는 한에서 가능하지만) 하는 것을 감관에 관해서 고찰했지만, 이제 우리는 감관의 모방적 인식을 고찰하고자 한다. 이것은 보다 올바르게는 형성력이라 불려지는데, 이것은 우리 자신으로부터 인식을 만들어 내는 능력이며, 따라서[10] 형식 — 이 형식에 따라서 대상이 우리의 감관을 촉발

하는데 — 을 그 자신 안에 가지고 있다. 따라서 이 형성력은 실제로는 감성에 속하며, 현재의 표상, 과거의 표상, 미래의 표상을 산출한다. 그 때문에 형성력은 다음의 세 가지로부터 성립한다.

(1) 표현력(facultas formandi), 이것은 현재의 표상이다.
(2) 상상력(facultas imaginandi), 이것은 과거의 표상이다.
(3) 예견력(facultas praevidendi), 이것은 미래의 표상이다.

나의 심성은 다양한 것을 통람(通覽)하는 것에 의해서 이 다양한 것에 관한 상(像)을 형성하는 일에 항상 종사하고 있다. [150] 예를 들면 내가 어떤 도시를 볼 때, 심성은 자신 앞에 있는 대상에 관해서 다양한 것을 통람함으로써 하나의 상을 만든다. 따라서 만약 어떤 사람이 그림과 장식으로 가득 차있는 방에 들어온다면, 그의 심성은 다양을 통람할 수 없기 때문에, 그 방의 상을 결코 만들 수 없다. 즉 심성은 그 대상을 표현하기 위해서 어느 끝으로부터 시작해야 할지를 알지 못한다. 외국인이 로마의 베드로 성당으로 온다면, 지나친 화려함 때문에 완전히 당혹하게 된다. 이렇게 되는 것은, 그의 마음이 이 성당을 표현할 정도로 다양한 것을 통람할 수 없기 때문이다. 이러한 표현력은 직관의 형성하는 능력이다. 심성은 대상을 표현하기 위해서, 대상을 모든 측면에서부터 여러 가지로 표현함으로써, 많은 관찰을 시도해야 한다. 예를 들면 도시는 동쪽 측면에서 본다면 서쪽 측면으로부터 보는 것과 다르다. 그러므로 여러 측면이나 관점에 따라서 보게 됨으로써 어떤 사물에는 많은 현상이 있게 된다. 이들 현상을 모두 총괄함으로써 심성은 이들 현상 모두로부터 하나의 상을 만들지 않으면 안 된다.

10) Ak판에는 “dennoch”로 되어 있지만, 본 역서는 P판과 S판의 “de- mnach”를 따른다.

제2의 능력은 상상력이다. 이 상상력에 따라서 나의 심성은 과거의 감관의 표상을 끌고 와서, 이것을 현재의 표상과 결합시킨다. 나는 연상(聯想)에 의해 과거의 표상들을 재생하지만, 이 연상에 따라서 하나의 표상이 [151] 다른 표상을 끌고 온다. 왜냐하면 하나의 표상이 다른 표상과 동반 관계에 있기 때문이다. 이것이 상상(Imagination)의 능력이다. 이것은 보통 잘못되어 구상력(構想力, Einbildungsvermögen)이라 불리지만, 그것은 완전히 다른 종류의 것이다. 왜냐하면 내가 이전에 보았던 궁전의 상을 상상하는 것과, 새로운 상을 만드는 것은 완전히 다른 것이기 때문이다. 후자가 구상력이며, 이것에 관해서는 뒤에 서술할 것이다.

제3의 능력은 예견력이다. 미래의 것은 내 안에다 어떤 인상도, 따라서 어떤 상도 만들어 넣지 못하고, 단지 현재의 것만이 이것을 함에도 불구하고, 사람들은 미리 미래의 것에 관해서 하나의 상을 만들고, 무언가를 미리 상상할 수 있다. 예를 들면 사람들이 강연을 하려고 생각하고 있을 때, 그 때의 자신의 모습을 떠올릴 수 있다. — 그러나 이러한 미래의 것에 대한 예견은 어떻게 해서 가능할까? 현재의 현상은 과거의 표상과 그것에 계속되는 시간의 표상을 가진다. 그러나 나의 표상 안에는 뒤에 계속되는 표상들의 계열이 있으며, 거기서는 과거의 표상과 현재의 표상의 관계는 현재의 표상과 미래의 표상의 관계와 같다. 내가 현재로부터 과거로 이행할 수 있는 것처럼, 현재로부터 미래로 이행할 수 있다. 현재의 상태가 과거의 상태에 이어지는 것처럼, 미래의 상태가 현재의 상태에 이어진다. 이것은 상상력의 법칙에 따라서 일어난다.

형성력의 이러한 상위는 시간에 관계한다. [152] 그러나 더 나아가서 또 하나의 상위가 존재하며, 이런 상위에 따라서 우리는 두 가지 종류의 형성력을 가지게 된다. 이들 능력은 구상력과 모사력

(模寫力, das Vermögen der Gegenbildung)이다. 구상력은 상을 자기 자신으로부터 대상의 존재와는 무관하게 산출하는 능력이며, 이 경우에 상은 경험으로부터 차용되지 않는다. 예를 들면 건축가는 집을 짓기 위해 아직 보지 못했던 집의 모습을 그린다. 이 능력은 환상(Phantasie) 능력이라 불리지만, 상상력과 혼동되어서는 안 된다. 구상력은 감성적인 창작 능력이다. 비록 우리는 또한 오성적 창작 능력도 가지고 있지만 말이다.

모사력은 특성 묘사의 능력이다. 특성 묘사는 다른 사물의 모사이다. 모사는 다른 사물의 상을 산출하는 수단이다. 그러므로 말은 사물의 표상을 산출하기 위한, 사물의 모사이다. 따라서 모사력은 상을 표상하기 때문에, 그것은 감성에 속한다. 비록 상은 대상의 영향에 의해서 생겨나는 것이 아니라, 우리 자신에서 유래하는 것이라고 하더라도 말이다. 그러나 이러한 능력은 형식상으로는 그래도 감성에 속한다.

마지막으로 완성력을 추가할 수 있을 것이다. 우리는 모든 것을 완성하고 완결하려는 능력뿐만 아니라, 그런 충동을 가지고 있다. 여러 사태, 이야기, 희극 등이 불충분한 것처럼 보일 때에는, [153] 우리는 그것들을 완성시키려고 끊임없이 노력한다. 사태가 완전하지 않은 것에 대해서 사람들은 분노를 느낀다. 이것은 전체의 이념을 만드는 그리고 대상을 이 이념과 비교하는 능력을 전제로 한다.

형성력의 이와 같은 작용은 모두 자의적으로 일어날 수도 있고 비자의적으로도 일어날 수도 있다. 그것이 비자의적으로 일어나는 한, 그것은 완전히 감성에 속하지만, 자의적으로 일어나는 한, 그것은 상급 인식 능력에 속한다. 기억은 자의적인 상상 또는 재생의 능력이며, 따라서 기억과 재생의 능력 사이에는 어떤 본질적인 차이도 존재하지 않는다. 다른 형성력에 관해서도 사정은 동일하다.

우울증에 걸린 사람은 비자의적인 상상을 가진다. 자의적인 상상력은 창작 능력[11]이다.

모사력 혹은 특성 묘사의 능력(facultas characteristica)에 관해서 좀 더 자세히 설명해야 한다. 연상에 의한 재생의 수단으로서의 역할을 하는 표상은 상징(symbolum)이다. 가장 빈번한 상징적 표상은 신의 인식에서 나타난다. 이것들은 모두 유비(類比), 즉 사정의 일치에 의한 것이다. 예를 들면 태양은 고대 민족에 있어서는 신의 완전성의 상징, 즉 표상이다. 왜냐하면 태양은, 어떤 것도 취하지 않으면서도, 넓은 세계 곳곳에 현전하면서 많은 것(빛과 열)을 베풀기 때문이다. 마찬가지로 [154] 사지의 모두가 하나의 전체를 이루고 있는 인간의 육체는 공화국의 상징으로서 이용된다. 오성의 인식, 즉 간접적으로 지성적이며, 또한 오성에 의해서 인식되지만, 그러나 감성적 인식의 유비물에 의해서 산출되는 오성의 인식은 상징적 인식이며, 직관적 인식이 논증적 인식에 대비되는 것과 마찬가지로, 이 인식은 논리적 인식에 대비된다. 오성의 인식이 간접적으로 지성적이며, 또한 감성적 인식의 유비물에 의해서 산출된다면, 오성에 의해서 인식되더라도, 그 인식은 상징적[12]이다. 상징은 단지 지적 이해 작용을 촉진하기 위한 수단이며, 직접적인 오성 인식에만 이용되지만, 그러나 그것은 시간과 더불어 폐기되지 않으면 안 된다. 오리엔트 국민의 인식은 모두 상징적이다. 직관이 직접적으로 우리에게 허용되지 않는 경우에, 우리는 유비에 의한 상징적 인식에 맡겨지지 않으면 안 된다. 우리는 또한 다음처럼 말할 수 있다. 즉 인식은, 그것의 대상이 기호에 의해서 인식되는 경우에, 상징적이

11) P판과 S판에는 "Dichtkunstvermögen"(작시 능력)으로 되어 있지만, 여기서는 Ak판의 "Dichtungstvermögen"을 취한다.

12) P판과 S판에는 "logisch"로 되어 있지만, 여기서는 Ak판의 "symboli- sch"를 취한다.

라고 말할 수 있다. 그러나 논증적 인식의 경우에 기호는 상징이 아니다. 왜냐하면 내가 기호 안에서 대상을 인식하는 것이 아니라, 기호가 나에 대해서 대상의 표상을 산출할 뿐이기 때문이다. 예를 들면 탁자라는 말은 상징이 아니라, 오성의 표상을 연상에 의해서 산출하기 위한 수단일 뿐이다.

[155] 상급 인식 능력에 관하여

우리는 지금까지 하급 인식 능력에 관해서, 혹은 우리가 대상에 의해서 촉발되는 한에서 (따라서 수동적으로 우리에게 일어나지만) 우리가 대상에 대해 가지는 표상에 관해서 취급했기 때문에, 이제 우리는 이것들을 상급 인식 능력, 혹은 우리가 자의적인 활동에 의해서 가지게 되는 표상 — 여기서는 우리는 표상의 창조자가 되는데 — 을 검토하고자 한다.

이것에 대한 일반적 고찰

오성은 규칙의 능력이지만, 그뿐만 아니라 오성의[13] 원리는 우리의 모든 인식과 대상이 하나의 규칙 하에 있지 않으면 안 된다는 것이다. 모든 현상은 하나의 규칙 아래에 있다. 왜냐하면 모든 대상은, 이들이 현상하는 한에서, 시간 및 공간의 관계 안에서 현상하지 않으면 안 되기 때문이다. 그러나 대상은 사유되는 한, 규칙 하에 있어야 한다. 만약 그렇지 않으면 대상이 사유되는 것은 불가능하기 때문이다. 따라서 규칙을 불가능하게 하는 것은 오성에 어긋난다.

오성의 준칙(Maxime)은, 발생하는 모든 것은 규칙에 따라서 발생하며, 모든 인식은 하나의 규칙하에 있다는 것이다. 인식이 아프리

---

13) S판은 "ein"으로 되어 있지만, 여기서는 P판과 Ak판의 "sein" 즉 "오성의"를 취한다.

오리한 원리로부터 도출되는 일이 많으면 많을수록, 그 규칙은 통일을 가지고 있다. 그러나 어떻게 해서 순수 오성 개념이 생각되는가? 우리는 오성과 감성의 중간에 있는 형성력에 의해서 직관의 대상에 대한 인식을 가진다. [156] 이 형성력이 추상적이라면, 그것은 오성이다. 추상적으로 생각되는 형성력의 조건들과 활동들이 순수 오성 개념과 오성의 범주이다. 예를 들면 실체와 우유성이라는 순수 오성 개념은 다음과 같은 방식으로 형성력으로부터 생겨난다. 즉 다양한 것이 변화되는 대신에, 형성력의 기초에 무언가 항상적(恒常的)인 것이 있지 않으면 안 되는 식으로 생겨난다. 왜냐하면 형성력의 기초에 어떤 것도 존재하지 않는다면, 그것은 어떤 것도 변화시킬 수 없을 것이기 때문이다. 그런데 항상적인 것이란 실체의 순수 개념이며, 또한 다양은 우유성의 순수 개념이다. 아프리오리한 오성의 모든 최고 원리는, 모든 현상에 있어서 형성력의 조건을 나타내는 일반적 규칙이며, 그것에 의해서 우리는 어떻게 현상이 서로 결합되어야 하는가를 규정할 수 있다. 왜냐하면 인식을 가능하게 하는 것은, 즉 인식의 조건을 이루는 것은 사물들의 조건이기도 하기 때문이다. 우리는 직관의 조건의 기초가 되는 아프리오리한 원칙을 가지고 있다. 예를 들면 기하학의 모든 명제가 그것이다. 기하학의 경우와 마찬가지로 우리는 아프리오리한 사유의 원칙도 확립했다. 사유의 필연적 조건을 이루는 것은 객관적인 것에 귀속되며, 직관의 필연적 조건을 이루는 것도 또한 사물에 귀속된다. 대상은, 그 아래에서 대상이 인식되는 바의 조건과 일치하지 않으면 안 된다. 이것이 인간 오성의 본성이다. 아프리오리한 오성이란 대상에 관해서 반성하는 능력이다. [157] 오성은 감관의 대상의 한계를 넘어서지 못하지만, 그것의 한계에까지는 미친다. 이것이 신과 내세이다. 상급 인식 능력은, 그 능력 안에서 자발성이 고려되기 때문에 그렇게 불려지며, 하급 인식 능력에는 수동성이 고려된다. 상급 인식 능력은 일반적인 의미에서의 오성이라고도 불린다. 그러한 의미에서 오성은 개념의 능력, 혹은 판단의 능력이며, 그러나 또한 규칙의 능력이기도 하다. 이 세 가지 정의는 동일한 것을 의미하고 있다. 왜냐하면 개념이란 가능한 판단에서 술어로서 이용될 수 있는 인식이기 때문이다. 그러나 판단[14]은 일반적 징표와의 비교에 대한 표상이며, 또한 개념은 일반적 징표이다. 그러나 판단도 또한 항상 하나의 규칙이다. 왜냐하면 규칙은 특수가 보편에 대해 가지는 관계를 부여하기 때문이다. 예를 들면 "키케로는 학자이다"의 경우, 학자라는 술어는 키케로의 행동을 판정하는 데 이용되며, 따라서 규칙으로서 이용된다. 그러므로 위의 세 가지 정의는 하나에 귀착한다. 오성은 또한 일반적 인식의 능력이라고도 불린다. 표상으로서의 일반적 인식은 개념이며, 표상의 비교로서의 일반적 인식은 판단이다. 그러므로 모든 일반적 판단은 규칙이다. — 감성은 직관의 능력이다. 감성과 평행을 이루는[15] 것으로서 개념의 능력으로서의 오성이 있다. 감성은 근원적인 형식을 가지지만, 오성은 [158] 규칙의 능력이다. 그래서 오성은 단지 형식에서 성립하는 감성과 구별된다. 감관은 지각의 능력이지만, 오성은 반성의 능력이다. 오성은 판명한 인식의 능력이라는 정의는 잘못된 정의이다. 왜냐하면 감성은 결국 의식에 근거해 있기 때문이다. 그러나 의식은 모든 인식이나 표상에 필요하다. 따라서 감성적 인식도 또한 판명할 수 있다. 그러나 의식은 인식의 필연적 조건(conditio sine qua non)이기 때문에, 그것은 상급 인식 능력으로 간주된다. 그러나 판명성

14) P판과 S판에서는 "Begriff"로 되어 있지만, 여기서는 Ak판의 "Urteil"을 따른다.

15) P판과 S판에서는 "Parallel in"으로 되어 있지만, Ak판에서는 "Para- llel zu"로 되어 있다.

은 오성 인식의 필요조건이 아니다. 직관의 판명성도 존재할 수 있기 때문이다. 그러나 개념의 판명성은 오성적 판명성이다. — 그러나 우리가 오성을 감성과 대립시켜 소극적으로 정의한다면, 오성은 사물을, 그것이 우리에게 현상하는 방식에 의존하지 않고서, 인식하는 능력이다. 그러나 오성은 사물을, 그것이 있는 그대로, 인식하는 능력이다. 오성을 이렇게 정의한다면, 이 정의는 소극적인 정의가 아닌 것처럼 보이지만, 그러나 내가 오성을 감성과 대립시켜 고찰한다면(즉 감성은 사물이 현상하는 대로 그것을 인식하지만, 이에 반해 오성은 사물을 그것이 있는 그대로 인식한다면), 오성이 어떻게 사물을 인식하는가를 나는 알지 못하며, 내가 알고 있는 것은 단지, 오성이 사물을, 그것이 현상하는 그대로는 인식하지 않는다고 하는 그 정도일 뿐이다. 이 정의는 유익하다. [159] 왜냐하면 이 정의는 일반적이며, 따라서 인간 오성을 향해 있을 뿐만 아니라, 오성 일반을 향해 있기 때문이다. — 그러나 내가 어떻게 해서 사물을 그것이 있는 그대로 인식할 수 있을까? 그것은 직관에 의해서나 개념에 의해서 가능하다. 인간 오성은 사물을 그것이 있는 그대로, 개념이나 반성에 의해서, 따라서 논증적으로만 인식하는 능력이다. 우리의 인식은 모두 논리적, 논증적이며, 직각적이거나 직관적이지 않다. 그러나 우리는 직관에 의해서 사물을 있는 그대로 인식하는 오성을 생각해 볼 수 있다. 그러한 오성은 직관적이다. 그러한 오성이 존재할 수도 있지만, 인간의 오성은 직관적이지 않다. 이 정의는 오성의 신비적 표상에 대한 실마리를 제공했다. 즉 우리가 인간의 오성을, 직관에 의해 사물을 있는 그대로 인식하는 능력이라고 생각한다면, 그러한 오성은 신비적 오성이다. 예를 들면 우리가 마음 중에 지적 직관의 능력이 존재한다고 믿는다면, 그러한 오성은 신비적 오성이다. 우리는 사물을 있는 그대로 인식하는 능력을 가지지만,

그것은 직관에 의한 것이 아니라 오성에 의한 것이다. 이 개념들이 순수 오성 개념이라면, 그것은 선험적이다. 그러나 이 개념이 현상에 적용된다면, 그것은 경험적 개념이며, 그리고 오성의 사용은 경험적 사용이다.

우리가 지금까지 검토했던 것처럼, 오성은 감성과 대비되어, 상급 인식 능력이라고 불렸다. 이러한 오성은 일반적으로 고찰되고 있으며, [160] 이 상급 인식 능력은 오성, 판단력, 이성, 이 세 가지이다. 이렇게 구분된 경우의 오성은 엄밀한 의미에서 고찰되고, 일반적인 의미에서의 오성의 한 종류이며, 상급 인식 능력을 의미하고 있다. 그러므로 이러한 상급 인식 능력은 다음처럼 성립한다.

(1) 일반적 판단
(2) 이 판단 아래로의 포섭
(3) 추리

일반적 판단 혹은 규칙의 원리는 엄밀한 의미에서의 오성이다. 이 규칙 아래서의 포섭의 원리는 판단력이며, 규칙의 아프리오리한 원리가 이성이다. — 어떠한 경험적 판단 아래에도 포섭될 수 없는 판단은 아프리오리한 원리이다. 이러한 아프리오리한 판단의 능력은 이성이다. 이성은 아프리오리한 규칙의 능력 혹은 아프리오리한 개념의 능력이다.

모든 경우에, 즉 경험적 인식의 경우에도 나는 오성을 사용하고 있는데, 그것은 경험적 오성 사용이다. 그러나 우리는 아프리오리한 오성 사용도 가질 수 있다. 이것이 이성이다. 예를 들면 "우연적인 것은 모두 원인을 가진다"는 명제에는 아프리오리한 오성 사용이 있다. 왜냐하면 어떤 경험도 이것을 가르쳐주지 않기 때문이다.

따라서 오성과 이성은 경험적 사용 및 순수한 사용에 관해서만 구별될 뿐이다. 그러나 우리는 또한 양자의 중간적 능력을 가지고 있다. 즉 일반적 [161] 판단과 일반적 규칙 아래에 포섭하는 능력인데, 이것이 판단력이다. 우선 나는 일반적 규칙은 아프리오리한가 혹은 아포스테리오리한가를, 그 다음에 나는 개개의 경우가 규칙 아래에 속하는가 어떤가를 문제로 삼는다. 예를 들면 "모든 단순한 것은 사고한다"는 명제는 아프리오리한 규칙이다. 그런데 인간의 마음은 이 규칙 하에 속하는가 어떤가, 그리고 이 규칙에 포섭될 수 있는가 어떤가를 나는 검토한다. 규칙 아래에 포섭하는 이 능력은 다른 능력과는 구별되기 때문에, 사람들은 실로 이 일반적 규칙의 능력을 가질 수 있지만, 그러나 규칙 아래에 포섭하고, 규칙을 구체적으로(in concreto) 적용하는 능력을 가지지 못하는 경우도 있을 수 있다.

오성은 보편으로부터 특수를, — 판단력은 특수로부터 보편을 인식하는 능력이며, — 그리고 이성은 아프리오리한 보편을 인식하고, 다양한 현상으로부터 규칙을 모으는 능력이다. 이성의 경우, 특수가 주어지고, 이것으로부터 사람들은 일반적 규칙을 만들어야 한다. 따라서 특수가 일반적 규칙 아래에 속하는가 어떤가를 알기 위해서는, 판단력이 필요하다. 판단력은 교육에 의해서 가르쳐지는 것이 아니고, 반복된 훈련에 의해서 사람들이 판단력을 잘 사용할 수 있는 상태에까지 도달하게 된다는 특유의 성질을 가지고 있다. 오성은 가르쳐지지만, 판단력은 그렇지 않다. 이성은 아프리오리한 일반적 규칙을, 경험으로부터 완전히 독립해서 인식하는 능력이다. [162] 예를 들면 "모든 우연적인 것은 제1원인을 가지지 않으면 안 된다"는 명제는 경험이 가르쳐주는 것이 아니다.

오성의 위대함은 두 가지 사실, 즉 개념의 능력에, 그리고 일반적 개념의 특수한 경우에 대한 관계에 근거하고 있다. 판단이 특수한 경우에 대한 관계를 가지면 가지는 것만큼, 오성은 점점더 광대해지고 선명하게 된다. 그러므로 오성을 지도하는 방법은 다음의 두 가지이다.

(a) 오성을 일반적 규칙에 익숙해지도록 하는 것, 혹은 추상적으로 사용하는 것
(b) 이 일반적 규칙을 경험에 적용하는 것, 혹은 그것을 구체적으로 사용하는 것

여기서 우리는 이것을 판단력과 동일하다고 생각해서는 안 된다. 왜냐하면 판단력은 단지 주어진 경우가 규칙 하에 속하는가 어떤가를 아는 능력일 뿐이지만, 그것은 경험적 삶의 경우에 적용되는 구체적인 의미에서의 오성과는 다르기 때문이다. 구체적인 의미에서의 오성은 단지 일반적 규칙의 상기(想起) 능력일 뿐이다. 그것만으로는 주어진 경우가 규칙 아래에 속하는지 어떤지가 결정되지 않는다. 판단력이 바로 이 결정 능력이다.

이성의 사용도 두 가지로 나뉜다.

[163] (a) 순수 사용
(b) 경험적 사용

이성의 순수한 사용은 전혀 감관의 대상이 아닌 그런 대상을 지향한다. 또한 경험적 사용은, 아포스테리오리하게 실증되는 것을 내가 아프리오리하게 인식하는 경우에 일어난다. 그러나 규칙 자체가 경험으로부터 취해지는 경우에는 이성 사용은 결코 존재하지 않는다.

상급 인식 능력을 이루고 있는 이상 세 가지 능력을, 우리는 또한 건전한(gesund) 능력과 학적(gelehret) 능력으로 구분할 수 있다. 그래서 우리는 건전한 오성, 건전한 판단력, 건전한 이성을 가진다. 그러나 우리는 또한 사변적 오성, 사변적 판단력, 사변적 이성도 가지고 있다. 이들 능력의 건전한 사용은 경험이 이들 인식 능력의 올바름을 증명할 수 있는 경우에, 구체적으로 드러난다. 나의 오성이나 판단력이나 이성을, 경험에 의해서 그것이 참이라는 것을 결정할 수 있다는 식으로 사용할 때에, 나는 건전한 오성, 판단력, 이성을 가지게 된다. 내가, 경험이 확증할 수 있는 범위를 넘어서 나아가지 않는 정도에 한해, 나의 인식 능력을 사용할 때, 이것이 인식 능력의 건전한 사용인 것이다. 오성이나 이성의 사변적 사용은, 이들이 경험 없이 규칙을 사용하는 능력을 가지는 한에서, 나타난다. 사변적 판단력은 [164] 올바른 사용의 근거가 경험 안에 있지 않고, 일반적 근거 안에 있는 경우의 판단력이다.

인식에 관해서 소질과 천재가 구별된다. — 소질은 학습하는 능력이지만, 천재는 결코 가르쳐질 수 없는 인식을 발견하는 능력이다. 두뇌는 인식의 재능이다. 숙달의 여하에 의해서 섬세한 두뇌와 둔감한 두뇌로 나뉜다. 대상에 관해서는 수학적 두뇌와 철학적 두뇌로 나뉜다. 이 점에 관해서는 인간학에서 더 상세하게 취급된다.

쾌와 불쾌의 능력으로 이행하기 전에, (상급 인식 능력으로부터 쾌, 불쾌라는 감정에 따라서 대상을 구분하는 능력에로의 이행으로서) 우리는 또한 비교하는 능력, 즉 대상을 비교에 의해서 인식하는 능력을 다루지 않으면 안 된다. 형성력 또는 인식 능력은 표상을 산출하는 능력이다. 그러나 우리는 또한 표상을 비교하는 능력도 가지고 있는데, 이것이 기지(機智) 및 명민(明敏)이다. 기지(ingenium)는 대상을 상이점에 따라서 비교하는 능력이다. 일치 또는 동일성의 능력은 우리의 일반적 개념의 기초에 놓여 있다. 모든 판단에서 나는 무언가가 일반적인 개념에 속하는가 아닌가를 인식한다. 이것이 기지이다. 예를 들면 여우가 개라는 일반적 개념에 속하는가 어떤가의 문제이다. 그래서 사람들은 자연 전체에서 비교와 [165] 일치를 탐구할 수 있다. 그러나 내가 부정적인 판단을 가진다면, 즉 무언가가 일반적 개념에 속하지 않고 그것과 다르다는 것을 안다면, 그것은 명민(acumen)이다. 명민함을 발휘하는 것은 사물이 무엇이 아닌가를 명료하게 해서, 인식을 오류로부터 방지하고, 그것을 순수하게 하는 것이다. 그러나 기지에 의해 우리는 인식을 확대하며, 따라서 기지는 최초의 것이다. 우선 나는 여러 가지의 비교를 하고, 그리고 난 다음 명민에 이르러서 어떤 것을 다른 것으로부터 구별한다. 그래서 사람들은 우선 기지에 따라서 모든 단단한 것을 돌로 생각하지만, 그러나 그 후에 하나를 다른 것으로부터 구별하게 된다. 이 능력이 원래 상급 인식 능력에 속하는가, 하급 인식 능력에 속하는가를 사람들은 올바로 알지 못한다. 일반적으로 말하면 그것은 하급 인식 능력에 적용된 상급 인식 능력이다. 따라서 그것은 당연히 상급 인식 능력에 속한다.

쾌 · 불쾌의 능력에 관하여

마음의 제2의 능력은 쾌, 불쾌 혹은 만족, 불만족에 따라서 사물을 구별하는 능력이다. 쾌 · 불쾌의 능력은 결코 인식 능력이 아니며, 그것과는 분명히 다르다. 우리가 그것에 관해서 쾌, 불쾌를 표명하는 바의 사물에 대한 규정은 단지 객관에만 속하는 규정이 아니라, [166] 주관의 성질과 결부되어 있는 규정이다. 인식 능력에 의해서 나는, 예를 들면 원을 표상하지 않고서 원에서의[16] 둥근 모습을 인식하는 것처럼, 비록 전혀 표상되지 않더라도 우리가 사물에서 발견한 규정에 따르는 것 이외에는, 사물의 표상을 가질 수 없다. 그러나 선과 악, 미와 추, 쾌적과 쾌적하지 않음이라는 규정들은, 표상에 의해서 인식되지 않는다면, 사물에서는 전혀 지각될 수 없는 규정이다. 그러므로 표상 없이는 사물에서 인식될 수 없는 이상과 같은 규정들은 인식 능력에 속하지 않는다. 왜냐하면 인식 능력은 사물의 표상이 없더라도 사물에 속하는 규정을 인식할 수 있기 때문이다. 그래서 선악, 미추, 쾌적, 쾌적하지 않음을 사물에서 지각하기 위한 특수한 능력이 우리 안에 존재하지 않으면 안 된다. 이것들은 우리의 인식 능력과 관계하는 규정이 아니라, 완전히 다른 능력과 관계하는 규정이다. 이런 규정들은 물론 인식 능력에 의해 제약된다. 왜냐하면 인식 능력 없이 나는 대상에 관한 쾌, 불쾌를 결코 가질 수 없기 때문이다. 그러나 그것은 인식 능력과 구별되는 특수한 능력이다. 내가 대상을 미추, 쾌적, 쾌적하지 않음이라는 점에만 한정해서 문제 삼는 경우에는, 나는 대상을 그 자체에서, 즉 그것이 있는 그대로의 모습에서 아는 것이 아니라, 그것이 나를 촉발하는 모습에서 아는 것이다. 유클리드가 원에 대해서 이야기할 때, 그는 그 원이 아름답다는 의미에서 원에 대해 진술한 것이 아니라, [167] 원 자체가 무엇인가를 진술했다. 그러나 무언가를 아름다운 것 등등으로 인식하기 위한 특별한 능력은 우리 안에 있는 것이지, 대상 안에 있는 것이 아니다. 만약 우리가 쾌, 불쾌의 능력을 모든 이성적 존재자로부터 제거하고, 그리고 이 인식 능력을 더욱 확대한다면, 그들은 모든 대상을, 그것에 의해서 마음이 움직여지는 것 없이, 인식할 것이며, 또한 그들에게는 대상에 의해서 촉발된 능력이 결해 있기 때문에, 모든 것은 같은 모습으로 되어버릴 것이

16) P판과 Ak판에서는 "an einem Zirkel"이지만, S판에서는 "in einem Zirkel"이다.

다. 쾌, 불쾌는 모두 대상의 인식을 전제로 한다. 즉 감각의 인식 혹은 직관의 인식 혹은 개념의 인식을 전제한다. 그리고 "알지 못하는 자의 무욕(無慾)"(ignoti nulla cupido)이라고 말할 수 있는 것과 마찬가지로 "알지 못하는 자에게는 마음에 드는 일이 없다"(ignoti nulla complacentia)라고 말할 수 있다. 그러나 인식은 그 안에서 쾌가 발견되는 그런 것이 아니라, 인식이 그것의 조건으로서 존재하는 감정 안에서 쾌가 발견된다. — 쾌, 불쾌를 나타내는 사물의 술어는 모두 대상 그 자체에 속하는 술어나, 우리의 인식 능력과 관계하고 있는 술어가 아니라, 대상에 의해서 촉발되는, 우리의 안에 있는 능력을 나타내는 술어이다. 이 능력은 대상의 완전성, 불완전성에 대한 인식을 의미하는 것이라고 말해졌었다. 그러나 완전성은 미나 쾌적의 감정이 아니라, 대상의 완벽성이다. 모든 완전성은 만족을 주고, 또한 우리가 완전성의 이념을 모든 것 위에 적용하며, 이 모든 것을 완전하게 만들고자 하는 능력을 가지고 있다는 것은 틀림없는 사실이지만, [168] 그러나 대상이 결해 있지 않는 것, 즉 완전성의 인식은 쾌의 인식이 아니며, 이 인식이 특수한 경우에 쾌, 불쾌와 결합되어 있는가 아닌가 하는 것은 이것과는 다른 문제이다. 대상이 쾌를 부여하는 그런 객관이라고 하는 점을 전제한다면, 완전성도 만족을 주겠지만, 이 경우에 완벽성도 또한 쾌를 주기 위해 항상 요구되는 것은 아니다. 쾌, 불쾌에 있어서는 대상이 문제되는 것이 아니라, 대상이 어떻게 우리의 심성을 촉발하는가가 문제된다. 쾌, 불쾌는, 대상 자체 안에 무엇이 발견되는가가 아니라, 대상의 표상이 우리의 주관에 어떠한 인식을 주는가, 그리고 우리의 감정이 그 표상에 의해서 어떻게 움직여지는가에 관해서, 대상을 판별하고자 하는 능력이다.

그러나 감정이란 무엇인가? 이것을 규정하는 것은 어려운 일이다. 우리는 우리 자신을 감각한다. 표상은 두 가지 방식으로 있을 수 있다. 즉 표상은 객관의 표상이거나 주관의 표상이다. 우리의 표상은 대상과 비교되거나 주관의 전체적 삶과 비교될 수 있다. 대상을 받아들이거나 배제하는 전체 생활력의 주관적 표상은 만족 또는 불만족이라는 관계이다. 따라서 감정은 대상과 표상의 관계가 아니라, 대상을 내부로 받아들이거나 배제하고자 하는 심성과 전체적 힘의 관계이다. 받아들이는 것은 쾌의 감정이요, 배제하는 것은 불쾌의 감정이다. 그래서 미는 인식과 객관의 관계가 아니라, 인식과 주관의 관계이지만, 이것에 관해서는 여기서는 이 이상 언급될 수 없다. [169] 그러므로 우리는 두 가지 완전성, 즉 논리적 완전성과 미적 완전성을 가지고 있다. 전자는 나의 인식이 객관과 일치하는 경우의 완전성이요, 후자는 나의 인식이 주관과 일치하는 경우의 완전성이다.

우리는 표상으로부터 활동한다는 내적 원리를 가지며, 이것이 인간적 삶이다. 그런데 표상이 심성의 전체 힘, 즉 삶의 원리와 일치한다면, 이것은 쾌이다. 그러나 표상이 삶의 원리와 대립하게 된다면, 우리 안에 있는 이 대립의 관계가 불쾌이다. 그러므로 대상은 그 자체에 있어서 미 혹은 추 등이 아니라, 생명체와의 관계에서 그런 것이다. 그러나 생명체와의 관계에서만 일어나는 것의 근거는 생명체 안에 있지 않으면 안 된다. 따라서 이 생명체 안에는 대상에서의 그런 특성을 인지하는 능력이 있어야 한다. 따라서 쾌와 불쾌는 삶의 원리가 대상의 어떤 표상 또는 인상과 일치하거나 혹은 대립하는 능력이다.

삶이란 자기 활동성의 내적 원리이다. 이 내적 원리에 따라서 활동하는 생명체는 표상에 따라서 활동하지 않으면 안 된다. 그런데 삶의 촉진이 있을 수 있지만, 그러나 삶의 방해도 있을 수 있다.

삶을 촉진하는 감정은 쾌이며, 방해하는 감정은 불쾌이다. [170] 따라서 쾌는 활동의 근거이며, 불쾌는 활동의 저해이다. 따라서 쾌는 욕구 중에 있으며, 이에 반해서 불쾌는 혐오 중에 있다. — 다음으로 쾌, 불쾌가 사유적 존재(思惟體)와 어떻게 결합되어 있는가를 검토하고자 한다. 활동적인 존재자만이 쾌, 불쾌를 가진다. 표상에 의해서 활동하는 주관이 쾌, 불쾌를 가지고 있다. 그러므로 표상에 따라서 활동하지 않는 피조물은 어떠한 쾌, 불쾌의 능력도 가지지 않는다.

삶은 다음처럼 삼중적이다.

(1) 동물적 삶
(2) 인간적 삶
(3) 정신적 삶

따라서 세 가지 쾌가 존재한다. 동물적 쾌는 개체적 감관의 감정 안에 있다. 인간적 쾌는 감성적 판단력의 매개에 의해 보편적 감관에 따른 감정이다. 이 감정은 중간물이며, 감성의 이념에 의해서 인식된다. 정신적 쾌는 이상적이며, 오성의 순수한 개념에 의해서 인식된다. 쾌 또는 불쾌, 만족 또는 불만족은 객관적이거나 주관적이다. 대상의 만족, 불만족의 근거가 어떤 특정한 주관과 합치한다면, 이것은 주관적 만족이거나 불만족이다. 이것은 감관으로부터 생겨난다. 개개의 특수한 감관이 주관적 만족의 근거이다. 따라서 어떤 주관의 감관의 개인적 근거에 따라서 만족 혹은 불만족을 주는 것은 주관적 만족이거나 불만족이다. [171] 어떤 주관의 감관의 개인적 근거로부터 나온 만족은 쾌감(Vergnügen)이며, 그것의 대상은 쾌적한 것이다. 동일한 근거로부터 나온 불만족은 불쾌감

(Misvergnügen) 또는 고통이며, 이것의 대상은 쾌적하지 않은 것이다. 그러나 내가 어떤 것이 쾌적 혹은 불쾌적하다고 말한다면, 그것은 만족 또는 불만족의 개인적으로 타당한 근거로부터 유래하는 주관적 만족, 불만족을 표현하는 것에 지나지 않는다. 어떤 대상이 항상 쾌적 또는 불쾌적을 준다고 해서, 그 대상이 모든 사람에게 그렇게 되어야 한다는 귀결이 나오는 것은 아니다. 따라서 이 점에 관해서 논쟁하는 일은 있을 수 없다. 객관적 만족 또는 불만족은 대상에서의 쾌, 불쾌에 존재하지만, 주관의 특수한 조건과의 관계에서 성립하는 것이 아니라, 이 조건으로부터 독립적으로 보편적 타당성을 가지는, 그리고 모든 사람에게 타당한 그런 보편적 판단과의 관계에서 성립한다. 따라서 보편적으로 타당한 만족 또는 불만족의 일반적 근거가 되는 것은 객관적인 만족 또는 불만족이다. 이것은 두 가지로 나뉜다. 즉 어떤 것이 만족을 주거나 불만족을 주는 것은 보편적 감성에 의한 것이거나 또는 보편적 인식력에 의한 것이다. 보편적 감관과의 일치에 의해서 만족을 주는 것은 미이고, 동일한 근거로부터 불만족을 주는 것은 추이다. 보편적 인식력과의 합치에 의해서 만족을 주는 것은 선이며, 동일한 근거로부터 불만족을 준다면, 그것은 악이다.

[172] 그것 안에서 인간의 감관이 일치하는 바의 것이 보편적 감관이다. 그러나 사람들은 개인적 감관에 따라서 대상을 고찰하기 때문에, 어떻게 해서 보편적 감관에 따라서 판단을 내릴 수 있을까? 그것은 인간 사이의 공동체가 공통 감각을 형성하기 때문이다. 인간 상호의 교섭으로부터 각자에게 타당한 공통 감각이 생겨난다. 그래서 공동체 안에 들어가지 않은 사람은 공통 감각을 가지지 않는다. — 미와 추는 공동체 안에 있는 사람들에 의해서만 구별된다. 이 공통적이며 보편적으로 타당한 공통 감각에 따라서 만족을 느끼

는 사람은 취미를 가지고 있다고 말해진다. 그러므로 취미는 공통적인 그리고 보편적으로 타당한 감관에 따른 만족 또는 불만족에 의해서 판정하는 능력이다. 그러나 취미는 항상 감관과의 관계에 의한 판정에 지나지 않기 때문에, 이 능력은 쾌, 불쾌의 능력이다. 객관적인 만족, 불만족, 즉 대상을 인식 능력의 보편적으로 타당한 근거에 의해서 판정하는 것은 쾌, 불쾌의 상급 능력에 속한다. 이것은 오성의 인식에 근거해서, 보편적으로 타당한 원칙에 따라서, 대상이 우리에게 만족을 주는가 불만족을 주는가를 판정하는 능력이다. 무언가가 지적 만족의 대상일 때, 그것은 선이며, 지적인 불만족의 대상일 때, 그것은 악이다. — 선이란 모든 사람에게 틀림없이 만족을 주는 것이다. — 그러나 미는 [173] 모든 사람에게 필연적으로 만족을 주는 것이 아니고, [미에 관한] 판단의 일치는 우연적이다. 이에 반해서 오성에 의한 만족, 불만족의 판단 — 이것에 의해서 대상의 선악이 결정되지만 — 의 일치는 필연적이다. 그러나 선은 어떠한 쾌감도 불러일으키지 않기 때문에, 선은 어떻게 해서 만족을 줄 수 있을까? 만약 덕이 쾌적이라고 한다면, 누구도 유덕한 사람이 될 것이지만, 가능하면 일거에 유덕하게 되기를 바랄 것이다. 사람들이 그것이 선이라는 것을 통찰하더라도, 그것은 그에게 쾌감을 주지 않는다. 자유는 활동과 삶의 최고 단계이다. 동물적 삶은 어떠한 자발성도 가지지 않는다. 그런데 무언가가 최고도의 자유, 따라서 정신적 삶과 일치한다는 것을 내가 느낀다면, 나는 만족을 느낀다. 이러한 쾌가 지성적 쾌이다. 이때 사람들은 쾌감을 느끼지 않고서도 만족한다. 이러한 지성적 쾌는 단지 도덕에서만 존재한다. 그러나 도덕은 어디에서부터 그러한 쾌를 가지게 될까? 모든 도덕성은 자유가 자기 자신과 일치하는 것이다. 예를 들면 거짓말하는 사람은, 거짓말에 의해서 구속되기 때문에, 그의 자유와 일치할 수 없다. 그러나 자유와 일치하는 것은 삶의 전체와 일치한다. 그러나 삶의 전체와 일치하는 것은 사람들에게 만족을 준다. 이 쾌는 반성적 쾌일 뿐이며, 우리는 이 경우 어떤 쾌감도 느끼지 못하고, 반성에 의해서 그것을 시인한다. 그러므로 덕은 쾌감을 가지지 않지만, 그 대신 찬동(贊同)을 가진다. [174] 왜냐하면 사람들은 그의 정신적 삶과 최고도의 자유를 느끼기 때문이다.

그런데 우리는 더 나아가서 다음과 같은 구분을 할 수 있다. 어떤 것은 감각에서의 쾌의 대상이거나, 직관에서의 쾌의 대상이거나, 감성적 · 보편적 판단력, 즉 오성의 개념에 의한 쾌의 대상이다. 만약 어떤 것이 감각에서 만족을 준다면, 그것은 쾌감을 주고, 그것의 대상은 쾌적이다. 다음으로 직관 또는 감성적 판단력의 대상이 되는 것은 사람들에게 만족을 주며, 그것의 대상은 미이다. 세 번째로 오성의 개념에 의한 쾌의 대상이 되는 것은 시인되며, 그것은 선이다. 쾌적과 불쾌적을 구별하기 위해서는 우리는 감정을 필요로 하며, 미추를 분간하기 위해서는 취미를, 선악을 분간하기 위해서는 이성을 필요로 한다. 우리는 쾌적과 불쾌적을 조사하기 위한 어떤 공통된 척도도 가지고 있지 않다. 왜냐하면 그것은 주관의 개인적 감각에 관계하기 때문이다. 따라서 이것에 관해서는 논쟁이 불가능하다. 왜냐하면 논쟁이란 다른 사람을 그의 판단에 찬성하도록 하려는 노력이기 때문이다. 그러나 모든 사람은 이 점에 관해서 각자의 감각을 가지고 있기 때문에, 누구도 다른 사람의 감각을 승인하도록 강요받지 않는다. 그러나 미에 관해서는 사정이 다르다. 한 사람에게 만족을 주는 것이 미가 아니라, 모든 사람의 찬동을 받는 것 — 비록 그것은 감관에 의해서, 그러나 보편적 감관에 의해서 만족을 주는 것이지만 — 이 미이다. [175] 그러므로 미, 추의 판정을 위해서 우리는 공통의 척도를 가지는데, 이것이 바로 공통 감각이다. 이 공통 감각은 다음처럼 생겨난다. 즉 각자의 개인적 감각은 [비록 개인적이라 불려진다 하더라도] 전혀 특수한 감각이 아니고, 어떤 사람의 개인적 감각은 다른 사람의 그것과 일치하며, 이 일치에 의해 우리는 보편적 규칙을 얻게 된다. 이것이 공통 감각 혹은 취미이다. 이렇게 해서 일치하는 것이 미이다. 그런데 미는 분명히 어떤 개인적 감관에 대해서는 만족을 주지 않을는지 모르지만, 그러나 그것은 보편적 규칙에 따라서 만족을 준다. 이것에 만족을 느끼지 못하고, 또한 그의 개인적 감관이 보편적 규칙과 합치하지 않는 사람은 어떤 취미도 가지지 못한다. 따라서 취미란 다른 사람의 감관과의 합치가 그것에 의해서 인식되는 바의 감관의 판단력이다. 그러므로 취미는 다른 사람과 공동으로 느끼는 쾌, 불쾌이다. 감성의 보편적인 일치는 취미에서의 만족의 근거를 이루는 것이다. 예를 들면 어떤 집이 아름답다고 말해지는 것은, 그것이 직관에 의해서 쾌감을 주기 때문에서가 아니라(왜냐하면 요리점은 아마도 많은 사람들에게 더 쾌감을 줄 것이기 때문이다), 그 집이 보편적 만족의 대상이며, 또한 많은 사람이 동일한 대상에서 쾌감을 가질 수 있기 때문이다. 음악의 경우도 마찬가지이다. 따라서 시각과 청각은 취미의 기관이며, 공통적으로 타당하다. 그러나 후각과 미각은 감각의 개인적 감관에 불과하다. 개인적 감관과 일치하는 것은 쾌적이지만, [176] 공통 감각과 일치하는 것은 미이다. 미에 관해서는 논쟁이 가능하다. 왜냐하면 많은 사람들의 일치가 개인적인[17] 판단에 대립될 수 있는 판단을 부여하기 때문이다. 취미는 자신의 규칙을 가진다. 왜냐하면 어떤 징표에서의 어떤 보편적 일치도 규칙의 근거이기 때문이다. 이러한 규칙은 아프리오리한 것이 아니고, 또한

---

17) S판에는 "einzigen"(유일한)으로 되어 있지만, P판과 Ak판의 "ein- zelnen"(개인적인)을 취한다.

그 자체 독립적으로 존재하는 규칙도 아니며, 경험적이고, 따라서 감성은 아포스테리오리하게 인식되어야 한다. 따라서 아포스테리오리한 규칙에 관해서는 논란은 될 수 있지만, [객관적으로] 논쟁하는 것은 가능하지 않다. 왜냐하면 논쟁이란 다른 사람의 근거를 이성의 근거로부터 반론하는 것이기 때문이다. 어떤 사람이 완전히 특별한 취미를 가지고 있다고 말한다면, 그것은 잘못이다. 왜냐하면 그 사람이 다른 모든 사람에게 만족을 주는 것을 선택한다면, 그 사람은 어떤 취미도 가지지 못하기 때문이다. 왜냐하면 취미는 공통 감각에 따라서 판정되지 않으면 안 되기 때문이다. 만약 어떤 섬에 한 사람만 거주한다면, 그는 취미에 따라서가 아니라, 욕구에 따라서 선택할 것이다. 따라서 다른 사람과의 공동에서만 사람들은 취미를 가진다. 취미는 새로운 것을 산출하지 않고, 생겨나 있었던 것을 모든 사람에게 만족을 주는 식으로 변용한다.

우리는 다음처럼 말할 수도 있다. 즉 몇몇 취미의 규칙은 아프리오리하겠지만, 그러나 직접적으로 아프리오리한 것은 아니며, 이들 규칙이 아프리오리하게, 그리고 또한 경험의 일반적 규칙에 기초를 가진다는 의미에서, 비교적으로 그런 것이다. 예를 들면 질서, 조화, 균형, 음악에서의 하모니는, 그것이 모든 사람을 만족시킨다는 것을 내가 아프리오리하게 인식하고 통찰하는 규칙이지만, [177] 그것들은 또한 아포스테리오리한 일반적 규칙에 기초를 가진다. 예를 들면 누구도 호머, 키케로, 버질 등에 대한 취미를 가지고 있는 것처럼, 우리는 필연적인 취미를 주장할 수 있을 것이다.

선은 오성의 대상이며, 오성에 의해서 판정된다. 우리는 어떤 대상을 그 자체에서 선이라고 부르며, 관계에서 선이라고 부르지 않는다. 그것이 선이라고 말한다면, 나는 그것을 다른 대상과 관계없이 선이라고 말하는 것이다. 이에 반해서 그 사물이 미라고 말한다면,

이때 나는 그것을 내가 어떻게 감각하는가, 그것이 나에게 어떻게 현상하는가를 말할 뿐이다. 따라서 선은 우리와 같은 감성을 지니지 않는 그런 존재자도 만족시키지 않으면 안 되지만, 쾌적성과 미의 경우는 그렇지 않다.[18] 선에는 **간접적** 선과 **직접적** 선이 있다. 만약 어떤 것이 목적에 대한 수단으로서 다른 것과 합치한다면, 그것은 **간접적으로** 선하다. 보편적이고 필연적인 방식으로 그 자체에서 만족을 주는 것은 **직접적으로** 선하다.

쾌, 불쾌에 관해 말해야 하는 모든 것을 간단하게 요약한다면, 쾌, 불쾌는 모두 감성적이거나 지성적이다. 하급 능력 혹은 감성적 쾌, 불쾌는 감성에 의한 대상의 표상에 근거해 있다. 쾌, 불쾌의 상급 능력 혹은 지성적 쾌, 불쾌는 오성에 의한 대상의 표상에 근거해 있다. 감성적 쾌, 불쾌는 두 종류가 있다. 즉 그것은 감성적 감각과의 관계에 근거해 있거나, [178] 감성적 직관과의 관계에 근거해 있다. 감성적 감각과의 관계에서의 쾌는, 주관의 상태가 대상에 의해서 변화되는 한에서, 감각이 주관의 상태와 일치하는 경우이다. 이것은 감성적으로 만족을 주지만, 주관적이며, 이 경우 대상은 쾌적하다. — 감성적 직관과의 관계에서의 쾌는 감성적 직관이 단지 감성 일반의 능력과 합치하는 한 존재하며, 이것은 감성적으로 그리고 객관적으로 만족을 주는데, 이 대상이 미이다. 그래서 미와 쾌적의 상위, 즉 감성적 쾌와 취미에 의한 쾌의 상위가 있다. 대상이 단지 주관의 상태와 일치한다면, 보편적으로 만족을 주는 것이 아니라, 주관의 개인적 쾌감에 의해서 만족을 줄 뿐이다. 그러나 대상이 감성 일반의 보편적 법칙과 합치한다면, 그것은 보편적으로 만족을 줌에 틀림없다. 예를 들면 대상 안에서 질서, 전체의 이념

18) P판에는 “ich…verhält”로 되어 있지만, 여기서는 Ak판과 S판의 “sich…verhält”를 취한다.

등등이 지각되는 것은 감성의 보편적 법칙에 속한다. 그런데 보편적 판단과의 관계에서 모든 사람에 타당한 것은 객관적으로 만족을 준다. 그러나 개인적 판단과의 관계에서 타당한 것은 주관적으로 만족을 준다. 그러므로 감정은 취미와 같은 정도로 평가되어서는 안 된다. 왜냐하면 감정은 나에 대해서만 타당하지만, 취미는 보편적으로 타당하기 때문이다. 지성적 쾌는 보편적으로 만족을 주지만, 그러나 감성의 보편적 법칙에 따라서가 아니라, 오성의 보편적 법칙에 따라서 그런 것이다. 지성적 쾌의 대상은 선이다. 미는 실로 보편적으로 만족을 주는 대상이기도 하지만, [179] 감성의 보편적 법칙에 따라서 그러하다. 그러나 선은 오성의 보편적 법칙에 따라서 만족을 준다. 선은 대상이 감관에 현상하는 방식으로부터 독립되어 있으며, 예를 들면 정직성의 경우처럼, 선은 있는 그대로의 모습에서 받아들여지지 않으면 안 된다.

어떤 대상은 쾌의 대상도, 불쾌의 대상도 아닌 한에서 무관심적인 것이다. 그러한 사물은 아디아포라(adiaphora)[19]라고 불려진다. 아디아포라는 감성적이거나 논리적이며, 이것은 감성의 법칙에 따르는 것이거나 오성의 법칙에 따르는 것을 의미한다. 감성적 아디아포라(adiaphora aesthetica)는 쾌적한 것도 불쾌적한 것도, 아름다운 것도 추한 것도 아니다. 논리적 아디아포라(adiaphora logica)는 선한 것도, 악한 것도 아니다. 아디아포라는 결코 존재하지 않는다고 어떤 사람들은 말한다. 사물이 어떤 관계에서 선도 아니고 악도 아닌 그러한 절대적 아디아포라(adiaphora absoluta)는 명백히 존재하지 않는다. 그러나 어떤 경우에는 이러한 아디아포라가 있다. 예를 들면 가난한 사람에게 동냥을 줄 때 오른손으로 하는가 왼손으로 하는가

19) "adiaphora"는 사소한 것, 어떤 것도 아닌 것, 무차별, 무관심의 의미를 가진다. 이것을 윤리학에서 중요한 개념으로 만들었던 것은 스토아학파였다.

의 경우이다. 그러나 도덕성의 법칙 하에 있는 행위를 아디아포라에다 산정(算定)해 넣는 것은 극히 위험하다. 보편적으로 규정된 법칙이 존재하는 곳에서는 아디아포라는 결코 타당하지 않다. 그러나 어떤 것을 규정하는 어떤 보편적 법칙도 존재하지 않는 곳에서는, 아디아포라는 존재할 수 있다.

욕구 능력에 관하여

우리의 제3의 능력은 욕구 능력이다. 쾌, 불쾌의 능력은 [180] 대상이 우리의 활동성 — 삶을 촉진하는 것이든 저해하는 것이든 — 의 감정에 대해서 가지는 관계였다. 그러나 쾌, 불쾌의 능력은, 그것이 의욕인 한에서, 능력에 따라서 행해지는, 어떤 활동과 행위의 힘이다. 따라서 의욕은 그것이 대상의 어떤 표상을 규정하는 활동의 근거인 한에서 하나의 쾌이다. 표상이 우리를 대상으로 규정하는 근거일 때, 우리는 그 대상을 욕구하고 있는 것이다. 대상에 관한 불만족은, 그것이 표상의 원인인 한, 혐오이다. 표상을 산출하는 활동의 쾌에는 두 종류가 있다. 즉 우리가 이 활동이 표상을 산출하는 데 적당한가 어떤가를 평가하지 않고서 이 활동을 말하자면 개연적으로 규정하는 경우와 우리가 표상을 산출하는 능력의 근거를 평가하는 한에서 표상을 규정하는 경우가 있다. 전자는 비활동적인 욕구 또는 원망(願望)이다. [후자의 경우에는] 또한 두 가지의 활동이 있다. 하나는 기계적이며, 외부의 힘에 의해서 산출되지만, 다른 하나는 동물적 또는 실천적이다. 이 뒤의 경우에는 힘은 내적 원리에 의해서 규정된다. 만족 혹은 불만족에 따라서 행위하는 능력은 실천적, 활동적인 욕구 능력이다. 그러므로 욕구 능력은 활동적이며, 행위 안에 존재하지 않으면 안 된다. 그러나 우리의 욕구 능력은 더욱 앞으로 나아간다. 즉 우리는 [181] 활동적이지 않더라도, 즉 행위하지 않더라도, 욕구한다. 이것이 비활동적인 욕구 또는 원망이며, 이 경우 사람들은 획득할 수 없더라도 무언가를 욕구한다. 그러나 활동적인 욕구, 즉 대상에서의 만족 또는 불만족이 어떤 행위를 낳는 활동적인 힘의 원인인 한에서, 이 만족, 불만족에 따라서 어떤 행위를 행하고 그만두는 능력은 자유 의지(arbitrium liberum)이다. 이 욕구는 활동적이고 강력하며, 욕구된 것을 성취하는 힘을 가지고 있다. 모든 결정에는 활동적 원인(causae impulsivae)이 존재한다. — 활동적 원인은 만족과 불만족이 우리의 힘을 규정하는 원인인 한, 이 만족, 불만족에 따른 대상의 표상이다. 감각적인 원인은 자극(stimuli), 즉 유인(誘因), 충동이다. 지성적 원인은 동인(Motive), 즉 행동 이유(Bewegungsgründe)이다. 전자는 감관에 대한 것이고, 후자는 오성에 대한 것이다. 충동적 원인이, 우리가 대상에 의해 어떻게 촉발되는가의 방식에 의존하는 그런 만족, 불만족의 표상인 경우, 그것은 자극이다. 그러나 충동적 원인이, 우리가 대상을 오성에 의해, 즉 개념에 의해 인식하는 방식에 의존하는 그런 만족, 불만족의 표상인 경우, 이것은 동인(動因)이다. 자극은 대상이 우리의 감관을 촉발하는 한, 자의(恣意)를 불러일으키는 원인이다. 이처럼 우리를 몰아대는 자의의 힘은 필연적으로 작용할 수 있거나, 단지 유도적(誘導的)으로 작용할 수 있다. [182] 그래서 자극은 불가피한 힘(vis necessitans)을 가지거나 유도적인 힘(vis impellens)을 가진다. 모든 비이성적 동물의 경우에는 자극은 불가피한 힘을 가지지만, 그러나 인간의 경우에는 자극은 불가피한 힘을 가지는 것이 아니라 단지 유도적인 힘을 가진다. 그러므로 인간의 결정은 동물적인 것이 아니라 자유로운 것이다. 이것이 심리학적 또는 실천적으로 규정된 한에서의 자유 의지이다. 그러나 결코 어떤 자극에 의해서도 강제되거나 유도되지 않는, 동인에 의해, 즉 오성의 행동 이유에 의해 결정되는 그런 결정이 지성적 또는 선험적 자유 의지(liberum arbitrium intellectuale oder transcendentale)이다. 감각적 결정은 아마도 자유로울 수 있겠지만, 동물적 결정은 그렇지 않다. 자유로운 감각적[20] 결정은 자극에 의해서만 촉발되고, 유도되지만, 동물적 결정의 경우에는 강제된다. 그러므로 사람들은 자유 의지를 가지고 있으며, 그의 자의에서 발하는 것은 모두 자유로운 의지에 의해 나오는 것이다. 모든 종류의 고문도 그의 자유 의지를 강제할 수 없다. 즉 그는 이 모두에 대해 인내할 수 있으며, 자기의 의지에 근거해서 행위할 수 있다. 단지 몇몇 경우에만 사람들은 자유로운 의지를 가지지 않는다. 예를 들면 미숙한 유년 시대, 정신 착란의 시간, 일종의 정신 착란이기도 한 격렬한 슬픔 등등이 그러한 경우이다. 이렇게 해서 사람들은, 세계의 어느 것에 의해서도 어떤 것으로 강제되지 않는 능력을 자기 안에서 느낀다. 이것은 다른 이유 때문에 종종 곤란하게 되지만, 그러나 그것은 또한 가능하며, 사람들은 그러한 힘을 가지고 있다. 그러나 충동적 원인은 [183] 감성의 법칙에 따르거나 오성의 법칙에 따름으로써, 주관적으로 되거나 객관적으로 된다. 주관적인 충동적 원인은 자극이고, 객관적인 충동적 원인은 동인이다. — 동인에 의한 강제는 자유와 대립하지 않지만, 자극에 의한 강제는 자유와 완전히 대립한다. 자유 의지는, 오성의 동인에 의해서 행위하는 한, 모든 관점에서 선인 그런 자유이다. 이것은 절대적 자유이며, 바로 그런 자유가 도덕적 자유이다.

인간적 결정(arbitrium humanum)은, 그것이 감각적이든 지성적이든, 자유이다. 그런데 감각성의 측면에 관해 말한다면, 자극은 판명하지 않는 표상과 일치하는 한 본능이라고 불려진다. 예를 들면 인

20) P판과 S판의 "das arbitrium sensitivum"인데, Ak판에는 이 뒤에 "liberum"이 추가되고 있다.

간은 음식에 대한 본능을 가진다. 본능은 욕구 혹은 혐오이다. 예를 들면 병아리는 무언가가 공중을 나는 것을 보게 되면, 이미 매를 두려워하는 혐오의 본능을 본성상 가지게 된다.

감각적 충동의 정도에 관해서 말한다면, 우리는 이 충동을 애착(affectus) 및 정열이라고 부른다. 애착은 감정에 관계하며, 정열은 욕구에 관계한다. 애착에 의해 우리는 촉발되지만, 정열에 의해 우리는 마음을 빼앗긴다. 여기서 문제되는 것은 자유의 정도이다. 자유를 방해하는 자극의 정도가 애착이다. 자극이 자유를 방해할 뿐만 아니라, [184] 이것을 압도하는 한에서, 자극은 정열이라 불린다.

이제 우리는 자극과 자유, 감각성과 예지성, 감각적 충동과 동인 상호간의 충돌에 관해 고찰하고자 한다.

오성은 어떤 행위를 중지하기 위한 동인을 제시한다. 이에 반해 감성은 그 행위를 행하도록 하기 위한 자극을 준다. 그러나 이 다툼은 다음의 두 방식에서 끝난다. 첫 번째는 자극이 더 이상 우리를 몰아대지 않는 경우(이때는 상급 인식 능력이 승리를 점하며, 동인이 우세하게 된다)이며, 두 번째는 오성이 어떤 동인도 제시하지 않고, 따라서 감성이 우위를 점하는 경우이다. 그런데 감성이 우위를 점하지 않는 방식으로 감성과 오성을 지배하는 사람은 자기 자신 안의 지배권(imperium in semetipsum)을 가지고 있다.

최대의 자유는 인간의 경우 장애의 극복 정도에 따라서 측량된다. 그러므로 자유의 크기를 규정하기 위한 우리의 척도는 감성적 충동의 극복의 정도에 관련되어 있다. 그러나 감성적 충동을 전혀 가지지 않은 존재자가 있다면, 우리는 그의 자유를 측량할 수 없다. 왜냐하면 자유를 측량하는 우리의 척도는 감성적 충동으로부터 획득되지만, 지금의 경우 우리는[21] 그러한 척도를 가지고 있지 못하기 때문이다. 따라서 최고의 자유는 일반적으로, 모든 자극으로부터 완전히 독립된 곳에서 얻어질 것이다.

동물은 자극에 의해 엄격히 강제되지만, 인간의 경우는 상대적으로 그럴 뿐이다. 이 강제는 외적이거나 내적이다. [185] 내적 강제[22]란 지적인 자유 의지의 강제(coactio arbitrii liberi intellectualis)이다. 사람들은 감각성에 의해서 지성에 어긋나게 행위하도록 강제된다. 그러나 반대로, 지성에 의해 감각성에 어긋나게 행위하도록 강제될 수도 있다. 사람들이 상위의 자의(恣意)에 의해 하위의 자의를 억제하는 힘을 가지면 가질수록, 그만큼 그는 자유롭다. 감각성을 지성에 의해서 억제할 수 있는 정도가 작으면 작을수록, 그만큼 그는 자유롭지 않다. 사람들이 스스로를 도덕성의 규칙에 따라서 강제하고, 상위의 자의에 의해서 하위의 자의를 억제할 때, 덕이 있게 된다. — 실천적 자유 혹은 인격의 자유는 자연적 자유 혹은 상태의 자유로부터 구별되어야 한다. 인격의 자유는, 예를 들면 에피쿠로스의 경우처럼, 자연적 자유가 결해 있는 경우라도 남아 있을 수 있다. 이 실천적 자유는 자극에 의한 강제로부터의 결의(決意)의 독립성(independentia arbitrii a necessitatione per stimilos)에 근거해 있다. 그러나 자극으로부터 완전히 독립해 있는 자유는 선험적 자유이며, 이것에 관해서는 합리적 심리학에서 취급하기로 한다. 자연 전체에서 일어나는 것은 모두 물리적, 기계적 법칙에 따르거나 자유로운 자의의 법칙에 따른다. 생명 없는 자연에서의 모든 것은 기계적 법칙에 따라서 일어나지만, 생명 있는 자연에서의 모든 것은 자의의 법칙에 따라서 일어난다. 자의의 법칙에 따라서 일어나는 것은 생리적으로(pathologisch) 일어나거나 실천적으로 일어난다. 그러므로

21) P판과 S판에서는 "sie"인데, Ak판에서는 "wir"이다.

22) 세 판 모두에 "외적 강제"(coactio externa)로 되어 있지만, 문맥상 "내적 강제"(coactio interna)가 올바르다.

어떤 것은 감성적 자의의 법칙에 따라서 생리적으로 필연적이거나 가능적이다. [186] — 또한 어떤 것은 자유로운 자의의 법칙에 따라서 실천적으로 필연적이거나 혹은 가능적이다. 그러므로 강제는 생리적이거나 실천적이다.

실천적 강제는 다음처럼 여러 가지로 나뉜다.

(1) 개연적 강제(necessitatio problematica). 이것은 오성이 어떤 임의의 목적의 조건 하에서 수단을 사용하는 필연성을 인식하는 경우이다. 예를 들면 기하학의 경우에서 나타난다.
(2) 실용적 강제(necessitatio pragmatica). 이것은 모든 사유적 존재자의 보편적 목적에 관해서 수단 사용의 필연성을 오성이 인식하는 경우이다.
(3) 도덕적 강제(necessitatio moralis). 이것은 목적에 대한 수단으로서가 아니라, 그 자체에서 필연적이라는 이유에서 자유 의지를 사용하는 필연성이다.

실천적 강제의 명제는 모두, 그 행위가 행해져야 한다는, 즉 그 행위가 일어나는 것은 선이라고 하는 명령의 형식에 의해 표현된다. 그러므로 여기서는 자극은 전혀 존재하지 않으며, 이 실천적 강제는 객관적이다. 객관적 강제는 또한 주관적일 수 있다(생리적 강제는 항상 주관적이다). 그것은 어떤 행위가 선이라고 하는 인식이 나의 주관을 움직이고, 이 행위를 행하도록 하는 경우이며, 이것이 동기(Triebfeder)이다. 행위가 그 자체에서 선하다는 바로 그 단순한 이유 때문에, 오성의 인식이 주관을 행위에로 이끄는 힘을 가질 때, 이 주관을 움직이는 힘이 동기이며, [187] 그것을 우리는 도덕감정이라고 부른다. 그러므로 도덕 감정은 움직이는 힘을 오성의 동인에 의해서 발생시키는 것이어야 한다. 그러나 심성의 이 동기는 생리적으로 강제하지는 않는다. 우리가 선을 오성에 의해 통찰하기 때문에, 이 동기는 생리적으로 강제하지 않고, 또한 선이 우리의 감관을 촉발하는 일도 일어나지 않는다. 따라서 우리는 생리적으로 강제하지 않는 그런 감정을 생각해야 하는데, 이것이 바로 도덕 감정이다. 사람들은 선을 오성에 의해서 인식하고, 그럼에도 또한 선에 관한 감정을 가져야 한다. 이 감정은 물론, 올바로 이해될 수 없는 점을 가지고 있으며, 아직도 그것에 관해 여러 가지로 논의가 되고 있다. 나는 감정의 어떤 대상도 아닌 것, 오성에 의해서 객관적으로 인식하는 것에 관한 감정을 가져야 한다. 따라서 여기서 항상 모순이 생겨난다. 왜냐하면 만약 우리가 선을 감정에 의해서 행해야 한다면, 우리는 쾌적을 준다는 이유에서 선을 행하게 되기 때문이다. 그러나 이것은 있을 수 없는 일이다. 왜냐하면 선은 우리의 감관을 결코 촉발하지 않기 때문이다. 그러나 우리는 인간의 선에 관한 만족을 감정이라고 부른다. 왜냐하면 객관적으로 실천적인 강제를 주관적으로 추진하는 힘을, 우리는 이 이외의 말로 표현할 수가 없기 때문이다. 객관적으로 강제하는 도덕 법칙이 동시에 주관적으로도 강제하지 않는다는 것은 인간에 있어서 불행이다. 우리가 동시에 주관적으로 강제된다고 하더라도, 이 주관적 강제는 객관적 강제로부터 생겨나기 때문에, 우리는 분명 자유로울 것이다. 우리는 행위가 객관적으로 선하다는 조건에 의해 주관적으로 강제된다. 도덕적 강제는 [188] 항상 실천적이지만, 그러나 모든 실천적 강제가 도덕적인 것은 아니다. 만약 동인이 절대적 선(bonum absolutum)을 나타낸다면, 그것은 도덕적 동인(motiva moralis)이다. 그러나 동인이 상대적 선(bonum comparativum)을 나타내는 한, 그것은 어떤 제약된 방식에서의 선을 표현할 뿐이다. 그런 한 이것은 실용적 동인(motiva pragmatica)에 지나지 않는다. 따라서 그것은 도덕적 동인과 혼동되어서는 안 된다.

천성(indoles) 또는 심성의 존재 방식은 우리의 욕구의 원리와 원천의 균형이라 불린다. 선택된 천성(indoles erecta)이란, 상급 욕구 능력이 지배하는 고귀한 심성의 존재 방식이다. 이에 반해서 비속한 천성(indoles abjecta)이란, 하급 욕구 능력, 즉 감성이 지배하는 비속한 심성의 존재 방식이다.

공정하고 자유로운 학예(artes ingenuae und liberales)는 우리를 향락의 욕구로부터 직관의 욕구에로 데려다주고, 감성의 노예 상태로부터 자유롭게 한다. 왜냐하면 예컨대 시적인 것에서 만족을 발견하는 사람은 조야한 감성으로부터 이미 자유롭기 때문이다. 감성적 충동간의 균형이 기질이다.

심신 상호 작용에 관하여

우리가 인간의 마음을 음미한다면, 그것을 단지 지성으로서만이 아니라, 인간의 마음으로서, 신체와 결합되어 있는 것으로서 고찰한다. 그러나 마음은 신체와 결합되어 있을 뿐만 아니라, [189] 상호성 안에 있다. 왜냐하면 우리는 다른 신체, 예를 들면 우리의 아이들의 신체와 결합되어 있을 수 있지만, 이것은 상호성이 아니기 때문이다. 상호성이란 마음이 신체와 하나의 통일을 이루는 식의 결합이며, 거기에서는 신체의 변화는 동시에 마음의 변화이고, 마음의 변화는 동시에 신체의 변화이다. 그리고 심성 안에는 신체의 변화와 대응하지 않는 그런 변화는 일어나지 않는다. 더욱이 변화뿐만 아니라 심성의 성질도 신체의 성질에 대응한다. 변화의 대응에 관해 말한다면, 마음 안에는 신체가 활동하지 않는 어떤 일도 일어날 수 없다.

마음의 변화는 다음과 같이 일어난다.

(1) 사유에 의해서 일어난다. 신체가 사유에 의해서 촉발되지 않는 경우, 마음은 어떤 것도 사유하지 않는다. 신체는 숙려(熟慮)에 의해서 많은 자극

을 받으며, 그렇게 함으로써 매우 긴장된다. 마음이 활동적일수록 더욱 더 신체는 소모된다. 마음의 관념들은 신체적인 것에 대응한다. 그 아래에서만 사유가 생겨날 수 있는 신체의 조건들을 우리는 물질적 관념(ideae materiales) 또는 관념의 물질적 대응물이라고 부른다. 우리가 큰 수의 산수 문제를 머리 속에서 쉽게 계산할 수 없고(작은 수의 경우는 분명히 계산할 수 있지만), 우리의 사고에 대응하는 수를 사용해야 하는 것처럼, [190] 사고에 대응하고, 그리고 관념을 수반하는 그런 인상 또한 신체 안에 존재하지 않으면 안 된다. 그렇지 않으면 우리는 사고할 수 없기 때문이다. 그러므로 두뇌 안에 사람들이 생각했던 것에 관한 각인이 있어야 한다. 즉 그것은 사유할 때에 신체적인 것이지 않으면 안 된다. 그래서 마음은 두뇌를 사유에 의해서 빈번하게 촉발한다. 두뇌는 확실히 사유를 완성시키지 않지만, 두뇌는 마음이 자신의 사고를 그 위에다 기재하는 칠판일 뿐이다. 따라서 두뇌는 사유의 조건이다. 왜냐하면 우리의 사유는 모두 대상을 지향하기 때문이다. 그러나 대상은 우리를 촉발하는 것이다. 따라서 사유는 나의 신체를 촉발하는 사물을 지향한다. 그러므로 나의 사유는 나의 신체가 받아들였던 두뇌의 인상을 향해 있다. 이 신체적인 모사가 물질적 관념이다. 따라서 이로부터, 사유할 때에 신체가 함께 촉발된다는 사실이 귀결된다. 이 이상은 여기서 탐구하지 않기로 한다.

(2) 의욕은 사유보다 더 많이 우리의 신체를 촉발한다. 자유로운 자의는 신체를 임의적으로 움직인다. 욕구가 우리의 신체 위에 준 임의의 영향은 극히 명백하며, 그것은 고의로 주어지는 영향이기도 하다. 그러나 우리의 욕구가 우리의 의도에 반(反)해서 신체에 대해 운동 — 이것은 그래도 역시 자신의 자연적 기원을 가지지만 — 을 발생케 하는 경우(예를 들면 사람들이 무언가에 놀라서 도망가려 하지만, 공포 때문에 그것이 불가능하게 되는 경우나 혹은 넘어지는 경우)에는, 달리려고 하는 의도는 확실히 있기는 하지만, 그러나 넘어지는 것은 [191] 공포로부터 나온 자연스런 결과임에 틀림없다. 그러므로 사람들이 애착이나 정열에 사로잡히는 경우에는, 신체도 매우 자극을 받는다. 예를 들면 분노는 종종 사람들을 병들게 한다. 이 감정이 신체에 주는 영향도 크며, 예컨대 슬픈 소식이 담긴 편지

에 사람들은 새파랗게 얼굴이 변한다.

(3) 외적 대상도 나의 감관을 촉발한다. 이것에 의해서 나의 신경이 자극을 받고, 그리고 이 신경의 자극에 의해서 쾌, 불쾌의 능력에 따라서 마음의 안에 감각의 운동이 일어난다. 그렇게 함으로써 전신이 운동 상태에 들어가게 된다.

다른 한편 신체는 그 구조에 의해서 심성을 자극한다. 이 신체적 구조는 심성이 가지는 천성이나 기질의 원인이다. 사람들이 어떠한 기질을 가지는가 하는 것은 상당 부분 신체에 달려 있다. 두뇌나, 심성의 힘조차 상당 부분 신체에 달려 있는 것처럼 보인다. 그러므로 어떤 사람의 지성이나 기지의 활발성은 눈을 볼 경우 이미 명백하며, 또한 다른 사람의 우둔함은 이마에서 이미 표현되고 있다. 그래서 욕구나 쾌, 불쾌의 감정에 관해 말한다면, 상당 부분은 신체에 근거해 있다.

다른 한편, 심성의 성질이나 상태는 신체의 성질이나 상태에 근거해 있다. 예를 들면 사람들은 신체적 운동에 의해서 심성을 활발하게 하며, [192] 그 반대로 심성의 운동(동료들 사이에서의)에 의해서 신체를 고무할 수 있다. 그래서 우리는 심성에 의해서 신체를, 또한 신체에 의해서 심성을 이해할 수 있다.

신체와 마음 중 어느 쪽으로부터 가장 많은 것이 도출되는가가 문제이다. 더욱이 마음이 다른 신체로 이동한 경우, 이 마음은 동일한 성질과 상태를 가지는가, 아니면 그것과 다른 성질과 상태를 가지는가 하는 것도 문제가 된다. 이러한 문제에 관해서는 지금은 어떤 것도 이야기할 수 없다. 왜냐하면 우리는 지금, 신체와의 상호성 안에 있는 마음을 고찰하고 있으며, 따라서 신체 없는 마음이 어떤가, 마음 없는 신체가 어떠한가를 알 수 없기 때문이다. 많은 사람들은 마음은 모두 동일하며, 그 성질의 상위는 단지 신체에 근거해 있다고 주장한다. 이 주장은 유물론에 귀착한다. 다른 한편, 마음 안에서 전능한 힘을 생각한다면, 우리는 슈탈주의자[23]가 된다. 슈탈은 이것을 주장했던 의사였다. 사람들은 이런 생각을 완전히 부정할 수 없다. 왜냐하면 마음의 모든 특성은 신체의 표정과 외관에서 이미 읽혀지기 때문이다. 따라서 마음은 자신의 특성을 신체 안에다 넣었던 것에 틀림없다. 몇몇 사람들은 마음이 스스로 자신의 신체를 만든다고 생각했다.

경험적 심리학의 말미에서 문제되는 것은, 마음의 모든 힘은 통일되어 있으며 하나의 근원력(根源力)으로부터 도출되는가 어떤가, [193] 혹은 마음의 여러 가지 활동을 설명하기 위해서 많은 근원력이 상정되어야 하는가 어떤가 하는 것이다. 볼프는 하나의 근원력을 상정하고, 마음 자체가 우주를 표상하는 근원력이라고 말했다. 마음이 하나의 근원력이라고 한다면, 그것은 이미 잘못이다. 이러한 일은, 존재론이 가르치고 있는 것처럼, 마음에 대한 정의가 잘못이기 때문에 생긴 것이다. 힘이란 현실적 표상의 근거를 자기 안에 가지고 있는 것이 아니라, 실체 안에 현실적 표상의 근거가 포함되어 있는 한에서의, 실체가 우유성에 대해 가지는 관계(respectus)이다. 따라서 힘이란 특별한 원리가 아니라 관계이다. 따라서 "마음은 힘이다"(anima est vis) 라고 주장하는 사람은, 마음이 결코 특별한 실체가 아니라 힘에 지나지 않으며, 따라서 현상과 우유성이라고 말하고 있는 것이다. 그런데 마음의 힘들이 모두 하나의 근원력으로부터 도출될 수 있는가, 혹은 근원력 중 몇 개가 승인되어야 하는가 라는 물음을 취급하고, 또한 그것에 대답하기 위해서는 우리는

---

23) 슈탈(G. E. Stahl, 1660~1734)은 독일의 화학자이자 의사. 기계론적 입장에 반대해서, 라이프니츠, 볼프의 사상의 영향 아래에서 애니미즘을 받아들인다. 생의 과정에서 마음의 기능을 중시했다.

물론 다음처럼 말하지 않으면 안 된다. 즉 뒤에 언급이 되겠지만, 그리고 이 "나"가 증명하고 있는 바이지만, 마음은 통일성을 이루고 있기 때문에, 마음에는 단지 하나의 근원력이 있으며, 여기서부터 모든 변화와 규정이 발생한다고 말하지 않으면 안 된다. 그러나 마음의 모든 활동, 마음의 여러 가지 힘과 능력을 하나의 근원력으로부터 도출하는 것이 우리에게 가능한가 어떤가는 완전히 다른 문제이다. 우리는 아무래도 이 문제에 답할 수 없다. 왜냐하면 우리는 [194] 사실상 서로 다른 결과들을 하나의 근원력으로부터 도출할 수 없기 때문이다. 예를 들면 운동력과 인식력은 하나의 근원력으로부터 도출될 수 없다. 왜냐하면 이 하나의 힘의 원인은 다른 힘의 원인과는 다르기 때문이다. 그런데 인간의 마음 안에서 우리는, 본질적으로 상이한 성질을 가지고 있는 현실적인 규정이나 우유성을 발견하기 때문에, 그것들을 하나의 근원력으로부터 도출하고자 하는 어떤 철학자의 노력도 모두 헛된 것이다. 실로 철학자들의 주요한 규준이 되는 것은, 인식의[24] 원리를 지나치게 증가시키지 않도록 하기 위해서는, 가능한 한 모든 것을 하나의 원리에 귀착시키려고 노력해야 하겠지만, 그러나 여러 상이한 힘을 하나의 힘에 환원시키는 이유를 우리가 인간의 심성 중에서 가지고 있는가 어떤가의 문제는 그것으로는 해결되지 않는다는 사실이다. 예를 들면 기억은 과거의 것의 상상일 뿐이며, 따라서 결코 특수한 근원력이 아니다. 그러나 우리는 상상력 자체를 계속 다른 것으로부터 연역할 수 없다. 그래서 형성력이 이미 근원력이다. 더욱이 이성과 오성은 아프리오리하다. 따라서 우리는 상이한 근원력을 승인해야 하며, 하나의 힘으로부터 마음의 모든 현상들을 설명할 수 없다는 것이 분명

24) P판과 S판에는 "der Erkenntnisquelle"(인식 원천의)로 되어 있지만, Ak판의 "der Erkenntnis"(인식의)를 취한다.

해진다. 누가 오성을 감관으로부터 도출하려고 노력하겠는가? 따라서 인식 능력, 쾌·불쾌의 능력, 욕구 능력이 근원력이다. 마음의 모든 힘을 하나의 힘으로부터 도출하려는 노력은 헛된 일이다. 근원력을 우주의 표상력(vis repraesentativa universi)으로 생각하려는 것은 더욱 헛된 일이다. [195] 그러나 사람들의 모든 상이한 활동이 마음의 상이한 힘들로부터 도출되지 않으면 안 된다는 명제는, 경험 심리학을 보다 체계적으로 논하는 데 이용된다.

[196] B. 합리적 심리학

개관

합리적 심리학에는 인간의 마음이, 경험적 심리학의 경우처럼 경험으로부터 인식되지 않고, 아프리오리한 개념으로부터 인식된다. 여기서 우리는 인간의 마음에 관해서 얼마만큼을 이성에 의해서 인식할 수 있는가를 고찰해야 한다. 인간의 최대의 원망(願望)은 경험에 의해서 인식되는 마음의 활동을 아는 것이 아니라, 마음의 장래의 상태를 아는 것이다. 합리적 심리학의 몇몇 명제는, 마음의 기원, 그것의 장래의 상태, 존속에 관한 일반적 고찰과 비교한다면, 그만큼 중요한 것은 아니다. 여기서 우리는 이상의 것에 관해서 얼마만큼 이성에 의해서 인식할 수 있는가를 탐구해야 한다.

마음의 개념은 그 자체로서 본다면 하나의 경험 개념이다. 그러나 합리적 심리학에서는 우리는 마음을 가지고 있다고 하는, 마음의 단순한 개념 이상의 것을 경험으로부터 빌려오지 않는다. 그 밖의 것은 순수한 이성으로부터 인식되지 않으면 안 된다. [197] 우리가 경험의 길잡이를 포기했던 경우의 인식은 마음에 대한 형이상학적 인식이다.

그래서 마음은 세 가지 관점에서부터 고찰된다.

(1) 절대적으로. 단적으로 그 자체로서, 그것의 주관에 따라서, 순수 이성에 의해서만 행해진 고찰. 제1부는 마음에 대한 절대적 고찰을 포함한다. 이것은 합리적 심리학의 선험적 부문이다.

(2) 다른 사물 일반과 비교해서. 그 비교란 신체와의 비교, 혹은 마음이 물체적 자연으로부터 구별되고 사유적 자연과 일치하는 한에서, 마음의 바깥에 있는 다른 사유적 존재와의 비교이다. 전자의 경우에 우리는 마음이 물질적인가 비물질적인가를 고찰하고, 후자의 경우에 마음이 동물의 마음 또는 다른 고차의 영혼과 어느 정도까지 일치하는가를 고찰한다.

(3) 마음과 다른 사물과의 결합에 관해서. 왜냐하면 마음의 개념에는 그것이 신체와 결합해 있다고 하는 것이 포함되어 있기 때문이다. 그러므로 여기서의 문제는 마음과 신체와의 결합, 혹은 양자 사이의 상호 작용이다. 여기서는 다음과 같은 것이 다루어진다.

(a) 이 상호 작용의 가능성에 관해서.

(b) 마음과 신체의 결합의 시작, 혹은 우리의 탄생에 관해서.

[198] (c) 마음과 신체의 결합의 끝, 혹은 우리가 죽을 때의 마음의 상태에 관해서. 결합의 시작에 관해서는, 결합 이전의 마음의 상태, 즉 결국 이 상태가 가능한가 어떤가가 고찰된다. 마지막으로 죽음, 혹은 결합의 끝에 있어서는, 결합 이후의 마음의 상태에 관해서, 마음의 존속이 있는가 어떤가 하는 것이 검토된다. 따라서 결합의 문제는 이렇게 해서 매우 잘 관련적으로 논해질 수 있다.

그러나 우리가 마음을 이상의 세 부분으로 나누어서 논함에 있어, 여러 가지 문제가 보충되어야 한다. 즉 제1장에서 마음을 절대적으로, 따라서 존재론의 선험적 개념으로부터 고찰할 때, 우리가 검토하게 되는 것은, 예를 들면 마음은 실체인가 혹은 우유성인가, 마음은 단순한가 혹은 합성되어 있는가, 인간의 안에는 하나의 마음이 있는가 혹은 다수의 마음이 있는가(단일성(Unität)은 단순성(Simplizität)과 같은 것이 아니다), 마음은 자발적 실체(substantia spontanea)인가 혹은 외부로부터의 강제를 받아들이는가 등의 문제이다. 그러므로 여기서는 선험적 자유에 관해서, 마음은 독립되어 있으며, 따라서 어떤 것에 의해서도 강제되지 않는 존재인가 어떤가의 문제가 취급된다. 이 모든 것이 제1절에서 논해지고 증명된다. — 제2절에서 우리가 마음과 다른 사물의 비교에 관해서 논할 때, 그것의 비물질성, 즉 마음이 단순한 실체일 뿐만 아니라 물체의 모든 단순한 부분과 구별된다는 점이 증명된다. [199] 더욱이 사유하는 본성을 가진 것과 비교해 볼 때, 마음의 완전성의 정도가, 즉 그것이 동물의 마음을 어느 정도 넘어서는가, 또한 보다 고차적인 영혼보다 어느 정도 열등한가가 보여진다. 그러나 이 부분은 단지 가설적(hypothetica)으로만 취급될 수 있다. 즉 이성에 의해서 이것에 관해서 무엇이 생각되며, 인식되는가가 보여진다. — 결합에 관해서 취급되고, 또한 결합의 시작에 관해 취급되는 제3절에서는, 결합 이전의 마음의 상태가 고찰되고, 우리가 그것에 관해서 이성에 의한 개념으로부터 무언가를 인식할 수 있는가 어떤가가 연구된다. 그러나 우리는 여기서부터, 선험적 개념들은 경험이 우리에게 가르쳐주는 범위를 넘어서 나아가지 않는다는 것, 그리고 이 개념들은 아포스테리오리한 인식만을 지배한다는 것을 통찰하게 된다. 배진의 방향에서든 전진의 방향에서든, 우리는 경험의 한계까지는 도달할 수 있지만, 이 한계를 넘어서는 데까지 도달할 수는 없다. 그러나 여기서 우리는 철학하는 것의 성과를 얻을 수 있을 것이다. 왜냐하면 그렇게 함으로써 우리는 참된 인식을 전복시킬 뿐인 잘못된 궤변을 제한하기 때문이다. 사람들은 어느 정도 알고 있는 것에 관해서보다도 아무 것도 알지 못하는 것에 관해서 보다 많은 것을 이야기할 수 있지만, 우리는 여기서 생전이나 사후의 마음의 상태에 관해서 독단적으로 말해서는 안 된다. 잘못된 궤변이 이성 인식의 가상(假象) 하에서 실천적인 것에 관한 우리의 참된 원리를 위험에 빠뜨리지 않도록 하기 위해서, 우리들은 여기서 인간 이성의 제한을 규정하게 된다. [200]

제1절 절대적으로 고찰된 마음

합리적 심리학의 선험적 부문에서 마음을 절대적으로 고찰하고자 할 때, 우리는 존재론의 선험적 개념을 마음에 적용한다.

이 개념은

(1) 마음은 실체라는 것,
(2) 마음은 단순하다는 것,
(3) 마음은 개별적 실체라는 것,
(4) 마음은 무조건적으로 자발적인 행위자(simpliciter spontanea agens)라는 것이다.

이상이 그것에 따라 우리가 마음을 고찰하고자 하는 선험적 개념이다.

내가 마음에 관해서 말할 때, 나는 엄밀한 의미에서의 "나"(das Ich)에 관해 말하고 있다. 마음의 개념은 이 "나"에 의해서만, 즉 내관의 내적 직관에 의해서만 얻을 수 있다. 왜냐하면 나는 스스로 나 자신의 사유의 모두를 의식하고, 따라서 나에 관해 내관의 어떤 상태로서 말할 수 있기 때문이다. 이 내관의 대상, 이 주관, 엄밀한 의미에서의 의식이 마음이다. 보다 넓은 의미에서(in sensu latiori) 나의 자기(Selbst)에 속하는 모든 것을 제거한 것이 엄밀한 의미에서의 자기이다. [201] 그러나 보다 넓은 의미에서의 "나"는 마음과 신체를 가지고 있는 전(全) 인간으로서의 나를 나타내고 있다. 그러나 신체는 외관의 대상이다. 신체의 각 부분을 나는 모든 다른 대상과 마찬가지로 외관에 의해서 지각할 수 있다. 그러나 마음은 내관의 대상이다. 그런데 내가 나를 대상으로 느끼고, 그것을 의식하는 한에서, 그것은 엄밀한 의미에서의 "나" 또는 자기성(自己性)만을, 즉 마음을 의미한다. 만약 우리가 내관의 대상으로부터 모든 외적인 것을 추상할 수 없다면, 우리는 이러한 마음의 개념을 가지지 못할 것이다. 따라서 엄밀한 의미에서의 "나"는 인간의 전체가 아니라, 마음만을 나타낸다.

우리가 마음에 관해서 아프리오리하게 말할 때에는, "나"라는 개념으로부터 모든 것을 도출할 수 있다는 것, 그리고 이 "나"에 대해 선험적 개념을 적용할 수 있다는 것 이상의 것을 우리는 마음에 대해 이야기할 수 없다. 이것이 인식의 원천을 보여주는 참된 철학이다. 그렇지 않다면, 어떻게 해서 내가 마음에 관해서 아프리오리하게 어떤 것을 인식할 수 있는가, 왜 더욱 많은 선험적 개념이 마음에 적용되지 않는가를 알 수 없기 때문이다.

따라서 우리는 마음에 관해서, "내"가 우리에게 인식하도록 하는 그 만큼만, 아프리오리하게 인식할 수 있다. 우리는 마음에 관해서 다음처럼 인식할 수 있다.

(1) 그것이 실체라는 것, 혹은 "나"는 실체라는 것. "나"는 결코 다른 것의 술어가 되지 않는 한에서의 주어를 의미한다. [202] 결코 다른 것의 술어가 되지 않는 것이 실체이다. "나"는 모든 술어의, 모든 사유의, 모든 활동의, 사유적 존재로서의 우리에 의해서 내려진 모든 가능한 판단의 보편적 술어이다. "나는 존재한다", "나는 사유한다", "나는 행위한다"는 것만 말할 수 있다. 그러므로 "내"가

어떤 다른 것의 술어가 된다는 것은 결코 가능하지 않다. 나는 다른 존재자의 어떤 술어일 수도 없다. 확실히 많은 술어가 나에게 귀속하지만, 그러나 "나"를 다른 것에 대해 술어화하는 것은 불가능하다. 다른 존재자가 "나"라고 말할 수는 없다. 그러므로 "나" 또는 "나"에 의해서 표현된 마음은 실체이다.

(2) 마음은 단순하다. 즉 "나"는 단순한 개념을 의미한다. 많은 존재자가 모여서 하나의 "나"를 구성할 수는 없다. 예를 들면 "나는 사유한다"고 내가 말할 때, 나는 많은 존재자로 분배된 표상이 아니라, 하나의 주관에서 일어나는 표상을 표현하기 때문이다. 모든 사고는 단순하거나 합성된 것이다. 동일한, 단순한 사고는 단순한 주관에서만 일어날 수 있다. 왜냐하면 만약 표상의 부분들이 많은 주관 사이로 분할된다면, 각 주관은 표상의 일부밖에 소유할 수 없으며, 따라서 어떤 주관도 표상의 전부를 가질 수 없기 때문이다. 그러나 전체 표상이 어떤 주관에 전체로서 존재하기 위해서는, 표상의 모든 부분도 하나의 주관 안에 존재하지 않으면 안 된다. [203] 왜냐하면 표상이 모두 하나의 주관 안에 결합되어 있지 않다면, 표상은 전체로서 존재할 수 없기 때문이다. 예를 들면 "당신이 무엇을 할 때라도"(quidquid agis etc.)라는 말이, 각 주관이 그것의 일부를 가지는 것처럼 많은 주관 사이로 분할되고, 한 사람의 귀에는 "당신이"라는 말이, 다른 사람의 귀에는 "무엇을 할 때라도"라는 말이 들려서, 누구도 그 말 전체를 듣지 못하게 된다면, 각자가 이 생각의 일부를 가지게 되는 식으로 되어서, 이 생각의 전체가 많은 사람의 머리 중에서 합쳐지게 되는 일은 일어날 수 없을 것이다. 이 경우 각자는 하나의 말이 표현하는 생각을 가질 뿐이며, 표상 전체의 부분을 가지지 못하기 때문에, 이 생각이라는 것은 전혀 존재하지 않는다. 그러므로 많은 존재자가 동시에 동일한 생각을 가지는 것

은 가능하겠지만, 그러나 이때 각자는 이 사고의 전체를 가지고 있다. 그러나 많은 존재자가 모여서 하나의 표상 전체를 가지는 것은 가능하지 않다. 그러므로 하나의 표상의 전체를 가지는 주관은 단순하지 않으면 안 된다. 마음은 단순한 실체이거나, 실체들의 합성체이지만, 만약 후자라면 마음은 전혀 사유할 수 없다. 왜냐하면 그것의 일부가 사유하더라도, 모든 부분은 합해져서 하나의 사고를 가질 수 없기 때문이다. 그러므로 실체의 다원성을 의미하는[25] 실체의 합성체는 결코 사유할 수 없으며, 따라서 마음은 단순한 실체이지 않으면 안 된다.

(3) 마음은 개별적인 마음이다(마음의 단일성, 통일성). 즉 나의 의식은 개별적인 실체의 의식이다. 나는 나 자신에서 개별적 실체 이상의 실체를 알 수 없다. [204] 만약 인간 안에 하나 이상의 사유적 존재가 존재한다면, 사람들은 그 수만큼의 사유적 존재를 의식하지 않으면 안 될 것이다. 그러나 "나"는 단일성을 나타내고 있다. 즉 나에게는 단지 하나의 주관밖에 의식되지 않는다.

(4) 마음은 무조건적으로 자발적으로 행위하는 존재자이다. 즉 인간의 마음은 선험적 의미에서(in sensu transscendentali) 자유롭다. 실천적 자유 혹은 심리학적 자유는 자극에 의한 강제로부터의, 자의의 독립이었다. 이것은 경험적 심리학에서 취급되며, 이 자유의 개념은 또한 도덕성을 확보하기 위해 충분한 것이었다. 그러나 이제야 자유의 선험적인 개념이 나타난다. 이것은 절대적인 자발성을 의미하고, 자유 의지에 따르는 내적 원리로부터 이루어지는 자기 활동성이다. 자발성은, 절대적으로, 즉 무조건적으로 그러하거나 (absoluta vel simpliciter talis), 또는 무언가에 의해 그러하다(secundum

25) P판과 S판에는 "wo…ist"(여기에 실체의 다원성이 존재한다)이지만, Ak판에는 "das…ist"(실체의 다원성을 의미한다)이다.

quid talis). — 후자는 어떤 것이 어떤 조건하에서 자발적으로 일어나는 경우이다. 예를 들면 발사된 물체는 자발적으로 움직이지만, 이것은 무언가에 의해서 그런 것이다. 이 자발성은 자동 기계적 자발성(spontaneitas automatica)이라고도 불린다. 이것은 예컨대 시계나 회전식 고기 구이기처럼, 기계가 내적 원리에 따라서 스스로 운동하는 경우이다. 그러나 이 자발성은 무조건적으로 그러한 것이 아니다. 거기에서의 내적 원리는 외적인 원리(principium externum)에 의해서 결정되기 때문이다. 내적 원리는, 시계의 경우는 용수철이며, 회전식 고기 구이기의 경우는 추(錘)이다. 그러나 외적 원리는 내적 원리가 결정했던 기공(技工)이다. [205] 무조건적 자발성은 절대적 자발성이다.

그러나 문제는, 마음의 활동이나 그것의 사고는 어떤 원인에 의해서도 결정되어 있지 않는 내적 원리에 근거해 있는가, 혹은 마음의 활동은 외적 원리에 의해서 결정되어 있는가 하는 것이다. 만약 후자라고 한다면, 마음은 무언가에 의한 자발성밖에 가지지 못하고, 무조건적으로 자발적인 것은 아니며, 따라서 선험적인 의미에서의 자발성은 결코 가지지 않을 것이다. 만약 마음이 어떤 원인을 가진다면, 종속적 존재(ens dependens)이며, 다른 것에 의해서 야기되는 것이 인정된다면(그러나 이 문제는 합리적 신학에서 비로소 결정되지만), 원인을 가지는 존재자로서의 마음에 절대적 자발성이 귀속될 수 있는가 어떤가가 문제된다. 이것이 우리를 붙들고 있는 문제점이다. 마음이 독립적 존재(ens independens)라고 한다면, 우리는 어쨌든 마음 안에 절대적 자발성을 생각할 수 있을 것이다. 그러나 마음이 다른 것에 의한 존재(ens ab alio)라고 한다면, 마음은 이러한 원인에 의해서도 모든 사고나 활동을 하도록 결정되며, 그 때문에 무언가에 의한 자발성밖에 가지지 않는다는 것, 또한 마음은 그야말로 내적 원리에 의해서 자유롭게 활동하지만, 하나의 원인에 의해서 결정되어 있다는 것은 매우 그럴 듯한 것처럼 보인다. 이제 "나는 마음으로서 생각할 수 있는가",[26] "나는 선험적 자발성 또는 절대적 자유를 가지는가"가 문제된다.

이 "나"를 다시 곤란으로부터 구출하지 않으면 안 된다. 절대적 자발성이 종속적 존재 안에서는 이성에 의해서 파악되지 않고, 순수한 자기 활동이 원인을 가진 존재자에서는 파악될 수 없다는 것은 사실이다. [206] 그러나 절대적 자발성이 파악되지 않는다 하더라도, 그것을 부정할 수는 없다. 따라서 우리는 단지 "나"에게 자기 활동성이 귀속될 수 있는가 어떤가, 내가 어떤 원인에 의한 일체의 규정 없이 나 자신으로부터 자유롭게 행위할 수 있는가 어떤가 하는 점에 주의를 기울이지 않으면 안 될 것이다. 내가 어떤 것을 행할 때, 나는 그것을 스스로 행하는가 혹은 나의 안에 있는 타자가 그것을 행하는가? 만약 후자라면, 나는 자유롭지 않고, 나 이외의 원인에 의해서 결정된다. 그러나 내가 외적인 어떤 것에 의해서도 결정되어 있지 않은 내적 원리로부터 그것을 행한다면, 나의 안에 선험적 의미의 절대적 자발성이 존재한다. 그러나 "나"는 내가 스스로 행위한다는 것을 증명하고 있다. 즉 나는 원리이며, 파생적인 것(principiatum)이 아니라, 나는 규정과 활동을 스스로 의식하며, 스스로의 규정과 활동을 의식하는 그러한 주관은 절대적 자유를 가지고 있다. 주관이 자기를 의식하기 때문에 절대적 자유를 가지고 있다는 것은, 주관이 수동적 주관(subjectum patiens)이 아니라, 능동적 주관(subjectum agens)이라는 사실을 증시한다. 내가 스스로 활동적 행위를 의식하고 있는 한, 나는 외적인 결정 없이 자유 의지에 따라

---

26) Ak판에는 "mich"가 삽입되어서, "나는 나 자신을 마음으로서 생각할 수 있는가" 이지만, P판과 S판에는 이것이 빠져 있다.

서 활동의 내적 원리로부터 행위하게 되며, 그 경우에만 나는 절대적 자발성을 가진다. "나는 생각한다", "나는 행위한다" 등등을 내가 말할 때, 이 "나"라는 말은 오용되거나 아니면 나는 자유롭거나 둘 중 하나이다. 만약 내가 자유롭지 않다면, "내가 그것을 한다"고 말할 수는 없고, "나의 안에 누군가가 일으켰던, 행위하려는 욕망을 나는 느낀다"고 말해야 할 것이다. [207] 그러나 "내가 그것을 행한다"고 말할 때, 그것은 선험적 의미에서의 자발성을 의미한다. 그러나 "내가 그것을 행한다"라고 말할 수 있다는 것을 나는 의식하기 때문에, 나는 [다른 것에 의한] 어떤 결정도 의식하지 못하며, 따라서 나는 절대적으로 자유롭게 행위하는 것이다. 만약 내가 자유롭지 못하고, 나는 내가 행한 어떤 것을 타자가 나의 안에서 직접적으로 행하기 위한 수단에 불과하다면, 나는 "내가 행한다"고 말할 수 없을 것이다. 능동자로서의 내가 행한다고 하는 것은 절대적으로 자유롭다는 것 이외의 다른 의미로 사용될 수 없다. 모든 실천적, 객관적인 명제는, 인간이 자유롭지 않다면, 어떤 의미도 가지지 않을 것이다. 또한 그 때에는 실천적 지시는 모두 무익하게 되어 버릴 것이며, 우리는 "당신은 이런 식으로 행위해야 한다"고 말할 수 없을 것이다. 그러나 내가 그것에 따라서 어떤 것을 행위해야 하는 그런 명법(命法)은 존재한다. 따라서 모든 실천적 명제는, 그것이 개연적이든, 실용적이든, 도덕적이든, 나의 안에 자유를 전제하지 않으면 안 된다. 따라서 나는 모든 행위의 제1 원인이지 않으면 안 된다. 우리는 경험적 심리학에서, 우리가 자극에 의한 강제로부터 자유롭다는 사실에 의해서, 실천적 자유를 증명했기 때문에, 그것에 의해서 이미 실천적 명제들이 발생하며, 따라서 우리의 가장 고귀한 목적이기도 한 것에 관해서 도덕이 안전하게 된다. 그러나 우리는 합리적 심리학을 논하고 있고, 여기서는 경험에 호소하지 않으며,

순수 이성의 원리로부터 절대적 자발성을 설명하지 않으면 안 된다는 점을 항상 고려해야 한다. 따라서 합리적 심리학에서는 실천적 자유를 넘어서 나아가며, 나는 그러한 실천적 자유 — [208] 이 자유에 따라서 나는 어떤 외적 원인에 의해서도 결정되지 않고 내적 원리로부터 행위를 하게 된다 — 가 어떻게 가능한가를 묻는다. 따라서 여기서는 의지가 문제되는 것이 아니고 — 이것은 후에 자유의지의 문제에도 충분히 적용될 수 있지만 —, 나는 "나" 또는 기체(substratum)를 모든 경험의 기초에 두고, 이것에 관해서 순수한 선험적 술어를 부여한다. 이때 우리는 합리적 심리학의 입장에 서 있는 것이다. "나" 혹은 마음은 행위의 절대적 자발성을 가진다. 이것이 바로 순수한 선험적 개념이다. 그러나 이 명제를 좀더 상세하게 음미하는 일은, 자연 신학에서 신적 자유에 관해 논하게 될 때까지 연기되어야 한다. 파생적 존재(ens derivativum)가 어떻게 해서 근원적 행위(actus originalius)를 행할 수 있는가는 사변적 오성에 의해서는 참으로 통찰하기가 어렵다. 그러나 우리가 그것을 알 수 없는 이유는 우리의 오성 안에 있다. 왜냐하면 우리는 결코 시초를 파악할 수 없고, 단지 원인과 결과의 계열 안에서 얼어나는 것만을 파악할 수 있기 때문이다. 그러나 시초는 계열의 한계이지만, 자유는 새로운 시초에 완전히 새로운 한 장면을 추가하는 것이다. 그 때문에 통찰하기가 어렵다. 그러나 그러한 자유의 가능성이 통찰될 수 없다고 해서, 어떤 자유도 존재하지 않는다는 것이 귀결되는 것은 아니다. 자유는 우리의 모든 실천적 행위의 필연적 조건이다. 통찰되지는 않지만, 필연적 조건을 전제하는 여러 가지의 다른 명제가 존재하는 것처럼, [209] 우리는 또한 선험적 자유의 개념에 의해서도 독립적인 것이다.

스토아적 운명(fatum stoicum) — 이 운명에 의하면 우리가 자유라고 부르는 바의 우리의 행위는 최고의 원인과의 관계에 의해서, 각자가 그 질서 안에 있는 일원으로서 이미 한정되어 있는 한에서, 필연적인 것으로 된다 — 이 도대체 존재할 수 있는가 어떤가가 문제된다. 만약 그러한 운명이 존재한다면, 귀책(歸責)은 결코 있을 수 없을 것이다. 예를 들면 어떤 스토아 학자는, 그는 숙명에 의해서 그의 주인의 물건을 훔치게 되지만, 그의 주인은 숙명에 의해서 그를 살해하게끔 되어 있다고 말했다. 그러나 이것은 소피스트적 궤변이며, 우리는 이러한 운명론을 반박할 수는 없지만, 다른 사람들이 우리에 대해 이것을 증명할 수도 없다. 이 경우 우리는 그 이상 나아갈 수 없는 한계에 머무르게 되고, 이렇게 하는 것이 옳은 일이며, 어쨌든 그 밖의 어떤 해결책도 없다. 그러나 실천적인 일에 관해서 우리는 운명론을 허용할 수 없다. 왜냐하면 우리는 어떤 원인에 의해서도 우리의 행위를 하도록 결정되지 않는다는 사실을 우리 자신 안에서 발견하기 때문이다.

따라서 도덕과 종교가 안전한 상태에 있게 된다. — 자유의 개념은 실천적으로는 충분하지만, 사변적으로는 그렇지 않다. 만약 우리가 자유로운 근원적 행위를 이성으로부터 설명할 수 있다면, 이 개념은 사변적으로도 충분하게 될 것이다. 그러나 이것은 우리에게는 불가능하다. 왜냐하면 자유로운 행위란 외적 원인에 의한 결정 없이 모든 행위의 내적 원리로부터 일어나기 때문이다. 그런데 우리는 마음이 어떻게 해서 그러한 행위를 하게 될 수 있는가를 통찰할 수 없다. 이와 같은 난점은 반대 때문에 일어나는 것이 아니라, [210] 우리의 이성의 주관적 난점 때문에 일어난다. 반대는 객관적인 난점이지만, 그러나 이 경우 이성은 사태를 통찰하는 데 대한 장애를 가지고 있다. 난점이 우리 자신의 안에 있는 경우에는, 사태 그 자체는 어떤 해도 입지 않는다. 여기서는 이성이 어떤 것을 인식하기 위한 조건이 결해 있다. 이 조건은 규정적 근거이다. 그러나 우리의 자유로운 행위는 어떤 규정적 근거도 가지고 있지 않다. 따라서 우리는 그것을 알 수 없다. 이것은 오성의 제한을 아는 근거이지만, 사태를 부정하는 근거는 아니다. 파악될 수 없다고 하는 주관적 장애는, 불가능이라고 하는 객관적 장애와는 본질적으로 다르다고 하더라도, 주관적 난점은, 우리 자신에 관해서 말한다면, 마치 객관적인 난점인 것처럼 보인다.

제2절 다른 사물과의 비교에서 고찰된 마음

합리적 심리학의 제2절에는 인간의 마음은 다른 사물과 비교되어 고찰된다.

우리가 여기서 마음과 비교하는 것은 다음과 같다.

(1) 물 · 체적 자연
(2) 다른 사유적 자연

우리가 내관의 대상으로서의 마음을 외관의 대상과 비교할 때, [211] 그것은 물질적인가 혹은 비물질적인가? 또한 그것은 외관의 대상인가 아니면 내관의 대상인가? "나"는 내가 내관의 대상으로서 이외에는 마음에 대한 어떤 개념도 가지고 있지 않다는 것을 보여준다. 외관의 대상은 모두 물질적이며, 그 때문에 외관의 대상이 불가침입성에 의해 공간 안에 존재할 때, 나는 외관의 대상을 알게 된다. 그러나 마음은 내관에 의해서만 나에게 알려지며, 외관에 의해서 알려지지 않는다. 따라서 마음은 나에게 내관의 대상으로서만 주어진다는 것을 나는 안다. 더욱이 우리는 마음의 모든 활동, 즉 사유, 의욕 등등은 결코 외관의 대상이 아니라는 것도 안다.

그러한 사유적 존재 그 자체는 전혀 외관의 대상일 수 없다. 우리는 사유나 의욕, 쾌 · 불쾌의 능력을 외관에 의해서 지각할 수 없으며, 또한 사유적 존재로서의 마음이 어떻게 해서 외관의 대상인가를 표상할 수 없다. 그러나 그것은 그런 것이 아니기 때문에, 마음은 물질적인 것이 아니다. 마음이 외관의 대상이라면, 공간 안에서의 불가침입성에 의해서 그렇게 되어야 한다. 왜냐하면 불가침입성에 의해서만 우리는 외관의 대상을 알 수 있기 때문이다. 그러나 우리는 마음의 활동을, 결코 외관의 대상이 아니라는 측면에서부터 알기 때문에, 마음은 외관의 어떤 대상도 아니고, 비물질적이지 않으면 안 된다. 그러나 이것을 [212] 우리는 그렇게 단호하고 확실하게 주장할 수 없으며, 단지 우리가 마음을 아는 만큼만 주장할 뿐이다.

그러나 우리는 이미 마음이 실체이며, 그리고 단순한 실체라는 것을 설명했다. 이 사실로부터 볼프는 마음의 비물질성을 증명할 수 있다고 생각했다. 그러나 이것은 잘못이다. 단순성으로부터는 비물질성이 귀결되지 않는다. 왜냐하면 물체의 최소의 부분도 실제로는 물질적이며, 외관의 대상이기 때문이다. 이러한 최소의 부분은 외관의 현실적 대상은 결코 되지 않는다 하더라도, 그러한 작은 부분을 많이 모으면 외관의 현실적 대상이 될 수 있다. 그러므로 마음이 단순하다 하더라도, 그것은 여전히 물질적일 수 있을 것이요, 따라서 그와 같은 단순한 부분들과 결합된다면, 외관의 현실적 대상이 될 수 있을 것이다. 예를 들면 우리가 1 제곱 인치가 물질로 채워져 있다는 것을 표상할 때, 사람들은 다음과 같은 의문을 갖는다. 만약 마음이 완전히 단순하다면, 마음이 거기에서 장소를 점하기 위해서는, 마음이 들어가야 하는 곳의 그 단순한 부분이 제거되어야 할까? 혹은 그러한 일이 일어나지 않고도 마음은 그 장소를 점할 수 있을까? 만약 전자라면, 나는 제2, 제3, 제4의 마음과 함께 이러한 일을 계속함으로써, 마지막에는 모든 물질을 이 1 제곱 인치의 [공간] 안에서부터 제거해서, 공간을 점유하는 일없이, 불가침입성에 의해서 공간 안에 존재하는 그런 마음으로 이 1 제곱 인치의 전체를 채우게 될 것이다. 따라서 마음은 항상 단순하면서 또한 물질적인 것이 될 수 있게 된다. 그러나 [213] 결코 외관의 대상이 아닌 것은 최소한의 정도에서도 물체적인 것일 수 없다. 그리고 아무리 많은 단순한 부분들이 집합한다고 하더라도, 그것은 외관의 분명한 대상이 될 수 없다. 왜냐하면 그것은 비물질적인 것이기 때문이다.

그런데 이상과 같은 인식의 원천은 무엇인가? (철학자는 항상 이 인식의 원천에 돌아가지 않으면 안 된다. 모든 증명을 암기하는 것보다 이것이 훨씬 우월한 것이다.) 철학자는 무엇으로부터 마음의 비물질성을 증명할 수 있으며, 그 증명은 어디까지 나아갈 수 있을까? 그는 내관의 대상을 나타내는 "나"라는 말 이외의 어떤 것으로부터도 사유를 구해올 수 없다. 따라서 "나"라는 개념 안에 비물질성이 놓여 있다. — 우리는 마음의 비물질성을 아프리오리하게 증명할 수 없으며, 마음의 모든 특성이나 활동이 물질성으로부터 인식되지 않는다는 것만을 증명할 수 있다. 그러나 이 특성은 우리의 마음이 외적인 것을 결코 가지지 않는다는 사실을 증명하지 못하고, 나는 물질성을 [마음의] 활동의 설명 근거로서 승인할 수 없다는 사실만을 증명한다. 그래서 나는 물질성을 배제할 뿐이다. 왜냐하면 만약 내가 물질성을 인정한다면, 나는 마음에 관해서 어떤 것도 인식하지 못하기 때문이다. 그러므로 물질성을 제멋대로 인정해서는 안 된다. 그러나 비물질성에 대해서 나는 그 근거를 가지고 있다. 사람을 속이고, 그것으로부터 [마음의] 비물질성을 증명하는 것 — 비물질성이 그 증명으로부터 귀결하는 것은 아니라 하더라도 — 이 가능할 수도 있다. 그러나 우리는 비물질성에 대한 근거를 가지고 있으며, [214] 그것은 다음과 같다. 이 근거는, 공간 전체 안에서 하나의 부분을 이루는 것은 모두 두 한계 사이에 있다는 사실이다. 공간의 한계는 점이며, 두 점 사이에 있는 것은 공간 안에 있다. 공간 안에 있는 것은 분할 가능하다. 따라서 물질의 단순한 부분은 결코 존재하지 않고, 어떤 물질도 공간 안에 있으며, 따라서 무한히 분할 가능하다. 그런데 만약 마음이 물질적이라면, 마음은 적어도 물질의 단순한 부분이어야 할 것이다(왜냐하면 이미 증명된 것처럼, 마음은 단순하기 때문이다). 그러나 물질의 어떤 부분도 단순하지 않다. 왜냐하면 그것은 모순이기 때문이다. 따라서 마음은 물질적인 것이 아니라 비물질적인 것이다.

다음에 우리는 마음을 사유적 자연과 비교해서 고찰하고, 또한 마음과 동물의 마음이나 다른 영혼(Geist)과의 일치를 고찰하기로 한다. 마음의 비물질성이라는 개념으로부터 우리는 영혼의 개념에 이르게 된다. 모든 물질로부터 분리해서 고찰되고, 또한 스스로 생각할 수 있는 비물질적인 존재자가 영혼이다. 그래서 영혼의 개념과 교설이 심리학 안으로 들어온다. 마음의 고찰에서 우리가 걸어갔던 길은, 우리가 이미 보여주었던 것처럼, 마음은 실체이고, 단순하면서 자유롭게 활동하는 실체이며, 비물질적 실체라고 하는 것이었다. 이제 문제되는 것은, 마음은 영혼이기도 하다는 것이다. 영혼이기 위해서는 단지 비물질적 존재자일 뿐만 아니라, 또한 모든 물질로부터 분리되어, 스스로 사유하는 존재자라는 점이 요구된다. [215] — 나의 비물질적 존재자에 대해 마음이라는 이름을 부여한다면, 이 말의 의미로부터 마음은 신체와 결합해 있을 뿐만 아니라, 상호 작용의 관계에 있는 존재자라는 것이 분명해진다. 그런데 만약 이 존재자가 신체로부터 분리된다면, 마음이라는 이름도 폐기된다. 이

때 마음은 신체와의 상호 작용 안에서만 고려될 수 있는 비물질적[27] 존재자에 지나지 않는 것인가, 혹은 신체로부터 분리되어도 고려될 수 있는 영혼인가 하는 것이 문제된다. 여기에서 구명되는 것은, 마음이 실제로 그러한 영혼인가 어떤가 하는 것이 아니라, (마음이 이제 신체와 상호 작용 중에 있다는 것은 고려하지 않고) 마음이 신체와 상호 작용을 하지 않고서도 사유하는 능력을 가지는가 어떤가, 즉 마음은 신체로부터 분리되어도 영혼으로서 존속하며, 살아있을 수 있는가 어떤가 하는 것이다. 따라서 우리는 신체와 결합되어 있는 인간의 마음을, 신체와의 상호 관계 없이 존재하는 존재자와 비교할 것이다. 바로 이러한 존재자가 영혼이다. 또한, 우리는 인간의 마음과 마찬가지로 신체와의 상호성 중에 있는, 그리고 감성과 표상력밖에 가지지 못하는 그런 존재자와 비교할 것이다. 바로 이러한 존재자가 동물의 마음이다. 따라서 우리가 취급하는 것은 다음과 같다.

(1) 동물의 마음에 관해서(de anima bruti), 그것의 상호성은 신체에 의존한다.
(2) 영혼에 관해서(de spiritu), 이것은 신체와 상호성을 전혀 가지고 있지 않다.
(3) 인간의 마음에 관해서(de anima humana), 이것에 관해서 지금까지 주로 설명된 것처럼, [216] 이러한 마음은 신체와 상호성 중에 있지만, 그러나 신체 없이도 영혼으로서 살아가며, 또한 사유할 수 있기 때문에, 신체로부터 독립되어 있다.

그러나 우리가 인간의 마음을 동물의 마음 및 다른 영혼과 비교할 때, 사람들은, 보통으로는 아직 누구도 알지 못하고, 또한 철학자

---

27) P판과 S판에는 "물질적"으로 되어 있지만, Ak판의 "비물질적"을 따른다.

가 신비적인 원천으로부터 획득했던 많은 비밀과 발견들을 듣게 되기를 기대해서는 안 된다. 그러나 여기에서 사람들은 하나의 발견, 즉 많은 노력을 기울였지만, 아직 소수의 사람에게밖에 알려져 있지 않은 발견을 기대해도 좋을 것이다. 즉 그 발견이란, 이성이 이 문제에 관해서 어디까지 갈 수 있는가 라고 하는, 이성과 철학의 제한을 알고[28] 통찰하는 것이다. 그래서 우리는 여기서, 우리의 무지를 알게 되고, 그것의 근거, 즉 왜 어떤 철학자도 이 점에 관해서 더 이상 추구할 수 없고, 또한 장래에도 추구할 수 없는가에 관한 근거를 통찰하고자 한다. 그리고 우리가 이것을 알게 된다면, 우리는 이미 많은 것을 알게 되는 셈이다.

동물은 단순한 기계 또는 물질이 아니라, 마음을 가지고 있다. 왜냐하면 전체 자연 안에 있는 것은 모두 생명이 없는 것이거나 살아 있는 것이기 때문이다. 물질로서의 모든 물질(materia qua talis)은 생명이 없다. 무엇으로부터 우리는 그것을 아는가? 우리가 물질에 관해서 가지고 있는 개념은 "물질은 운동하지 않는, 불가침입적인 연장이다"(materia est extensum impenetrabile iners)는 것이다. 예를 들면 종이 위에 있는 작은 먼지를 보았을 때, 우리는 그것이 움직이는지 어떤지를 안다. 만약 그것이 스스로 움직이지 않는다면, 우리는 그것을 운동하지 않는, 만약 그것이 다른 것에 의해서 움직여지지 않는다면 영원히 정지해 있는, 생명이 없는 물질이라고 생각한다. [217] 물질이 운동하는 경우, 이것이 자신의 힘으로 이루어지는 자의의 운동인가 어떤가를 검토해 보자. 먼지에서 이 운동이 일어난다는 것이 인지된다면, 이것은 생명 있는 것이요, 즉 동물이다. 동물은 생명을 가지고 있는 물질이다. 왜냐하면 생명은 내적 원리에 의해, 자의에 따라서, 자기를 규정하는 능력이기 때문이다. 물질로

---

28) P판과 S판에는 "einzusehen"이지만, Ak판에는 "zu erkennen"이다.

서의 물질은 자신을 움직이기 위한 자기 활동의 내적 원리, 자발성을 결코 가지지 않지만, 생명 있는 물질은 모두, 외관의 대상과 분리되어 있으며, 또한 내관의 대상인 내적 원리를 가지고 있다. 이 물질 안에는 내관의 특별한 원리가 존재하고 있다. 자기 활동성의 내적 원리는 사유와 의욕일 뿐이며, 그것에 의해서만 내관을 통해서 어떤 것의 운동이 일어난다. 이것이 의향(意向)과 자의에 따라서 활동하는 원리이다. 따라서 물질이 운동하는 경우에는 자기 활동성의 이러한 특별한 원리가 그 안에 존재하게 된다. 그러나 사유와 의욕의 이 원리는 인식을 가지는 존재자에게만 가능하다. 물질은 그러한 원리에 의해서만 운동할 수 있다. 그러나 물질의 이러한 원리는 물질의 마음이다. 따라서 생명을 가지고 있는 모든 물질은, 물질로서 살아 있는 것이 아니라, 생명의 원리를 가지고 있으며, 그렇게 해서 생명이 주어지게 된다. 그러나 물질에 생명이 주어지는 한, 그것에는 또한 마음이 주어진다. 그러므로 동물에게는 생명의 원리가 그 기초에 있는데, 그것이 바로 마음이다.

[218] 이러한 동물의 마음과 우리의 마음의 비교를, 일체의 경험의 도움 없이 아프리오리하게 시도하고, 그 차이점이 어디에 있는가를 살펴보아야 한다. 그러나 우리가 표상력을 가지고 있는 존재자를 인식하고, 그것도 아프리오리하게 인식하지 않으면 안 될 때, 우리에게 전혀 주어지지 않는 차이점을 어디서 얻어야 하는가? 우리는, 우리의 바깥에 있는 마음을 인식해야 하지만, 우리는 그것에 대해 어떤 자료도 가지고 있지 않는가? 그러나 이러한 차이점과 그것에 대한 자료를 우리는 다시 한 번 우리 자신으로부터, "나"라는 개념으로부터 취해야 한다. 우리의 마음은 내관에 의해서만 알려진다. 그러나 우리는 외관도 가지고 있으며, 따라서 모든 차이점은 단지 우리의 외관과 내관에만 근거해 있다. 우리가 아프리오리

하게 존재자를 표상할 때, 우리는 이 차이점을 정도에 따라서가 아니라, 종(種)에 따라서 인지하게 된다. 따라서 차이점과 비교는 우리의 외관과 내관에 의거하고 있다. 그러므로 외관의 능력을 가지지만, 내관의 능력을 결해 있는 그런 존재자를 표상할 수 있다. 이것이 바로 동물이다.

동물은 외관의 모든 표상을 가지고 있지만, 다음과 같은 표상, 즉 우리 자신의 내관에, 우리 자신의 의식에, 간단하게 말해서 "나"의 개념에 근거해 있는 그런 표상만은 동물에게 없을 것이다. 따라서 그들은 오성이나 이성을 결코 가지고 있지 않다. 왜냐하면 오성이나 이성의 모든 활동은 사람들이 그 자신을 의식하고 있는 한에서만 가능하기 때문이다. 동물은 또한 반성에 의한 보편적 인식, [219] 표상의 동일성을 소유하고 있지 않으며, 또한 주어와 술어, 이유와 귀결, 전체와 부분에 의한 표상의 결합도 가지고 있지 않을 것이다. 왜냐하면 이것들은 모두 동물에게는 없는 의식의 결과이기 때문이다.

우리는 동물에게 이성의 유비물(analogon rationis)을 부여할 수 있다. 동물의 경우 표상의 결합은 감성적 법칙에 따라서 일어나며, 개념에 의한 결합과 동일한 결과를 가져온다. 그러므로 동물은 인간의 마음과 정도에 따라서 다른 것이 아니라, 종에 따라서 다르다. 왜냐하면 동물의 마음이 자신의 감성적 능력에서 많은 것을 추가한다고 하더라도, 그렇게 함으로써 그 자신에 대한 의식, 즉 내관에는 도달할 수 없기 때문이다. 그들이 감성 안에서 우리보다도 나은 현상을 가지고 있다고 하더라도, 그들에게는 내관이 없다.

우리는 영혼의 본성으로부터, 생명의 원리가 되는 모든 것은 또한 살아있지 않으면 안 된다는 것을 추론했기 때문에, 우리는 그러한 원리를 동물의 마음에 대해서도 승인하지 않으면 안 된다. 우리의 예지성(叡智性)이 다른 세계로 확대되는 것처럼, 동물의 감성에 대해서도 동일한 것이 인정되어야 하겠지만, 동물은 우리와 결코 같지는 않을 것이다. 그런데 우리는 내관을 가지지 않는 존재자가 있다는 것을 개연적으로 생각할 수 있다. 왜냐하면 그러한 존재자를 생각하는 것은 결코 모순되지 않기 때문이다. 내관을 가지고 있지 않는 존재자의 경우에, 얼마만큼 많은 현상이 [220] 내관을 가정함이 없이 외관의 능력으로부터만 설명될 수 있을까? 자기 자신의 의식, 즉 "나"의 개념은 내관을 가지지 않는 존재자에게는 일어나지 않는다. 그러므로 이성적이지 않은 동물은 사유할 수 없다. "나는 존재한다"는 명제로부터, 그와 같은 "나"의 개념을 가지고 있는 존재자는 인격성을 가지고 있다는 차이점이 나오게 된다.

이것은 "나는 존재한다"는 것을 말할 수 있는 한에서 심리학적[29)]인격성이다. 더욱이 그러한 존재자는 자유를 가지고 있으며, 또한 모든 경우에 귀책이 있을 수 있다는 것이 명료해진다. 이것이 도덕의 경우에 중요한 실천적 인격성이다. 사람들이 외관으로부터만 설명되는 현상을 열거한다면, 동물의 경험적 심리학을 아주 잘 설명할 수 있을 것이다. 그러나 이것은 물리학과 결합되어 있기 때문에, 이 경우 우리는 합리적 심리학으로부터 아주 멀리 떨어져 버리고 말 것이다. 오성이나 이성에 의해서가 아니라면 불가능한 행위가, 동물에 의해서 행해진다는 것을 우리는 안다. 그러므로 우리의 감성은 동물의 감성과 동일한 사정에 있지만, 동물의 감성은 우리보다도 훨씬 우월하다. 그러나 우리는 이러한 결점을 우리 자신의 의식에 의해서 그리고 그것의 결과인 오성에 의해서 보완해 왔다. 또한 동물의 경우에 숙려(熟慮)라는 것을 인정할 필요는 전혀 없으며,

---

29) P판과 S판에는 "physikalsche"(자연적)으로 되어 있지만, Ak판의 "psychologische"(심리학적)을 취한다.

우리는 이 모든 것을 형성력으로부터 도출한다. 따라서 우리는 이 존재자에게 감각 능력, 상상력 등을 귀속시키지만, 그러나 그것들은 모두 [221] 하급 능력으로서 단지 감성적이며, 의식과 결합되어 있지 않다. 우리는 이러한 외적 감성으로부터 그리고 그들의 신체의 기계적 근거로부터 동물의 모든 현상을 설명할 수 있으며, 의식 혹은 내관을 가정할 필요가 없다. 철학자는 인식의 원리를 이유 없이 증가시키지 않아야 한다.

이제 우리는 우리의 마음을 하위에 있는 존재자와 비교했기 때문에, 다음으로는 이것을 상위의 존재자와 비교해 보기로 한다. 우리는 내관과 외관을 가지고 있으며, 따라서 외관만을 가지고 있는 존재자를 생각할 수 있기 때문에, 다른 한편 전혀 외관을 가지지 않고, 어떤 감관도 주어지지 않는, 따라서 비물질적인 그런 존재자도 가정할 수 있다. 따라서 자기 자신의 의식이 주어진 비물질적 존재자를 우리는 표상할 수 있다. 의식을 가진 이런 비물질적 사유적 존재자(이러한 사실로부터 그런 존재자 역시 이성적인 존재자라는 사실이 이미 귀결된다)가 영혼이다. 영혼은 영적인 것과 구별되어야 한다. 영적인 존재자는, 분명 신체와 결합해 있는, 그러나 그의 표상, 사유, 의욕이 신체와 분리된 경우에도 이것들이 존속하는 그런 존재자이다. 그런데 인간의 마음은 영적인 존재자인가 하는 것이 문제가 된다. — 이것이 신체 없이 살아서 존속한다면, 그것은 영적이다. 동물의 마음이 또한 그럴 수 있다면, 그런 마음도 영적인 본성을 가지고 있다. 그러나 영혼은 [222] 실제로 신체와 분리되어 있고, 또한 외관의 대상으로 되지 않는다 하더라도, 사유하고 의욕할 수 있다. 그런데 우리가 영혼에 대해서 아프리오리하게 인식할 수 있는 것은 무엇인가? 우리는 영혼을 개연적으로밖에 생각할 수 없다. 즉 영혼을 부정하는 아프리오리한 근거를 결코 나열할 수 없다. 경험은 우리가 사유할 때 우리의 신체도 활동하고 있다는 것을 가르쳐 주지만, 그러나 우리는 그것이 필연적이라는 것을 알 수 없다. 우리는 전혀 신체를 가지고 있지 않지만, 그럼에도 사유하고 의욕할 수 있는 그런 존재자를 아주 잘 생각할 수 있다. 그러므로 우리는, 스스로의 의식을 가지고 있고, 비물질적인, 사유적이며 이성적인 존재자를 인정할 수 있다. 어떤 것이 가능하다는 사실이 단적으로 명석할 때에는, 그것은 개연적으로 승인될 수 있다. 우리는 명증적으로 그것을 증명할 수는 없지만, 이러한 영혼이 존재하지 않는다는 반론을 누구도 제시할 수 없다. 마찬가지로 우리는 신의 존재를 명증적으로 논증할 수 없지만, 그러나 신이 존재하지 않는다는 것을 나에게 증명할 수 있는 사람은 없다. 이 증명을 하고자 하는 사람은 그 논거를 도대체 어디서 가져오겠는가? — 그런데 우리는 이 영혼에 관하여, 신체와 분리되어 있는 영혼이 할 수 있는 것이 무엇인가 하는 것 이상은 말할 수 없다. 그것은 외관의 대상이 아니며, 따라서 공간 안에 존재하지 않는다. 우리는 여기서 그 이상 아무 것도 말할 수 없다. 그렇지 않으면 우리는 망상에 빠지고 만다. 동물의 마음과 고차의 영혼이라는 개념은 단지 우리의 개념의 유희일 뿐이다. 이상의 논의의 결과는 다음과 같다. 즉 우리가 외관과 내관의 대상이라는 것을 우리는 우리 자신에서 경험한다. [223] 그런데 우리는 단지 외관만을 가지는 존재자를 표상할 수 있다. 이것이 동물의 마음이다. 그러나 우리는 내관만을 가지는 존재자도 표상할 수 있는데, 이것이 영혼이다. 내관, 외관을 모두 가지고 있는 존재자를 표상한다면, 그것은 인간의 마음이다.

우리는 이상의 논의에 관해서, 그것의 불가능성이 설명될 수 없기 때문에, 아무 것도 증명할 수는 없고, 다만 개연적으로만 승인할 뿐이다. 다행스럽게도 경험이 우리에게 가르쳐주고 있는 것은 합리적 심리학에서 우리가 외관만을 가지고 있다고 서술했던 그런 존재자가 현실적으로 존재한다는 사실이다. 그러나 내관만을 가지고 있는 존재자가 존재한다는 것에 관해서는 경험은 우리에게 아무 것도 가르쳐줄 수 없다.

제3절 다른 사물과의 결합에서 고찰된 마음

합리적 심리학의 제3절에는 마음과 다른 사물의 결합이 고찰된다.

우선 우리는 마음과 신체의 결합 혹은 양자간의 상호 작용에 관해서 취급하고자 한다. 상호 작용은 상호 규정이다. [224] 상호적이지 않은 규정의 의존 관계는 결코 상호 작용이 아니고, 결합이다. 그러한 일방적 결합의 상태에 있는 것이 신과 세계이다. 그러나 마음과 신체 사이의 상호 작용은 규정의 상호적 의존 관계이다. 그러므로 첫 번째로 문제되는 것은 사유적 존재자와 신체 사이의 이러한 상호 작용은 어떻게 해서 가능한가 하는 것이다(마음과 신체 사이의 상호 작용을 나는 말할 수 없다. 왜냐하면 마음이라는 개념은 이미 상호 작용를 전제하고 있기 때문이다). 이 상호 작용이 어렵다는 것을 통찰하는 근거는, 마음은 내관의 대상이며, 신체는 외관의 대상이라는 사실이다. 신체에 대해 나는 내적인 어떤 것도, 마음에 대해 외적인 어떤 것도 알지 못한다. 그런데 내관의 대상이 어떻게 해서 외관의 대상의 근거로 될 수 있는가는 이성에 의해서는 결코 파악되지 않는다. 사유나 의욕은 단지 내관의 대상일 뿐이다. 만약 사유나 의욕이 움직이는 힘이라면, 그것들은[30] 외관 그 자체의 대상일 것이다. 그러나 사유와 의욕은 단지 내관의 대상이기(따라서 그것은 내적 규정의 근거이기) 때문에, 양자가 어떻게 해서 외적 규정의 근

---

30) P판과 S판에는 “wäre es”로 되어 있지만, Ak판에는 “wären sie”으로 되어있다. 여기서는 Ak판의 내용을 따른다.

거일 수 있을까 하는 것을 통찰하기는 어렵다. 다른 한편 운동은 외감의 대상으로서 외적 규정의 근거이기 때문에, 도대체 어떻게 해서 이것이 내적 규정이나 표상의 근거일 수 있는지를 결정하기는 어렵다. [225] 사유와 의욕 사이의 상호적 규정 및 운동 사이의 상호적 규정을 우리는 이성에 의해서 통찰할 수 없다. 그러나 이처럼 이성에 의해서 통찰하는 일의 불가능성은 결코 사태 그 자체의 내적 불가능성을 증명하는 것은 아니다. 그러나 경험에 의해서 우리는 이것을 알 수 있다. 그 뿐만 아니라, 모든 근원력은 경험에 의해서 주어지며, 어떤 근원력도 이성에 의해서는 통찰될 수 없다. 따라서 물체에 대해서 우리가 아는 것은 그 결과가 외관의 현상인 힘에 한정된다. 그리고 마음에 대해서는 그 결과가 내관의 현상인 그런 힘 말고는 이해하지 못한다. 그런데 어떻게 해서 신체의 외관의 힘이 마음의 현상의 근거로 될 수 있는가, 또한 마음의 힘이 신체의 현상의 근거로 될 수 있는가 하는 것은 전혀 이해될 수 없다. 그러나 마음과 신체 사이의 상호 작용뿐만 아니라, 신체 상호 간의 상호 작용도 통찰하기 어려운 문제이다. 우리가 이미 상호 작용의 힘을 미리 인정할 때에만, 이러한 것을 통찰할 수 있다. 예를 들면 불가침입성을 가정한다면, 이것은 이미 상호 작용의 근원력이다. 신체 사이의 이러한 근원력을, 그의 이성이 직관적이 아니라 논증적인 그런 존재자는 결코 통찰할 수 없다. 그러므로[31] 마음과 물체의 상호 작용을 설명하는 체계들(systemata explicandi commercium animae cum corpore)은 모두 지금까지 소득이 없고 무익했다. 왜냐하면 어떤 체계도 [226] 사유로부터 운동이, 또한 반대로 운동으로부터 사유가 어떻게 해서 생기는가를 설명할 수 없기 때문이다. 왜냐하면 사람들은 어떤 근원력도 통찰할 수 없기 때문이다. 근원력에까지

31) P판과 S판에는 "denn noch"이지만, 여기서는 Ak판의 "demnach"를 취한다.

도달할 뿐이라고 해도, 그것으로 이미 충분히 철학적 사유가 이루어진 것이다. 상호 작용을 설명하는 모든 체계는 이 근원력을 목표로 삼는다. 왜냐하면 이들 체계는 사유와 운동이 동일하지 않다는 것을 알고 있기 때문이다. 따라서 이들 체계는 자연적 영향이 불가능하다고 상상했기 때문에, 상호 작용을 모든 방식으로 날조하고자 했다. 그러나 마음에 관해서는 의지가 신체에다 영향을 주고, 반대로 마음이 신체를 움직이는 힘을 가지고 있다는 것을 현상이 보여주고 있다. 그러나 우리는 이 힘의 근거를 제시할 수 없다. 왜냐하면 그것은 근원력, 즉 근원적 능력이기 때문이다. 상호 작용은 어떤 법칙에 따라서 일어나기 때문에, 그것은 자연적 영향이며, 양자의 상호성은 자연적이다. 사람들은 상호 작용이 자연적으로는 불가능하다고 믿었기 때문에, 제3의 존재자를 활동케 하여, 라이프니츠처럼, 신이 시초에 마음과 신체의 활동을, 양자가 조화하도록 이미 처리했다거나, 혹은 데카르트처럼, 신이 양자가 활동하는 모든 기회에 조화하도록 처리했다고 생각했다. 그러나 우리는 신체 상호 간의 상호 작용이나 마음과 신체 간의 상호 작용이, 모든 실체가 일자에 의해 존재하는 한, 그 때문에 이 실체들이 상호성 안에 있는 한에서, 가능하다는 것을 통찰할 수 있을 뿐이다. 그러나 [227] 마음과 신체간의 상호 작용이 어떻게 진행되는지는 알 수 없다.

그런데 마음은 신체와 상호 작용하기 때문에, 마음은 신체 안의 어디에 장소를 가지는가 하는 것이 문제이다. 세계에서의 마음의 위치는 신체의 위치를 통해 정해진다. 즉 나의 마음은 나의 신체가 있는 곳에 있다. 그러나 마음은 신체의 어디에 그 장소를 차지하는가? 세계 안에서의 신체의 위치는 외관에 의해서만 결정된다. 그런데 마음은 내관의 대상이지만, 그러나 내관에 의해서는 장소가 결정될 수 없기 때문에, 신체 안에서의 마음의 위치도 결정될 수 없다.

왜냐하면 외적인 관계는 내적 활동에 의해서 결코 결정될 수 없기 때문이다. 그러나 마음은 내관에 의해서만 자신을 직관하기 때문에, 따라서 어떤 장소에서 자신을 직관할 수 없고, 또한 장소를 의식할 수 없다. 나는 신체 안에서 마음이 차지하고 있는 위치를 느낄 수 없다. 왜냐하면 그러한 위치를 느낄 수 있다고 한다면, 나는 외관에 의해서 나를 직관하지 않으면 안 되기 때문이다. 그러나 나는 나 자신을 내관에 의해서 직관한다. 눈이 자신을 직관할 수 없듯이, 마음은 자신을 외적으로 직관할 수 없다. 그러나 마음은 신체의 외적인 부분을, 특히 그것의 감각의 가장 많은 원인을 포함하고 있는 부분을 의식할 수 있다. 그러나 모든 감각의 원인은 신경 조직이다. 신경이 없으면 우리는 외적인 것을 감각할 수 없다. 그러나 모든 신경의 근원은 뇌이다. 뇌에 모든 신경이 집중되어 있기 때문에, 모든 감각의 경우에 뇌가 자극을 받는다. [228] 따라서 감각은 모두 뇌에 집중되어 있다. 그래서 마음은 자신의 감각의 위치를 감각의 모든 조건의 장소로서의 뇌에 두고 있음에 틀림없다. 그러나 뇌는 마음 자체의 장소가 아니며, 모든 신경이, 따라서 모든 감각이 그것으로부터 발하는 장소이다. 우리는 뇌가 마음의 모든 자의의 활동과 조화를 이루고 있다는 것을 발견한다. 우리는 [신체의] 각 부분을 특별한 것으로서 느낀다. 예를 들면 내가 손가락을 불에 댄다면, 거기에 통증을 느낀다. 그러나 결국 신체의 각각의 특수한 부분의 감각은 모두 신경의 근간인 뇌에 집중되어 있다. 왜냐하면 신체의 일부의 신경이 절단될 때에는, 우리는 물론 그 부분에 관해서 어떤 것도 느끼지 못하기 때문이다. 그러므로 뇌 안에 모든 감각의 원리가 있음에 틀림없다. 마음이 모든 신경을 움직일 수 있기 위해서는, 그리고 신경에 의해서 거꾸로 자극을 받을 수 있기 위해서는, 마음이 뇌 안에 위치하고 있다고 사람들은 생각한다. 그러나 우리는 마음의 위치를 뇌 안에서 느끼지 못하고, 뇌가 마음의 모든 변화와 조화를 이루고 있다는 것만 느낄 뿐이다. 예를 들면 심사숙고에 의해서 머리가 아프다는 식이다. 우리는 마음의 장소를 직관하지 못하고, 마음이 뇌에서 가장 많이 활동하기 때문에, 뇌가 마음의 장소라고 추리할 뿐이다. 모든 신경이 거기에 집중해 있으며, 하나의 점에서 끝나는 신경 중추의 제1원리 — 이것은 공통 감관(sensorium commune)이라고 불려지지만, 그러나 어떤 의사도 그것을 보지 못했다 — 가 되는 어떤 장소가 뇌 안에 있다고 우리가 상상한다면, [229] 마음이 이 공통 감관 안에 위치하는가 어떤가 하는 의문이 생겨날 것이다. 마음은 작은 장소를 차지해서, 마치 오르간 주자가 어떤 장소로부터 오르간의 전부를 뜻대로 조종할 수 있는 것처럼, 신체의 전체를 지배하는가? 혹은 신체 안에 그 장소를 전혀 가지지 않고, 신체 자체가 마음의 장소가 되는가? 만약 마음이 작은 장소를 뇌에서 차지하고 있다면, 그래서 마음이 어떤 장소로부터 우리의 신경을, 오르간을 연주하는 것처럼, 움직인다면, 우리는, 신체의 모든 부분을 통과할 때, 결국 마음이 차지하고 있는 장소에 이르게 된다고 생각할 수 있을 것이다. 그런데 이 장소를 제거한다면, 전체 인간은 그대로 존재할 수 있지만, 그러나 말하자면 오르간 주자가 연주해야 할 장소를 상실하게 된다. 그러나 이것은 상당히 유물론적인 것이라고 생각된다. 그러나 마음이 외관의 어떤 대상도 아니라고 한다면, 마음에 대해서 외적 직관의 조건을 줄 수 없을 것이다. 이 조건이란 공간이다. 그런데 마음은 결코 외적 직관의 대상이 아니기 때문에, 마음은 공간 안에 존재하지 않고, 단지 공간 안에서 작용한다. — 우리는 유비적으로, 마음은 공간 안에 있지만, 그것을 물체적인 의미에서 받아들여서는 안 된다. 그것은 마치 신이 교회 안에 있다고 말하는 것과 같다. 그러므로 우리는 두 번째 안, 즉 마음은 신체 안에 어떤 특별한 장소도 가지고 있지 않지만, 그러나 그 장소는 세계 내에서 신체에 의해서 결정되며, 또한 마음은 신체와 직접적으로 결합되어 있다고 하는 안을 주장한다. 이 상호 작용의 가능성을 우리는 통찰하지 못하지만, 이 상호 작용의 조건을 [230] 물체 상호 간의 경우처럼 불가침입성에 의해서 정립해서는 안 된다. 왜냐하면 그렇게 되면 마음은 물질적인 것으로 될 것이기 때문이다. 마음에 대해 신체 안에서 위치나 장소를 지시하는 것은 불합리하며 유물론적이다.

이제 우리는 마음과 신체의 상호 작용을 시간에 따라서 고찰하기로 한다. 즉 우리는 상호 작용의 시작, 즉 태어날 때의 마음의 상태, 그리고 상호 작용 그 자체에 있어서의, 즉 삶에 있어서의 마음의 상태, 그리고 상호 작용의 끝, 즉 죽음에서의 마음의 상태를 고찰한다.

삶은 마음과 신체의 상호 작용 중에 있다. 삶의 시작은 상호 작용의 시작이며, 삶의 끝은 상호 작용의 끝이다. 상호 작용의 계속이 삶이다. 삶의 시작은 탄생이지만, 이것은 마음의 삶의 시작이 아니라, 인간의 삶의 시작이다. 마찬가지로 삶의 끝은 죽음이지만, 이것은 마음의 삶의 끝이 아니라 인간의 삶의 끝이다. 따라서 태어남, 삶, 죽음은 마음의 상태일 뿐이다. 왜냐하면 마음은 단순한 실체이며, 따라서 신체가 발생할 때 마음이 발생하는 것이 아니고, 신체가 소멸할 때 마음이 소멸하는 것이 아니기 때문이다. 왜냐하면 신체란 단지 마음의 형식일 뿐이기 때문이다. 따라서 인간의 시작 또는 태어남은 상호 작용의 시작 또는 마음의 변화된 상태일 뿐이다. 그리고 인간의 끝 또는 [231] 죽음은 상호 작용의 끝 또는 마음의 변화된 상태일 뿐이다. 그러나 상호 작용의 시작 혹은 인간의 태어남은 삶의 원리의 시작이 아니고, 상호 작용의 끝 혹은 인간의 죽음은 삶의 원리의 끝이 아니다. 왜냐하면 삶의 원리는 태어남에 의해서 성립하는 것이 아니고, 죽음을 통해서 끝나는 것이 아니기 때문이다. 삶의 원리는 단순한 실체이다. 그러나 실체성 또는 단순성으로부터는, 인간의 태어남이 실체의 시작이며, 죽음이 그것의 끝이라는 결론이 결코 나오지 않는다. 왜냐하면 단순한 실체는 자연 법칙에 따라서 발생하지도 소멸하지도 않기 때문이다. 따라서 실체는 신체가 소멸하더라도 남아 있으며, 따라서 신체가 태어날 때에는, 실체가 존재하고 있었음에 틀림없다. — 실체는 항상 불변인 채로 남아 있다. 따라서 태어남, 삶, 죽음은 단지 마음의 상이한 상태일 뿐이다. 상태는 이미 존재를 전제하고 있다. 왜냐하면 시작은 결코 상태가 아니지만, 태어남은 마음의 하나의 상태이며, 따라서 결코 마음의 시작이 아니기 때문이다.

상호 작용의 시작에서의 마음의 상태를 고찰했기 때문에, 이제 우리는 결합의 시작 이전의 마음, 즉 탄생 이전의 마음의 상태 및 결합이 끝난 후의, 즉 죽은 후의 마음의 상태에 관해 고찰해야 한다. 이 두 시기에서의 마음의 상태 사이에는 큰 유사점이 있다. 왜냐하면 [232] 만약 마음이 육체와의 결합 이전에 존재하지 않았더라면, 결합 이후에도 존재한다고 추론할 수 없기 때문이다. 왜냐하면 마음이 신체와 동시에 생겨났다면, 신체와 동시에 소멸할 것이기 때문이다. 왜냐하면 결합 이후에 존재하는 것은, 바로 동일한 이유 때문에, 결합 이전에도 존재했기 때문이다. 그러나 우리는 죽은 후의 마음의 상태 — 이것을 우리는 뒤에 증명할 것이다 — 로부터 태어나기 전의 마음의 상태를 추론할 수 있다. 왜냐하면 우리가 죽은 이후의 마음의 상태에 관해서 제시한 증명으로부터, 우리가 태어나기 전에는 순수하게 정신적인 삶 중에 있었다는 것을, 그리고 태어남에 의해서 말하자면 정신적인 삶을 방해하는 감옥 또는 구덩이에 갇혀있었다는 결론이 나오는 것처럼 보인다. 그러나 태어나기 이전의 정신적 삶에서 마음은 자신의 힘이나 능력을 완전히 사용하고 있었던가 어떤가, 또한 모든 마음은 세계에 관한 인식이나 경험을 가지고 있었던가 혹은 마음은 신체에 의해서 비로소 그것을 가졌던가 하는 것이 문제이다. 우리의 답은 다음과 같다. 태어나기 이전에 마음이 순수한 정신적 삶 중에 있었다는 사실로부터는, 마음이 그 경우 자신의 힘이나 능력을 완전히 사용했다고 하는 사실과, (태어난 후에 비로소 획득되었던 것과 같은) 세계에 관한 지식을 가지고 있었다는 사실은 결코 도출되지 않는다. 오히려 도출되는 사실은 마음이 정신적 삶 중에 있고, 삶의 정신적 힘을 가지고 있으며, 모든 소질이나 능력을 이미 소유하고 있었지만, [233] 이 소질이나 능력은 모두 신체를 통해서 비로소 전개되었다고 하는 사실, 또한 마음이 세계에 관해서 가지고 있는 모든 지식도 신체에 의해서 비로소 획득되었다는 사실, 따라서 마음은 신체를 통해서 내세에서의 존속을 위해 스스로 준비하지 않으면 안 된다는 사실이다. 태어나기 전의 마음의 상태는 세계의 의식 및 자기 자신의 의식이 없는 상태였다.

죽음 이후의 마음의 상태에 관하여

이제 죽음 이후의 마음의 상태에 관해 고찰하기로 한다.
여기서는 두 가지 문제가 제기되어야 한다.

(1) 마음은 죽음 이후에도 살아 있고, 존속할까?
(2) 마음은 그것의 본성에 따라서 살며 존속하지 않으면 안 되는가? 즉 그것은 불멸인가?

마음이 삶을 계속 유지한다고 하더라도, 마음이 본성상 필연적으로 그러하지 않으면 안 된다고 하는 결론이 나오는 것은 아니다. 왜냐하면 신이 보상이나 향상(向上)이라는 의도에서 마음에 대해 삶을 유지시켜줄는지 모르기 때문이다. 그러나 마음이 우연적으로만 살아 있다면, 그의 삶이 끝날 때가 올는지도 모른다. 그러나 본성상 불멸이라고 한다면, 마음은 필연적으로 영원히 존속하지 않으면 안 된다. 그러므로 우리는 여기서 마음의 우연적 삶을 [234] (마음이 삶을 단순히 계속한다는 사실은 이미 그것의 실체성으로부터 도출된다. 왜냐하면 모든 실체는, 따라서 물체의 실체도 존속하기 때문이다. 왜냐하면 목재가 연소된다면, 그것의 부분만은 해체되지만, 그 실체는 항상 남아 있기 때문이다) 증명하는 것이 아니라, 그것이 불멸이라는 것을 증명해야 한다. 불멸이란 삶을 계속하는 자연적인 필연성이다. 이것을 증명하는 것은 단지 우연적인 삶을 증명하는 것보다 훨씬 큰 문제이다. 후자는 신의 정의, 예지, 의지 등으로부터 얻어진 많은 증명에 의해서 설명될 수 있다. 그러나 그런 사태 자체의 본성과 개념으로부터 얻어진 증명은 항상 유일하게 가능한 증명이고, 이것은 선험적이다. 어떤 것에 관한 많은 증명은 아프리오리하게 주어지지 않는다. 마음의 불멸에 관해 우리가 가지고 있는 다른 여러 가지 증명은 불멸에 관한 증명이 아니며, 단지 미래의 삶에 대한 기대를 증명하는 것에 지나지 않는다. 그것의 본성과 개념으로부터 얻어지는, 마음의 불멸에 관한 증명은, 삶이란 내적 원리로부터, 즉 자발성으로부터 활동하는 능력 이상의 것이 아니라고 하는 사실에 근거해 있다. 그런데 자기 자신을 내적 원리로부터 결정하는 자발성을 자신 안에 가지고 있는 주관이 바로 마음이라는 것은 마음의 보편적 개념 안에 이미 속해 있다. 마음은 신체에다 삶을 부여하는 삶의 원천이다. 그런데 모든 물질은 생명이 없기 때문에(왜냐하면 그것은 우리가 물질에 관해서 가지고 있는 개념이기 때문이다. 왜냐하면 우리는 그 이외의 방식으로는 물질을 알지 못하기 [235] 때문이다), 삶에 속하는 것이 모두 물질로부터 획득되는 것은 아니다. 자발성의 행위는 외적 원리에 근거할 수 없다. 즉 삶의 외적 원인은 존재할 수 없다. 왜냐하면 만약 그렇지 않으면 삶 안에 자발성이 없을 것이기 때문이다. 자발성은 내적 원리에 의해서 활동을 결정하는 능력이기 때문에, 그것은 이미 삶의 개념 안에 포함되어 있다. 따라서 신체는 결코 삶의 원인일 수 없다. 왜냐하면 신체는 물질이지만, 그러나 물질은 모두 생명이 없으므로, 신체는 결코 삶의 근거가 아니고, 오히려 삶의 원리에 저항하는 삶의 장애이기 때문이다. 삶의 근거는 오히려 다른 실체, 즉 마음 안에 있지 않으면 안 된다. 그러나 이 근거는 신체와의 결합에 근거해 있는 것이 아니라, 자발성이라는 내적 원리에 근거해 있다. 따라서 마음의 삶의 시작도, 이 삶의 존속도, 신체에 근거해 있지 않을 것이다. 따라서 신체가 소멸한다고 하더라도, 신체로부터 독립해서 삶의 활동을 해왔던 삶의 원리는 전과 같이 계속 존재하고, 따라서 신체와의 분리 이후에도 동일한 삶의 활동을 방해받지 않으면서 계속함에 틀림없다.

인간의 삶에는 두 가지 방식이 있다. 즉 동물적 삶과 정신적 삶으로 나뉜다. 동물적 삶은 인간으로서의 인간의 삶이며, 여기에는 인간이 살아가기 위한 신체가 필요하다. 정신적 삶은 신체로부터 독립해서 마음이 삶의 활동을 계속하는 경우의 삶이다. [236] 동물적 삶은 신체를 필요로 하며, 거기에서는 마음은 신체와 결합해 있고, 신체 안에서 활동을 하며, 신체에 대해 삶을 부여한다. 그런데 신체라는 기계가 파괴되고, 마음이 더 이상 그 안에서 활동할 수 없을 때에는, 동물적 삶은 종료되지만, 정신적 삶은 존속한다. 그러나 사유, 의욕 등 마음의 모든 활동은, 경험이 가르쳐주고 있는 것처럼, 신체를 매개로 해서 일어나며, 따라서 신체는 정신적 삶의 조건이다. 물론 영혼이 마음을 표상하고, 또한 신체와 상호 작용하고 있는 한에서는, 마음의 활동 또한 신체에 의존한다. 왜냐하면 그렇지 않다면, 어떤 상호 작용도 있을 수 없기 때문이다. 동물이 살아 있는 한 마음은 삶의 원리이지만, 그러나 신체는 마음의 살아 있는 활동이 세계에서 일어나기 위한 도구, 기관이다. 따라서 우리가 상호 작용하고 있는 두 실체를 고찰한다면, 한 쪽의 실체가 다른 쪽의 실체의 조건이 된다는 것은 분명하다. 그러므로 예를 들면 신체가 병이 들면, 마음은 사유할 수 없다. 모든 감성적 인식은 신체에 근거해 있다. 왜냐하면 신체는 감관의 기관이기 때문이다. 그래서 인간이 살아 있는 한, 마음은 뇌에 의해서 자신의 감성적 표상을, 마치 칠판에 그려졌던 것처럼, 제시할 수 있다.

신체 중에 갇혀진 마음은 손수레에 묶여진 인간과 같은 상태에 있다. 이 사람이 움직일 때에는, [237] 손수레가 함께 움직이지 않으면 안 된다. 그러나 누구도 운동이 손수레에 의거해 있다고 주장하지 않을 것이다. 마찬가지로 행위도 신체에 의거해 있지 않고, 마음에 의거해 있다. 사람이 손수레에 고정된 동안에는, 그 손수레는 그의 운동의 조건이다. 그가 손수레로부터 해방된다면, 그의 운동은 보다 용이해질 것이다. 손수레는 그의 운동의 방해물이었다. 그러나 그가 손수레에 아직 고정되어 있는 한, 이 도구가 좋은 상태에 있으면 있을수록, 그의 운동도 또한 보다 용이할 것이다. 그런데 마음이 이미 신체와 결합되어 있는 경우에는, 방해의 변화는 삶을 촉진한다. 이것은 마치 손수레 바퀴에 기름을 바르면, 운동이 용이한 것과 같다. 비록 손수레로부터 해방된 뒤에는 운동이 보다 용이해지겠지만, 따라서 신체의 좋은 구조는, 마음이 신체와 결합해 있는 한, 삶을 촉진한다. 신체로부터 해방된 뒤에 삶의 촉진은 보다 강화될 것이겠지만 말이다. 왜냐하면 신체는 생명이 없는 물질이므로, 그것은 삶을 저해하는 것이기 때문이다. 그러나 마음이 신체와 결합해 있는 한, 마음은 이 방해를 견뎌내야 하고, 온갖 방법을 써서 이것을 경감시키도록 노력하지 않으면 안 된다. 그러나 신체가 완전히 소멸할 때, 마음은 장애로부터 해방되어, 이제 비로소 올바른 삶을 시작한다. 따라서 죽음은 삶의 절대적 폐기가 아니라, 완전한 삶을 향한, 장애로부터의 해방이다. 이것은 이미 각자의 오성 안에, 또한 사태의 본성 안에 놓여 있는 것이다. [238] "나"라는 의식만으로, 삶이 신체 안에서가 아니라, 신체와 구별되는 특별한 원리 안에 있다는 사실, 따라서 또한 이 원리가 신체 없이도 존속될 수 있으며, 또한 그렇게 됨으로써 그의 삶은 방해받는 것이 아니라, 오히려 증가된다는 사실이 증명된다. 이것이 아프리오리하게 주어질 수 있는 유일한 증명이며, 이 증명은 우리가 아프리오리하게 통찰했던 바의 마음의 인식과 본성으로부터 얻어진다.

다음으로 우리는 마찬가지로 아프리오리한 증명을, 그러나 다른 존재자의 인식으로부터 하고자 한다.

그러나 어떤 존재자를 우리는 아프리오리하게 인식하는가? 우리는 우리의 마음의 존재를 실로 경험으로부터 인식하지만, 그러나 마음의 본성을 우리는 아프리오리하게 인식한다. 우리가 아프리오리하게 인식할 수 있는 존재자는 절대적으로 필연적인 존재자이지 않으면 안 된다. 우연적인 존재자는 경험에 의해서만 인식된다. 즉 그것이 주어지지 않는다면, 나는 그것에 대해 아무 것도 알지 못한다. 그러나 필연적인 것에 관해서는, 그것이 절대적으로 필연적이지 않으면 안 된다는 사실을 나는 아프리오리하게 통찰한다. 이 절대적으로 필연적인 존재자는 신적인 존재자이다. 그런데 신적인 존재자의 필연성으로부터 마음의 불멸을 추론하고자 한다면, 우리는 신의 본성으로부터 아프리오리하게 그러한 것을 인식할 수 없다.

왜냐하면 그렇지 않다면, 마음은 신의 본성의 일부가 되지 않으면 안 되기 때문이다. 따라서 내가 마음이라는 존재자의 본성으로부터 그것을 인식할 수 없다면, 남아 있는 방법은 무엇일까? 그 답은 자유라는 것이다. 왜냐하면 본성과 자유는 어떤 존재자에서 인식될 수 있는 그런 것이기 때문이다. [239] 그러므로 신의 의지의 인식으로부터 마음의 필연적인 존속을 추리할 수 있다. 이것은 도덕적 또는 신학적 - 도덕적(왜냐하면 신의 인식이 추가되기 때문이다) 증명이다. 이 증명은 우리의 모든 행위가 의무의 실천적 규칙 하에 있다고 하는 사실에 근거해 있다. 이 실천적 규칙은 신성한 도덕 법칙이다. 이 법칙을 우리는 아프리오리하게 인식한다. 어떤 행위가 이러하며, 달리는 있을 수 없다는 것은 행위의 본성에 속하며, 우리는 이것을 아프리오리하게 통찰한다. 그러나 여기서 특별히 문제되는 것은 심술(心術)이며, 이것이 신성한 법칙과 합치하게 될 경우, 행위의 동기도 도덕적이게 된다. 그러나 모든 도덕성은 규칙의 총괄에서 성립하는데, 이런 규칙의 총괄에 따라서 행위할 때 우리는 행복할 만한 가치를 가지게 된다. 도덕성은, 그것에 의해서 우리가 행복하게 되는 행위를 지시하지 않으며, 단지 행복할 만한 가치가 있게 되는 행위만을 지시한다. 그것은 단지 행복의 획득이 가능하게 되는 조건만을 가르쳐준다. 이 조건, 이 법칙을 나는 이성에 의해서 통찰한다. 그러나 이러한 행위에 의해서 이 세상에서 행복에 도달하는 방법은 결코 존재하지 않는다. 우리를 행복할 만한 가치가 있도록 만드는 행위가 이 세상에서 우리에게 행복을 주지 않는다는 것을 우리는 알고 있다. 공정성이 경멸을 받는 일이 얼마나 많은가? 사람들은 성실함에 의해서 입신출세하기를 바라지 않는다. 그러나 내가 이 법칙을 통찰하지만, 다른 면에서 본다면 [240] 이 법칙에 합치하는 나의 행위가 언젠가는 보상을 받게될 것이라는 약속도

기대도 가질 수 없기 때문에, 그리고 내가 이 법칙에 따름으로써 나 자신을 행복하도록 만들만한 가치가 있게 한다 하더라도, 다른 면에서 본다면 언젠가 이 행복에 관여하게 된다는 것을 전혀 기대할 수 없다는 사실을 나는 통찰하고 있기 때문에, 모든 도덕 법칙은 어떤 힘도 가지고 있지 않다. 이 법칙은 약속했던 것을 마련해 줄 수 없기 때문에, 결점을 가지고 있다. 사람들이 이 법칙에 합치해서 살려고 노력하지 않고, 가능한 한 이 세상에서 자신의 행복을 촉진시키려고 하는 것이 보다 나은 것처럼 보인다. 그리하여 만약 붙잡히지 않을 만큼 영리하게 되는 법을 알고 있다면, 가장 교활한 사기꾼이 가장 행복한 사람일 것이다. 또한 도덕 법칙에 따라서 살려고 노력하는 사람이 이 세상의 이익을 가볍게 여기고, 도덕 법칙이 그에게 약속은 하지만, 그것을 실행할 수 없는 그런 것들을 날쌔게 잡는다면, 완전히 멍청이가 되어 버릴 것이다.

여기에서 도움이 되는 것이 신학 또는 신의 인식이다. 도덕 법칙의 준수에 의해서 내가 나 자신을 그렇게 될 만한 가치가 있도록 만드는 바의 행복을 주는 힘을 가진 절대적으로 필연적인 존재자를 나는 알고 있다. 그러나 나 자신을 그렇게 될 만한 가치가 있도록 만드는 바의 행복이 이 세상에서는 조금도 주어지지 않고, 오히려 도덕적 행동이나 공정성에 의해서 나는 종종 현세의 행복 중 많은 것을 희생하지 않으면 안 되었다는 것을 나는 알고 있기 때문에, 내세가 존재하지 않으면 안 된다. 즉 [241] 피조물의 만족이 그 선행에 일치하는 그런 상태가 있지 않으면 안 된다. 만약 사람들이 내세를 인정한다면, 자신의 행위를 내세에 적합하게끔 해야 한다. 만약 내세를 인정하지 않는다면, 그는 악한과 같은 행동을 한다. 그러나 내세를 인정하지 않고, 이 사람이 이성에 의해서 통찰했던 법칙에 자신의 행위를 합치시키려고 했다면, 그는 멍청이처럼 행동하는 셈이 될 것이다. 왜냐하면 내세의 행복이 기대될 수 없기 때문에, 단지 현세에서 행복을 촉진하려고 노력한다면, 가장 악한 사람이 최선의 사람, 가장 현명한 사람이 될 것이기 때문이다.

이러한 도덕적 증명은 내세를 믿기 위한 증명으로서, 실천적으로 충분하다. 이 증명이 유효하기 위해서는 사람들은 이미 이전에 도덕적 마음씨를 유지하지 않으면 안 된다. 이때에는 다른 증명은 그 사람에게 이미 필요하지 않고, 그는 제시된 이의(異議)에 대해서도 귀를 기울이지 않으며, 이 증명만으로 완전히 충분할 것이다. 이 증명은 덕에 대한 동기이며, 그 반대의 것을 가지고 들어오는 사람은 도덕 법칙과 덕에 대한 동기를 폐기하고 만다. 그럴 경우 도덕의 원칙은 환영(幻影)에 지나지 않게 된다. 그러나 이 사변, 논리적 정당성, 그것의 표준이라는 점에서 말한다면, 이 증명은 결코 충분하지는 않다. 왜냐하면 이 세상에서 악덕이 벌을 받고, 덕이 보상을 받는다는 것을 우리는 알지 못한다는 사실로부터, 내세가 존재한다는 사실은 결코 귀결되지 않기 때문이다. 왜냐하면 우리는 이 세상에서 이미 악과 선이 그것에 대한 보상이나 벌을 받지 않는지 어떤지를 알 수 없기 때문이다. 누구도 이 세상에서 이미 자신의 벌을 느낄는지도 모른다. [242] 이 경우 그의 악덕이나 비행이, 받은 벌보다 크다고 생각했다 하더라도, 벌 받을만하다고 간주되는 이 비행은, 실제로 그의 기질로부터 본다면, 보다 작은 비행을 저질렀을 뿐이지만 보다 우수한 기질을 가지고 있으며, 따라서 보다 쉽게 악을 물리칠 수 있는 다른 사람의 비행과 비교해 볼 때, 인간적이며, 또한 작은 것일는지도 모른다. 다른 한편 유덕한 사람이, 마땅히 받아야 될 만큼의 행복을 받지 못하는 것처럼 보인다고 하더라도, 아마도 그의 덕은 상당히 더렵혀졌으며, 따라서 그는 매우 높은 행복을 받을 만하지 못할는지도 모른다. 더 나아가서 사람들은 다음과 같은 이의를 제기할 수 있을 것이다. 즉 각자가 보상과 벌을 받기 위해서 내세가 있다고 우리가 가정한다 하더라도 — 우리는 또한 이 세상에서 왜 이미 신의 심판 앞에 서 있지 않은가, 왜 우리는 우선 죽지 않으면 안 되는가 라는 물음을 물을 수 있을 것이다. 그러나 여기서 이런 문제에 너무 깊이 관여한다면, 왜 말은 여섯 개의 다리와 두 개의 뿔을 가지지 않는가 라는 의문도 제기할 수 있을 것이다.[32] — 가령 각자가 보상을 받게 되는 혹은 벌을 받게 되는 그런 내세가 존재한다고 하더라도,[33] 그렇다고 해서 보상을 받기 위해서 혹은 벌을 받기 위해서 영원히 살 필요는 없다. 각자가 그러한 보상을 받거나 벌을 받을 때에는, 그에게는 모든 것이 끝난 일이며, 그의 삶도 끝났다. 왜냐하면 비행(非行)에 대한 영원한 벌의 비율이 지나치게 크다는 것은 명백하며, 보상에 대해서도 이와 마찬가지이기 때문이다. 따라서 삶은, 이미 보상을 받고 벌을 받은 때에는, 항상 끝나게 된다. 더욱이 [243] 예를 들면 어려서 죽은 아이나, 이성 사용이 불가능하고, 도덕 법칙에 관해 전혀 알지 못하는 미개인의 경우처럼, 많은 사람들은 선악의 행위를 할 수 없기 때문에, 그들이 보상을 받고 벌을 받기 위해서 신의 심판대 앞에 서는 일은 결코 없을 것이다. 따라서 이 증명에 따르면, 방금 예를 들었던 사람들은 모두 미래의 삶을 인정할 수 없을 것이고, 그렇지 않은 사람들이 미래의 상태로 옮겨간다 하더라도, 그들은 자신들의 보상이나 벌이 계속되는 기간만큼만 내세에 계속 존재할 수 있을 뿐이다.

그러므로 마음이 사후에도 생명을 유지한다는 것을 증명하는 것만으로는 충분하지 않고, 마음이 그 본성상 필연적으로 존속해야 한다는 것이 증명되지 않으면 안 된다. 왜냐하면 만약 그렇지 않다

32) P판과 S판에서 본문 안에 있는 ( ) 안의 내용은 Ak판에는 각주 처리되고 있다.

33) Ak판에는 "가령 각자가 … 하더라도"가 삭제되어 있다.

면, 언젠가는 죽지 않으면 안 되지만, 그것이 몇 십만년 후의 일이라고 한다면, 의혹을 가지고서 긴 시간을 지내고 희극을 방관하기보다도, 빨리 죽는 쪽이 더 낫다고 우리는 생각할 것이기 때문이다.

따라서 이런 증명으로부터는 필연적 존속은 결코 설명될 수 없다. 그러나 마음의 본성과 영혼의 개념으로부터 주어진 이전의 증명은, 마음이 마음으로서의 본성상 필연적으로 영원히 존속해야 한다는 것을 증명한다. 그런데 마음이 본성상 불멸이라고 한다면, 이것은 모든 사람에게, 즉 어린아이에게도 미개인에게도 타당해야 한다. 왜냐하면 마음의 본성은 모두 같기 때문이다. 그러나 도덕적 증명은 또한 신앙의 충분한 근거이다. 그러나 무엇이 이 신앙을 생겨나게 할 수 있는가? [244] 모든 행위가 순수하고 신성한 도덕 법칙에 따라서 보상을 받고 벌을 받는 존재자를 인식하는 것이 이러한 신앙을 생겨나게 한다. 이러한 존재자를 믿는 자는 도덕적으로 살아간다. 그러나 [이런 존재자의] 개념만으로는 사람들을 도덕 법칙에 따라서 움직이게 할 수 없다. 그러므로 이 도덕적 증명은 성실한 사람에 대해서는 실천적으로 충분한 증명이 되지만, 악한 사람은 도덕 법칙 뿐만 아니라 그것의 창시자도 부정한다.

제3의 증명은 심리학으로부터 도출된 경험적 증명이다. 이 증명은 경험으로부터 도출된 한에서의 마음의 본성으로부터 얻어진다. 즉 우리는 마음의 본성에 관해 우리가 가지고 있는 경험으로부터 증명을 도출할 수 있는가 어떤가를 검토하기로 한다. — 경험 안에서 우리는 마음의 힘이 신체의 힘과 마찬가지로 증가하고 또한 감소한다는 것을 알고 있다. 신체가 쇠약해지는 것과 마찬가지로, 마음도 쇠약하게 된다. 그러나 그러한 사실로부터 다음과 같은 사실이, 즉 신체가 쇠약해서 완전히 소멸할 때, 그것과 동시에 마음도 완전히 소멸해 버린다는 것은 결코 귀결되지 않는다. 신체는 그야말로 동물적 삶의 조건이며, 따라서 동물적 삶은 끝나지만, 삶의 전체가 끝나는 것은 아니다. 그러나 경험적 증명은 결코 마음의 불멸을 설명할 수 없다. 왜 우리가 인간 심성의 관찰과 경험으로부터 신체 없는 마음의 미래의 존속을 설명할 수 없는가의 일반적 근거는, 모든 경험이나 관찰이 신체와의 결합에서 일어난다는 사실에 있다. [245] 신체와의 결합 없이는 삶에서의 어떤 경험도 일어날 수 없다. 그러므로 이러한 경험은 신체가 없다면 우리는 무엇일 수 있을까 하는 것을 증명할 수 없다. 왜냐하면 경험은 신체와 함께 일어나기 때문이다. 만약 인간이 신체로부터 이탈될 수 있다면, 이때 일어날 수 있는 경험은, 인간이 신체가 없다면 무엇일 수 있을까 하는 것을 증명할 것이다. 그러나 이러한 경험은 불가능하기 때문에, 신체가 없을 경우 신체는 무엇일 수 있는가 하는 것은 이러한 경험이 없는 이상 설명될 수 없다. 그러나 이 경험적 증명은 소극적인 효과를 가지고 있다. 왜냐하면 우리는 마음의 삶에 어긋나는 확실한 결론을 경험으로부터 이끌어낼 수 없기 때문이다. — 따라서 어떤 반대론자도 경험으로부터는 마음의 죽음을 설명하는 증명을 발견할 수 없다. 그리하여 마음의 불멸은 경험에 근거해 있는 모든 반론으로부터 적어도 보장된다.

제4의 증명은 경험적 · 심리학적이지만, 그러나 우주론적 근거에 기초해 있는데, 이것은 유비에 의한 증명이다. 여기서는 마음의 불멸은 전체 자연과의 유비에 의해서 추론된다. — 유비란 내가 알고 있는 이분지(二分肢) 사이의 관계로부터, 내가 알고 있는 제3분지에 대해 가지고 있는, 내가 알지 못하는 제4분지의 관계가 추측되는 경우의 여러 개념들 간의 비례이다. 이 증명 자체는 다음과 같다. [246] 즉 전체 자연 중에는 어떤 종류의 효용 또는 목적을 지향하지 않는 어떤 힘, 능력, 기관도 무생물에도, 생물에도 속하지 않는다는 것을 우리는 알고 있다. 그러나 마음 안에는, 현재의 삶에서 어떤 특정한 목적도 가지지 않는 힘이나 능력이 있다는 것이 알려진다. 그러므로 이 능력은, (자연 안에는 효용이나 목적을 가지지 않는 어떤 것도 존재하지 않기 때문에) 이 세상에서는 효용이나 특정한 목적을 가지지 않는다 하더라도, 어딘가에서 그 효용을 가지지 않으면 안 된다. 즉 이 힘이 사용될 수 있는 상태가 있지 않으면 안 된다. 따라서 이러한 마음의 모든 힘이 적용되며, 사용될 수 있는 바의 내세를 위한 마음이 보존되지 않으면 안 된다는 사실이 마음에 관해 추정된다. 이러한 명제를 하나씩 검토해 본다면, 우리는 자연 전체에서의 경험을 통해서, 모든 동물은 기관, 힘, 능력을 결코 헛되이 가지고 있지 않다는 사실, 이들 모두는 효용이나 특정한 목적을 가지고 있다는 사실을 알게 된다. 그런데 인간 마음의 힘은 그것의 효용이 이 세상에만 미치는 그런 것인가, 아니면 마음 안에는 현재의 삶에서 어떤 효용도 목적도 전혀 가지고 있지 않는 자질이나 능력도 있는가 하는 것이 문제이다. 이 문제를 검토한다면, 후자가 옳다는 것을 알게 된다. 비록 마음의 인식 능력만을 취해 본다 하더라도, 그것은 이 삶의 필요와 이 세계에서의 사명이 요구하는 것보다도 훨씬 멀리까지 미친다는 것을 우리는 알고 있다. 이것은 몇몇의 학문이 증명하고 있다. 수학은 우리의 인식 능력이 이 세상에서의 우리의 사명의 한계를 훨씬 넘어선다는 사실을 보여준다. [247] 우리는 우주의 구조 전체가 어떤가를 알고 싶어하는 욕구를 가지고 있다. 우리는 많은 노력을 하면서 여러 가지의 관찰을 시도한다. 즉 천문학이 보여주는 것처럼 우리의 지식욕은 하늘에 빛나는 별에까지 미친다. 그런데 우리의 지식욕을 만족시키는 데서 성립하는 이 모든 노력이 우리의 현실의 삶을 위해서 최소한도의 효용을 가지는가 어떤가 하는 것이 문제이다. 우리의 지식욕을 만족시키는 모든 학문이 이 세상에서의 우리의 삶을 위해서 최소한의 효용도 가지지 못한다는 것을 우리는 잘 알고 있다. 왜냐하면 이러한 것에 대해 아무 것도 알지 못하고, 코페르니쿠스의 체계도 아무래도 상관이 없으며, 이러한 지식의 결여에도 불구하고 충분히 만족하고 있는 많은 사람들이 존재하기 때문이다. 이러한 학문이 없더라도 사람들은 언제나 살아갈 수 있다. 아니 천문학의 가장 중요한 점이 그야말로 가장 흥미가 적다. 달력과 항해는 우리가 이 세상에서 천문학으로부터 가지게 되는 최대의 효용일 것이다. 그러나 단지 이 세상에서 살아갈 뿐이라면, 그러한 것이 없더라도 살 수 있을 것이다. 이들 지식은 현실적인 삶을 지향하지는 않는, 오성의 사치의 결과이기도 하다. 우리는 항해가 우리에게 가져다주는 사치품이 없더라도 어쨌든 살아갈 수 있다. 외국의 상품이나 의류를 가지고 몸을 장식하는 것에 우리의 인격의 가치가 있는 것은 아니다. 따라서 이상과 같은 지식도 이러한 삶을 향한 목적을 가지지 않는다. 그러나 우리의 지식욕은 더욱 확대되어 간다. 사람들은 다음과 같은 것을 탐구하고 묻는다. [248] 즉 태어나기 전에 자신은 무엇이었는가? 죽음 이후에 어떻게 되는가? 그는 더 나아가서 다음처럼 묻는다. 즉 세계는 어디에서 유래하는가? 세계는 유한한가 우연적인가 혹은 영원한 것인가 그리고 원인을 가지는가? 이 원인은 어떤 성질을 가지고 있는가? 이들 인식은 모두 현실적 삶에서는 전혀 흥미를 끌지 못한다. 내가 단지 이 세계에만 존재한다면, 내가 거기서만 존재하고 살아갈 수 있다면, 나 혹은 세계가 어디에서 왔는가, 세계의 원인은 누구인가, 그것은 어떤 성질을 가지고 있는가 하는 것을 알 필요가 있을까? [이러한 것을 묻는] 이 모든 능력은 무익하지 않기 때문에, 이 능력은 어떤 다른 상태에서 그것의 효용을 발휘하지 않으면 안 된다. 현실적 삶에서 가장 흥미를 끄는 목적, 예를 들면 맛좋은 맥

주는 어떻게 만들어지는가가 문제되더라도, 우리의 의식에서는 매우 낮은 차원의 것이 고려되지만, 반대로 이 세계에서는 결코 어떤 특정한 효용도 가지지 않는 탐구가 특정의 보다 고차의 목적을 가지고 있는 것처럼 보인다. 그러므로 이러한 능력을 그것의 사명, 목적, 효용에까지 높이는 것은 무익할 뿐만 아니라 불합리할 것이다. 따라서 이 능력이 자신의 목적과 효용을 가지는 다른 삶이 우리를 위해서 있지 않으면 안 된다. 더욱이 학문과 사변은, 일부의 사람들이 사변의 시간과 여유를 가지고 생계 수단에 염려를 하지 않기 위해서, 다른 일부의 사람이 열심히 일을 하는 것을 필요로 한다. 그러나 만약 다른 사명이 없다고 한다면, 인간 사이의 이러한 불평등은 현실적 삶에서는 매우 부적당한 것이 될 것이다. 말할 것도 없이 학문이나 사변에 헌신하는 사람은 [249] 현실적인 삶의 많은 이익을 고려하지 않고, 삶을 단축시키며, 건강을 훼손한다. 따라서 이러한 학문은 우리의 현재의 사명에는 전혀 어울리지 않기 때문에, 이것이 가치를 발휘하게 되는 다른 사명이 기대될 수 있지 않으면 안 된다. 더욱이 인생의 짧음은 획득된 모든 학문이나 지식을 사용하기에 충분한 시간을 주지 않는다. 삶은 자신의 능력을 완전히 완수하기에는 지나치게 짧다. 삶을 학문을 위해 최고도로 이용하고, 또한 학문을 가장 잘 이용할 수 있을 때, 사람들은 자신의 생을 마감한다. 예를 들면 뉴턴과 같은 사람이 보다 오래 살았더라면, 모든 사람들이 천년이 걸려서 발견할 수 있는 것보다 많은 것을 혼자 힘으로 발견했을 것이다. 그러나 삶을 학문을 위해 최고도로 이용할 수 있게 되었을 때, 그는 죽고 말았다. 그의 뒤에 또한 가나다로부터 시작해야 하는 다른 사람이 나타나서, 삶을 뉴턴과 같은 정도로 이용할 수 있게 되었을 때, 그 사람도 죽었던 것이다. 이후 계속되는 사람에 관해서도 사정은 동일하다. 그러므로 인생의 짧음은 인간 오성의 능력과 전혀 균형을 이루고 있지 못한다. 그러나 자연에서의 어떤 것도 무익하지 않기 때문에, 이 능력도 다른 삶을 위해서 지양되지 않으면 안 된다. 학문은 오성의 사치이며, 내세에서 우리가 기대할 수 있는 것을 미리 우리에게 맛보도록 하는 것이다.

다른 한편 의지의 힘을 관찰하면, 우리 안에는 도덕성과 정의에 대한 동기가 발견된다. [250] 이것이 현실적 삶을 위해서만 우리에게 주어진 것이라면, 자연은 우리를 희롱한 셈이 될 것이다. 마음이 자신의 사명의 보다 큰 범위를 가지지 않는다면, 모든 것은 무익하게 되어버릴 것이다. 만약 다른 존재자, 즉 영혼이 우리의 지상에 와서, 다른 존재자를 자신의 몸에 가지고 있는 임산부를 발견했다고 하자. 또한 이 존재자가 현재의 상태에서는 사용할 수 없는 기관을 가지고 있다는 것을 그가 안다면, 이 영혼은 반드시 이 기관의 모든 것이 사용되는 다른 상태를 위해서 이 존재자는 보존되고 있다고 추정할 것이다. 우리가 예를 들면 애벌레 안에 장래 나비로서 사용하게 될 모든 기관이 이미 갖추어져 있고, 이 기관이 성장한 후에 사용된다는 것을 인정한 때에도, 우리는 마찬가지의 추리를 할 것이다. 인간의 마음도 마찬가지로, 현실의 삶을 위해 충분한 용도를 가지지 않는 인식력이나 의욕력, 운동이나 도덕 감정을 갖추고 있다. 그런데 어떤 것도 무익하지 않고, 그 모두가 자신의 목적을 가지고 있기 때문에, 마음의 이러한 능력도 일정한 목적을 가지지 않으면 안 된다. 이 목적의 실현은 현실적 삶에서는 일어나지 않기 때문에, 마음의 능력은 미래의 삶을 위해서 보존되어야 한다.

이 증명에 수반되는 난점은 항상 다음과 같은 반론에 있다. 즉 인간의 태어남은 우연적이다. 그것은 인간이 아이를 낳는 상태에 자신을 놓고자 하는가 어떤가에 항상 달려 있다. 즉 그들의 경향성, 즉 그들의 착상에만 관련되어 있다. [251] 더욱이 사람들이 서로 뜨거운 정열에 빠져있을 경우, 가끔 허용되지 않는 방식으로 아이들이 생겨나는 일도 종종 있다. 그 때문에 이 경우에는 인간은 다른 동물과 같은 방식으로 번식한다. 그런데 양친의 우연적인 결의에 의해서 이 세상에 태어난 피조물은 결코 보다 고차의 목적과 미래의 삶을 위해서 규정될 수 없다. 인간이 극히 우연적인 동물의 탄생의 목적에 의하지 않고서는 삶에 이를 수 없다는 것은 사실이지만, 이것은 완전한 반론이 아니라, 오히려 증명일 것이다. 그러나 다른 한편 우리는, 마음의 삶은 동물적 삶의 탄생의 우연성에 의존하는 것이 아니라, 동물적 삶 이전에도 존속하고 있었으며, 따라서 그 존재는 고차의 사명에 의거하고 있다는 사실을 알게 된다. 따라서 동물적 삶은 우연적이지만, 정신적인 삶은 그러한 것이 아니다. 정신적 삶은, 그것이 우연히 신체와 결합되어 있지 않더라도,[34] 존속할 수 있고 수행될 수 있다. 태어나지 않은 혹은 태어날 가능성도 없는 존재자는 비록 인간적 삶에 부여되지 않지만, 그 후에 신체의 도움에 의해서 전개된 영혼은 이것과는 다른 방식으로도 전개될 수 있다. 반론에 대한 이상과 같은 대답은 사태를 충분히 증명하지는 못한다 하더라도, 이 대답은 이 대답에 대립해 있는 반론이 조금도 타당하지 않다는 사실, [252] 따라서 우리는 미래의 삶을 승인하는 신앙을 확인한다는 사실에 대해서 큰 효용을 가진다.

삶의 한계 저편에서의 마음의 상태가 가지고 있는 성질에 관해서 말하자면, 우리의 이성의 제한으로 인해 이성은 이 한계까지는 도달할 수 있지만, 이것을 넘어설 수는 없기 때문에, 우리는 여기서 어떤 것도 신뢰성을 가지고 이야기할 수 없다. — 그러므로 제시된 반론에 대립해 있을 수 있는 개념만이 선택될 수 있을 뿐이다. 첫

---

34) Ak판에는 "결합되어 있더라도"이지만, P판과 S판에는 "결합되어 있지 않더라도"로 되어 있다. 문맥상 후자를 취했다.

번째 문제는 마음이 자신의 미래의 상태에서 자기 자신을 의식하고 있는가 어떤가 하는 것이다. — 만약 마음이 자기를 의식하고 있지 않다면, 이것은 이전의 개념에 의해서 이미 반박을 했던 바의 마음의 죽음일 것이다. 그러나 마음이, 마음의 생명력이 과연 존재한다 하더라도, 자기 자신을 의식하고 있지 않는 경우에는, 이것은 마음의 졸음이며, 이 졸음에서는 마음은 자신이 어디에 있는가를 알지 못하고, 또한 다른 세계에 아직 순응할 수 없다. 그러나 이러한 생명력과 의식의 결여는 결코 증명될 수 없다. 왜냐하면 마음 자체가 생명력이므로, 그것의 결여는 있을 수 없기 때문이다.

그러나 죽음 이후의 마음의 중심 문제가 되는 인격성 및 인격의 동일성은, 마음이 자기를 의식한다는 사실, 마음은 인격이라는 사실, 마음이 자신의 동일성을 의식하고 있다는 사실에서 성립한다. 왜냐하면 그렇지 않다면 이전의 상태는 미래의 상태와 전혀 결합해 있지 않을 것이기 때문이다. 인격성은 실천적으로 그리고 심리학적으로 고려된다. 자유로운 행위가 인격성에 귀속될 때에는 실천적이며, [253] 자신 및 그것의 동일성을 의식하고 있을 때에는 심리학적이다. 자기 자신의 의식 및 인격의 동일성은 내관에 근거하고 있다. 그러나 신체는 삶의 원리가 아니기 때문에, 내관은 신체 없이도 존속하며, 따라서 인격성도 마찬가지로 존속한다.

그러나 마음이 자기 자신을 의식한다면, 마음은 스스로를 순수한 영혼으로서 의식하는가 아니면 유기적 신체와 결합해 있었던 것으로서 의식하는가 하는 것이 문제된다. 그러나 이것에 관해서는 우리는 어떤 것도 확실하게 말할 수 없다. 이 점에 관해서 두 가지 의견이 나누어진다.

(1) 우리는 동물적 삶의 부활을 고려할 수 있다. 그런 부활은 지상

적(地上的) 존재 방식이거나 아니면 초(超)지상적인 존재 방식이다. 지상적인 존재 방식을 선택한다면, 나의 마음은 이런 저런 신체를 필요로 한다. 또한 현재의 동물적 삶으로부터 다른 어떤 동물적 삶에로의 이행을 의미하는 초지상적 존재 방식에 의하면, 마음은 변용(變容)된 신체를 받아들이지 않으면 안 될 것이다. 다음으로

(2) 마음이 신체를 전혀 가지지 않는 그런 순수한 정신적 삶을 생각할 수 있다.

이 두 번째 견해가 철학에서는 가장 적절하다. 왜냐하면 신체는 삶의 장애이지만, 그러나 미래의 삶이 완전해야 한다면, 삶은 완전하게 정신적이지 않으면 안 되기 때문이다. 그러나 우리가 완전히 정신적인 삶을 승인한다면, 여기서 다시 문제로 되는 것은 천국이나 지옥이 어디에 있는가 하는 것이며, 또한 [254] 우리의 미래에 정해진 장소가 어떤 것인가 하는 것이다. 신체로부터의 마음의 분리는 장소의 변화에서 정립되지 않는다. 영혼의 현존은 장소적으로는(localiter) 설명될 수 없다. 왜냐하면 장소적으로 설명된다면, 사람들이 죽을 때, 마음은 또한 계속 신체 안에 자리잡고 있는가 혹은 바로 그것으로부터 벗어나는가 라고 물을 수 있기 때문이다. 또한 마음은 방에 있는가 집안에 있는가? 천국이든 지옥이든 그곳까지의 여정에 어느 정도의 시간이 걸리는가? 그렇지 않다면 마음은 어디에 있는가? 그러나 이 모든 물음은, 마음의 현존을 장소적으로 승인하지 않고 설명하지 않는다면, 사라지게 된다. 장소란 물체적이고 비정신적인 사물의 관계에 지나지 않는다. 그러므로 마음은 어떤 장소도 차지하지 않기 때문에, 전체 물체계(物體界) 안에서는 발견되지 않으며, 물체계 안에서는 어떤 특정한 장소도 차지하지

않고, 정신계에 속해 있으며, 다른 영혼과 결합되고 또한 다른 영혼과 관계를 맺고 있다. 그런데 이 영혼이 자애롭고 신성한 존재자이며, 마음이 이들 영혼의 공동체 안에 있다면, 마음은 천국에 있는 셈이 된다. 그러나 마음이 그 안에 존재하고 있는 이 공동체가 악의(惡意)를 가지고 있다면, 마음은 지옥에 있게 된다. 따라서 천국은 신성하고 영적인 존재자의 공동체가 있는 곳에는 어디에도 존재한다. 그러나 이러한 공동체는 물체계에 미치지 못하며, 따라서 천국은 세계에서 어떤 장소도 차지하지 않기 때문에, 천국은 어디에도 존재하지 않는 셈이다. 그러므로 천국은, 천체가 차지하고 있는, 그리고 사람들이 도달하고 싶어할 때 공중(空中)을 통해서 가지 않으면 안 되는, 그런 무한의 공간은 아닐 것이다. [255] 영혼계가 천국이며, 영혼계와 관계하고 교섭하는 것은 천국에 있음을 의미한다. 그러므로 마음이 악의를 가지고 있는 경우에, 마음은 지옥에 들어오는 것이 아니라, 악한 영혼들과의 관계 안에서 자신을 보는 것일 뿐이며, 그것은 지옥에 있음을 의미한다.

우리는 감성적 직관에 의해서 물체계를, 그것이 우리에게 현상하는 한, 인식한다. 우리의 의식은 동물적 직관에 수렴된다. 현존하는 세계는, 그것이 현재의 감성적 직관에 의해서 직관되는 한, 모든 대상의 상호 작용이다. 그러나 마음이 신체로부터 분리된다면, 마음은 이 세계에 관해서 분리 이전과 동일한 감성적 직관을 가지지 않을 것이다. 마음은 세계를 그것이 현상하는 그대로 직관하는 것이 아니라, 있는 그대로 인식할 것이다. 그러므로 신체로부터의 마음의 분리는 감성적 직관이 정신적 직관으로 변화하는 데서 성립한다. 이것이 다른 세계이다. 그러므로 다른 세계는 다른 장소가 아니라 다른 직관일 뿐이다. 다른 세계는 대상에 대해서 이야기한다면 동일하며, 실체에 대해서 이야기한다면 구별되지 않는다. 그러나 그 세계는 정신적으로 직관된다. 이 다른 세계를 이 현실적 세계와 분리된 새로운 장소라고 생각하며, 또한 사람들이 그 쪽으로 가고자 할 경우 우선 그 세계로 장소를 이동하지 않으면 안 된다고 생각하는 사람은, 마음의 분리를 장소적으로 생각하고, 또한 그것의 현존을 장소적으로 설명함에 틀림없다. [256] 이 경우에 마음의 현존은 공간에서의 접촉이나 연장 등과 같은 물체적 조건에 근거해 있을 것이다. 그러나 또한 이 경우 많은 의문이 생겨나며, 사람들은 유물론에 빠지고 말 것이다. 그러나 마음의 현존은 영적이므로, 분리도 마음이 신체로부터 나와서, 다른 세계로 들어가는[35] 것에서 성립하지 않는다. 마음은 신체에 의해서 물체계에 관한 감성적 직관을 가지기 때문에, 신체의 감성적 직관으로부터 해방될 때에는, 정신적 직관을 가지게 되는데, 이것이 바로 다른 세계인 것이다. — 이 다른 세계에 이르게 되면, 사람들은 어떤 다른 사물, 예를 들면 혹성 위에 있는 사물과의 공동체 안에 들어가지 않는다. 왜냐하면 그러한 사물과 나는 현재 이미, 단지 격리된 결합이기는 하지만, 결합해 있기 때문이다. 사람들은 이 현실 세계에 머무르고 있지만, 그러나 모든 사물에 관한 정신적 직관을 가지고 있다. 따라서 다른 세계는 장소에 의해서는 이 세계와 구별되지 않는다. 장소의 개념은 여기서는 전혀 사용될 수 없다. 그러므로 행복의 상태 혹은 천국의 상태 그리고 비참의 상태 혹은 지옥의 상태 — 이 모두를 다른 세계는 자신 안에 포함하고 있지만 — 도 이 감성계 안에서는 전혀 찾아질 수 없다. 내가 지상에서 정직하고, 죽은 후에 모든 사물에 관해 정신적 직관을 얻게 되며, 다른 마찬가지로 성실한 존재자들의 공동체 안으로 들어갈 때, 나는 천국에 있게 된다. 반대로, 나의 행동에

35) P판과 S판에는 “Hingehen”이지만, Ak판에는 “Eingehen”이다.

의해서 도덕성의 모든 규칙에 어긋나는 의지를 가진 존재자에 관한 정신적 직관을 가지고, [257] 이들 존재자의 공동체 안으로 들어갈 때, 나는 지옥에 있는 것이다. 다른 세계에 관한 이상과 같은 견해는 논증될 수는 없지만, 이성의 필연적인 가설이다.[36)]

스웨덴보리[37)]의 생각은 이 점에 관해서 매우 숭고하다. 영적 세계는 특별한 실재적 우주를 이루고 있으며, 이 세계는 감성계(mundus sensibilis)와 구별되어야 하는 예지계(mundus intelligibilis)라고 그는 말했다. 또한 그는, 모든 영혼의 본성은 서로 결합해 있고, 단지 영혼의 공동체와의 결합만이 물체의 조건에 속박되어 있지 않으며, 따라서 영혼은 다른 영혼과 원근(遠近)의 관계에 있지 않고, 양자의 관계는 정신적 결합이라고 말했다. 그런데 우리의 마음은 영혼으로서 서로 이와 같은 결합과 상호성 안에 있으며, 그럼에도 이러한 관계는 이미 이 세계에서 발견된다. 우리는 감성적 직관만을 가지고 있기 때문에, 우리가 이 관계 안에 있다는 것을 보지 못할 뿐이다. 그러나 우리가 그것을 보지 못하더라도, 사실 우리는 그 안에 있다. 그런데 감성적[38)] 직관의 장애가 일단 제거되면, 우리는 이 정신적 공동체 안에 있다는 것을 알게 된다. 바로 이것이 다른 세계인 것이다. 이 세계는 다른 것이 아니라, 우리가 다른 모습으로 직관하는 세계와 완전히 동일한 것이다. 그런데 선한 의지를 가지고, 도덕성의 규칙을 준수하려고 노력하는 사람이, 이 세상에서 올바르게

---

36) Ak판에는 "이성의 필연적 가설"을 꾸며주는 구절, 즉 "반대자에 대립될수 있는"이 추가되어 있다.

37) 스웨덴보리(Emanuel Swedenborg, 1688~1772)는 스웨덴의 신비주의자. 신비적인 영적 세계의 존재를 믿고, 영적 존재 및 천사와 교류할 수 있다고 했다. 칸트는 1766년에 『시령자(시령자)의 꿈』에서 이것을 망상이라고 하여 비판 하였다.

38) S판과 Ak판에는 "sinnlichen"(감성적)으로 되어있지만, P판에는 "geistigen"(정신적)으로 되어 있다.

행동한다면, 그 사람은 이미 성실하고 선한 심성을 가진 모든 마음과의 공동체 안에 있는 셈이다. 그는 인도에 있을 수도 있고 [258] 아라비아에 있을 수도 있다. 다만 감성적 직관으로부터 해방될 때까지는 자신이 이 공동체 안에 있다는 것을 아직 알지 못할 뿐이다. 마찬가지로, 악한 의지를 가진 사람도 이미 이 지상에서, 서로 혐오하고 있는 악한 사람들의 공동체 안에 있다. 단지 그는 이러한 사실을 알지 못할 뿐이다. 그러나 그가 감성적 직관으로부터 해방된다면, 이 공동체 안에 있는 자기를 확인할 것이다. 그러므로 유덕한 사람의 모든 선한 행위는 축복된 자의 공동체에 이르는 도정(道程)이며, 마찬가지로 모든 악한 행위는 악한 사람의 공동체에 이르는 도정이다. 따라서 유덕한 사람은 천국으로 향하여 가는 것이 아니라, 이미 이 지상에서 천국에 있는 것이다. 그러나 죽은 후에 비로소 그는 이 공동체 안에 있다는 것을 알게 된다. 마찬가지로 악한 사람은 현실에서 이미 지옥에 있음에도 불구하고, 이 사실을 알지 못한다. 그러나 신체로부터 해방되면 그는 비로소 자신이 어디 있는가를 안다. 이것은 악한 사람에 있어서는 가공스런 생각이다! 정신의 눈이 자신에게 열려진다는 것을 그는 항상 두려워하지 않으면 안 되지 않겠는가? 그리고 이 눈이 열려질 때, 그는 이미 지옥에 있게 된다.

이 정신적 직관을 위해서 어떻게 해서 신체가 필요한가를 나는 전혀 인식하지 못한다. 마음이 신체로부터 일단 해방될 때에도, 왜 마음은 또한 이 먼지구덩이에 쌓여 있어야 하는가? 그러나 마음의 정신적 본성의 개념, 신체로부터의 그것의 분리의 개념, 천국과 지옥에서 성립하는 내세의 개념을 명료하게 하기 위해서 여기서 말할 수 있는 것은 이상이 모두이다.

심리학의 말미에 [259] 또한 영혼 일반에 관해 다루어져야 한다.

그러나 이성에 의해서는 그러한 영혼이 가능하다는 것 이상은 통찰될 수 없다.

그러나 하나의 문제가 남아 있다. 그것은 다른 세계에서 정신적으로 자신을 보는 마음이 가시계(可視界)에서 눈에 보이는 결과를 수반하여 현상할지 어떨지의 그리고 현상할 수 있는지 어떤지의 문제이다. 그러나 이것은 불가능하다. 왜냐하면 물질은 다만 감성적으로 직관되며, 외관에 나타나지만, 영혼은 그렇지 않기 때문이다. 혹은 스웨덴보리가 주장했듯이, 나는 [신체와] 분리된 마음과 나의 마음의 공동체를 이미 이 세계에서 어느 정도는 직관할 수 있는가? 그런 경우에는 나의 마음은 신체와 분리되어 있지 않지만, 영혼으로서의 이러한 공동체 안에 있는 것이다. 그러나 이것은 모순을 포함한다. 만약 그렇다면, 이 세계에서 이미 정신적 직관이 시작되지 않으면 안 되기 때문이다. 그러나 나는 이 세계에서는 아직 감성적 직관을 가지고 있기 때문에, 동시에 정신적 직관을 가질 수 없다. 나는 이 세계와 다른 세계에 동시에 있을 수 없다. 왜냐하면 내가 감성적 직관을 가지면 이 세계에 속하고, 또한 정신적 직관을 가지면 다른 세계에 속하지만, 그러나 양자가 동시에 일어날 수 없기 때문이다. 그러나 마음이 이 세계에서 현상할 수 있다는 사실, 혹은 이러한 정신적 직관이 지상에서 이미 가능하다는 주장이, 우리는 이것의 불가능성을 증명할 수 없기 때문에, 제기된다면, 이것에 대해서는 건전한 오성의 준칙을 가지고서 반대하지 않으면 안 된다. 건전한 오성의 원칙은 다음과 같다. 즉 [260] 내가 그와 같은 경험이나 현상을 승인한다면, 그것들은 나의 이성 사용을 불가능하게 만들고, 또한 그 아래에서만 내가 이성을 사용할 수 있는 조건들을 폐기하게 되므로, 그러한 경험이나 현상은 허용되어서는 안 되고, 부인되어야 한다는 것이다. 이러한 경험이나 현상이 인정된다면, 이 세계에서의 나의 이성 사용은 완전히 정지해 버릴 것이다. 따라서 많은 행위가 영혼의 계획에서 일어날 수 있을 것이다. 그러나 이 문제는 이 이상 상세한 음미를 필요로 하지 않는다. 왜냐하면 악한 행위자가 자신의 행위의 책임을 그를 그것으로 인도했던 악한 영혼 탓으로 전가한다 하더라도, 재판관이 영혼을 용서하지 않는다는 것은, 우리의 경험으로부터 이미 명백하기 때문이다. 왜냐하면 그렇지 않다면, 그 재판관은 그 악한 사람을 벌할 수 없기 때문이다.

일반적으로 우리가 말할 수 있는 것은, 이 세계에서 내세를 위해 상당히 마음을 괴롭히는 것은 지상에서의 우리의 본분에 완전히 적합하지 않으며, 우리는 지상에서 우리에게 정해진 범위를 완수하고, 어떤 내세가 우리에게 주어질 것인가를 기대하지 않으면 안 된다고 하는 사실이다. 우리가 이 세계에서 가지는 위치에서 올바르고 도덕적으로 선하게 행위하고, 그리고 스스로를 장래에 행복하게 될 만한 가치가 있게 만들려고 노력하는 것이 중요하다. 그것은, 사람들이 병사로서 낮은 지위에 있다면, 대장이나 사령관의 일에 마음을 쓰는 것이 무의미한 것과 같다. 그런 지위에서 비로소 그 일을 할 때가 온다.

[261] 내세에 관한 예견은 우리에게 막혀 있다. 단지 작은 희망이 남아 있지만, 이 희망은 우리를 내세에 걸 맞는 방향으로 움직이도록 하는 데 충분한 힘을 가지고 있다. 만약 우리가 내세를 이미 미리 정확하게 알고 있다면, 그만큼의 열의를 가지고서 내세에 어울리는 행동은 하지 않을 것이다.

중요한 것은 항상 도덕성이다. 이것은 우리가 지키지 않으면 안 되는 신성한 것, 신성불가침한 것이며, 우리의 모든 사색과 연구의 근거이고 목적이다. 형이상학적인 사색은 모든 도덕성을 지향한다. 신과 다른 세계는 우리의 모든 철학적 연구의 유일한 목표이며, 신과 다른 세계의 개념이 도덕성과 결합되어 있지 않다면, 그것들은 무익하게 되어버릴 것이다.

제4장
[262] 합리적 신학

예비적인 개념

자연적인 것과 초자연적인 것에 관하여 우리는 이제, 형이상학의 목적과 궁극적 의도를 이루고 있는, 그리고 또한 거기에 형이상학 전체의 필연성이 근거하고 있는 그런 형이상학의 인식에로 이행해 간다. 모든 우리의 경험 및 모든 경험적 개념의 대상은 이 세계이다. 우리의 인식은 경험이 우리를 인도하는 것보다 더 멀리 뻗치지는 못하지만, 그러나 우리는 이 인식 안에서 이 경험의 한계까지는 이를 수 있을 것이다. 이 세계의 배진적 방향(a parte ante)과 전진적 방향(a parte post)에서의 한계가 신 및 다른 세계이다. 신은 아프리오리한 [즉 배진적 방향에서의] 한계이고, 내세는 아포스테리오리한 [즉 전진적 방향에서의] 한계이다. 만약 이 양 방향의 한계가 없다면, 모든 형이상학적 사변은 쓸 데 없는 것이 되어버릴 것이며, 조금도 유용하지 못하게 된다. 철학의 모든 사변은 이 두 한계 개념과의 관계를 가지고 있으며, 따라서 만약 우리가 세계에 선행하고 후속하는 것을 [263] 사변에 의해서 인식할 수 없다면, 이 두 한계 개념은 필요하지 않을 것이다. 세계의 바깥에 있는 모든 것은 세계의 원인과 세계의 결과이며, 이 양자는 극히 중요한 연관을 가지고 있다. 세계 일반은 우주론에서 연구되었고, 또한 세계의 결과는 합리적 심리학에서 연구되었으며, 세계의 원인은 합리적 신학에서 연구되어야 한다. 그래서 신에 관한 인식은 형이상학의 목표이자 궁극 목적이다. 아니 사람들은 다음처럼 이야기할 수 있을 것이다. 즉 형이상학이야말로 순수 이성의 학문이며, 이런 학문에서 우리는 우리가 세계의 원인을 통찰할 수 있는지 없는지를 검토하게 된다고 이야기할 수 있을 것이다. 이 인식으로부터 우리는 다음에 우리의 행위에 대한 모든 실천적 귀결을 도출할 수 있다. 모든 우리의 인식은 오성과 이성의, 일면으로는 단지 임의의 과제로 간주되며, 또한 일면으로는 필연적인 과제로서 간주될 수 있다. 우리의 이성의 임의의 과제는 지식욕(知識慾)에 의해 만들어지고, 단지 두, 셋의 과제는 오성의 본성에 의해 주어지며, 이러한 문제들은 순수 오성과 순수 이성의 당연한 과제이다.

기적에 관하여 인간은 본성상 자연과 구별되는 것 또는 자연의 원인이어야 하는 것을 스스로 생각하려는 경향을 가지고 있다. 이것이 이성의 당연한 과제라는 것은 경험으로부터 입증될 수 있을 것이다. 왜냐하면 모든 민족은 항상 원존재자(原存在者)에 관한 개념을, 아무리 그 개념이 도덕적으로 타락했다 하더라도, 가지고 있었기 때문이다.

사물의 우연성을 우리는 통찰한다. 그런데 [264] 어떠한 우연적 사물에 있어서도 원인을 생각하는 것은 오성에 적합하다. 그런데 오성이 세계를 구성하고 있는 모든 우연적 사물을 총괄한다면, 오성은 세계와 구별되는 그리고 그 세계의 원인인 바의 존재자를 생각하지 않으면 안 된다. 모든 사건이 제1의 시초 없이 존재할 것이라는 것은 일반적인 이성과 완전히 대치되는 것이요, 따라서 모든 것의 제1의 원인이 존재하지 않으면 안 된다. 그 때문에 이것은 이성의 극히 당연한 과제이다. 그러나 이것은 단지 사변적 이성의 당연한 과제일 뿐만 아니라 실천적 이성의 당연한 과제이기도 하다. 인간은 자신의 이성에 의해서 신성한 법칙, 즉 그것에 따라서 자신의 행동을 조정해야 하는 신성한 법칙을 안다. 인간은 자신의 관심사를 알고, 이 관심사가 근거를 가지고 있다는 것을 안다. 그러나 그는, 그로부터 그의 이성을 올바로 사용하기 위한 규칙을 만들어 내는 그런 확실하고 확고한 어떤 것을 가지기 위해서는, 그의 모든 관심사를 규정하는 일자(一者)를 자연을 넘어서 있는 곳에서 정립하지 않으면 안 된다. 그래서 이렇게 일자를 정립하는 것도 또한 실천 이성의 당연한 과제이며, 모든 국민이 모든 일을 규칙에 따라서 지배하는 그러한 창시자를 가정하고 있는 것은 하등 놀랄 만한 일이 아니다. 그런데 사변적 이성과 마찬가지로 실천적 이성도 하나의 원인 또는 다수의 원인을 가정하는 요구를 가지고 있다 하더라도, 인간은 그러나 이러한 당연한 과제를 모든 방면에서 해결하려고 시도해 왔다. 인간이 최고의 창시자에 관해서 스스로 만들어 낸 개념은 예컨대 창시자는 하나인가 다수인가에 관해서는 극히 가지가지이다. 그러나 그럼에도 하나의 점에서는 인간은 동일한 개념을 가지고 있었다. [265] 즉 이 최고 존재자는 자연의 필연성에 따라서 행위하는 것이 아니라, 자유에 따라서 행위하기 때문에,[1] 단지 자연의 필연적 원인일 뿐만은 아니라는 개념을 가지고 있었다. 왜냐하면 그렇지 않다면 인간은 오성의 당연한 과제를 만족시킬 수 없을 것이기 때문이다. 왜냐하면 오성과 자유 의지 없이는 나는

1) P판과 S판은 "welches nicht nach der Notwendigkeit"이지만, Ak판의 "weil es nicht nach der Notwendigkeit"을 취했다.

여러 가지 우연적인 사물의 어떠한 시초도 생각할 수 없기 때문이다. 자연의 필연성으로부터 발원(發源)하고 자유로부터 발현하지 않는 어떠한 것도 결코 시초는 아니다. 시초가 설명되어야 한다면, 그러한 시초는 자유에 의해서 생겨나지 않으면 안 된다. 제1의 시초에는 자유 의지로부터 행위하는 존재자가 존재해야만 한다. [그렇지 않다면] 실천적 이성의 과제에 있어서는 어떠한 만족도 생겨나지 않을 것이다. 왜냐하면 인간의 관심사는, 인간이 행복이라는 자신의 목적에 관해서 생각할 수 있기 위해서는, 제1의 원인을 요구하기 때문이다. 그런데 인간은 목적과 의도에 따라서 일을 처리하는 존재자를 생각하는 경우 이외에는 제1원인을 요구할 수 없다. 그러나 그러한 존재자는 오성과 자유 의지를 가지지 않으면 안 되며, 따라서 제1원인은 자유로운 이성적 예지이다. 이것이 이성의 요구의 당연한 귀결이다. 세계와 구별되어 있으며, 오성과 자유 의지를 가지고 있는, 이 세계의 최고의 원인은 신이다.

세계의 원인과 신에 관한 개념은 두 종류이다. 왜냐하면 인간이 세계의 원인을 자연의 필연성에 따라서 생각하면, 인간은 원존재자를 가지지만, 그러나 어떠한 신도 가지지 못하기 때문이다. [266] 신은 자유에 따라서 행위하는 존재자의 개념이며, 그러한 초세계적 예지(intelligentia supramundana)가 바로 신이다. 그런데 다수의 그러한 존재자가 존재하는가 또는 단지 하나의 그러한 존재자가 존재하는가 하는 것은 확실히 보다 미묘한 연구에 속한다. 우리의 이성은 원인들의 통일에 도달하고자 노력해야 한다. 왜냐하면 우리의 이성이 필연적으로, 오성적이고 자유로운 원존재자를 전제해야 한다면, 이 원존재자는 유일한 것이어야 하기 때문이다. 왜냐하면 그렇지 않다면 이성에 있어서 어떠한 규칙도 존재하지 않을 것이기 때문이다. 만약 다수의 그러한 존재자가 존재한다면, 확고 불변한 어떤 것도 존재하지 않게 될 것이요, 또한 우리는 어떤 존재자가 다른 존재자와 대립하지 않는가 어떤가도 알지 못하게 되며, 또한 [동일한 절대자이면서] 어떤 존재자는 이러한 성질을 가지고 다른 존재자는 저러한 성질을 가질 수 있을 것이다. 그런데 일자가 모든 성질을 가진다면, 그것은 이성에 있어서 확고 불변한 어떤 것이다.

신의 인식은 이론적 이성과 실천적 이성의 필연적 가설 이상의 것이 결코 아니었다. 그러나 이러한 인식이 이성의 필연적 전제 이상의 것이 결코 아니었다고 하더라도, 이 경우 그것은 분명히 실천적 확실성 또는 찬탄할 만큼의 것을 가지고 있으며, 따라서 이 신의 인식이 비록 증명될 수 없다 하더라도, 자신의 이성과 자유 의지를 사용하기를 원하는 자는 그가 바보[2]나 악한처럼 행동하기를 원하지 않는다면 필연적으로 이 신의 인식을 전제하지 않으면 안 된다. 그런데 우리의 이성이 필연적으로 전제하는 것은, 마치 이것이 필연적으로 존재하는 것처럼 존재한다는 것이다. 따라서 필연적인 전제의 주관적 근거들은 확실성의 객관적 근거들과 마찬가지로 중요하다. 필연적인 이러한 가설은 [267] 신앙이라 불려진다. 그래서 우리가 신의 현존재와 내세의 존재를 증명할 수 없다고 하더라도, 우리는 그러한 것을 가정하는 주관적 근거를 가지고 있다. 왜냐하면 그것은 이성의 필연적 가설이며, 그리고 그것을 부정하는 사람은, 그가 자신의 오성과 자유 의지에 모순되는, 논리적이고 또한 실천적인 배리(背理)(ad absurdum logicum et practicum)에로 이끌려가기 때문이다. 무언가가 필연적 조건이라는 단순한 이유 때문에, 이 견고한 신앙은, 객관적 근거들에 기초해 있는 그 무언가가 이 신앙 이상으로는 마음 안에 확립되어 있지 않으므로, 극히 확실한 그 무엇이

2) P판과 S판의 "Tier" 대신에 Ak판의 "Tor"를 취했다.

며, 그리고 주관적으로 확실한 근거를 가지고 있는 그 무엇이다.

이 전제의 견고성은, 객관적으로는 수학의 최초의 객관적 증명만큼은 강력하지 않다 하더라도, 주관적으로는 이 수학의 최초의 객관적인 증명과 마찬가지로 강력하다. 내가 확고한 주관적 확신을 가지고 있는 경우에는, 나는 단지 호기심으로부터가 아니라면, 이 확신에 대해서 행해지고 있는 여러 비난에 대해서 귀를 빌려주지는 않을 것이다. 왜냐하면 어떤 것도 나를 이 신앙으로부터 멀리 떨어지게 할 수 없기 때문이다. 왜냐하면 내가 이 신앙을 증명할 수 없다고 하더라도, 그것은 이성의 필연적 전제이기 때문이다. 이 주관적 신앙은 수학적 증명과 마찬가지로, 아니 아마 그것 이상으로 견고하다. 왜냐하면 나는 이 신앙에 일체를 내기로 걸 수 있기 때문이다. 그런데 만약 내가 하나의 수학적 증명에 모든 것을 내기로 걸어야 한다면, 나는 역시 이 태도를 지지할 수 있다. 왜냐하면 오성이 거기에서 잘못 길을 들고 마는 일이 수학적 증명에서도 아마 발견될 수 있기 때문이다. 그럼에도 불구하고 우리는 역시, [268] 우리가 주관적 전제와 전제가 가지고 있는 당연한 요구를 가정함이 없이, 얼마만큼 이 인식의 객관적 근거의 측면에서 나아갈 수 있는가를 시도해 보기로 한다. 그리고 우리가 이 이상 객관적 근거의 측면에서 나아갈 수 없다 하더라도, 우리는 역시 주관적 근거를 가지고 있다.

신학의 구분

모든 신학은 (1) 계시적 신학(theologia revelata)과 (2) 합리적 신학(theologia rationalis)으로 구분된다.

계시적 신학은 우리에게 최고 존재자 자신으로부터 주어진, 따라서 이성으로부터 나오는 것이 아닌 고지(告知)에 근거해 있다. 이 계시적 신학과 대립해 있는 것이 합리적 신학과 자연적 신학(theologia naturalis)이다.

합리적 신학은 이성에 의한 신의 인식이다.

이성의 요구로부터 세 종류의 신학이 생겨난다.

이성의 첫 번째 요구는 순수 이성의 요구이며, 이것에 따라서 나는, 내가 나의 순수 이성을 사용하고자 한다면, 원존재자라는 것을 전제하지 않으면 안 된다. 이것이 순수 이성에 의한 신의 인식인 선험적 신학(theologia transcendentalis)이다. — 두 번째 요구는 경험적 이성의 요구이며, [269] 여기서 나는 이성의 경험적 사용 때문에 원존재자를 전제하지 않으면 안 된다. 그리고 그로부터 자연적 신학이 생겨난다. 따라서 합리적 신학은 선험적이든가 자연적이다. 전자는 이성의 순수 개념에 근거해 있지만, 후자는 이성의 경험적 개념에 근거해 있다. 이 두 종류의 신학은 그러나 이성의 사변적인 원리들로부터 도출된다.

이성의 세 번째 요구는 실천적이고 도덕적인 요구인데, 여기서는 나는 도덕적이고 실천적인 근거에 따라서 최고 존재자를 가정해야 한다. 이 요구에 도덕적 신학(theologia moralis) 또는 도덕에 기초를 두고 있는 신학이 근거해 있으며, 여기에서는 도덕의 원리들은, 그것이 없으면[3] 이성의 실천적 사용이 불가능하게 될 원존재자를 전제한다.

도덕적 신학은 아마 모든 신학 중 가장 중요하다. 왜냐하면 우리의 선한 행동이 최대의 문제이며, 모든 것이 도덕에 관계하고 있기 때문이다. — 그러나 우리가 도덕적 신학을 도외시하고 사변의 원리에 의한 신학을 고려한다면, 선험적 신학이 모든 신학 중 가장 우월한 것이 된다. 왜냐하면 순수 이성 개념에 의한 원존재자의 인

3) P판과 S판은 "ohne die…"이지만, Ak판은 "ohne das…"이다.

식이 모든 다른 신학의 기초이기 때문이다. 그로부터 우리가 최고 존재자를 인식할 수 있는 순수 이성 개념들이 전제되는 것이 필요하다. 왜냐하면 우리가 이 세계와 완전히 구별되는 존재자에 관해 말하고자 한다면, 이런 식으로 전제하는 것 말고는 불가능하기 때문이다. 그러나 그러한 존재자에 관해서는, [270] 우리는 세계로부터 얻게 된 개념에 의해서 말할 수 없으며, [그것을 위해서는] 순수 이성 개념들이 존재하지 않으면 안 된다. 왜냐하면 이 최고 존재자는 세계에 속하는 것이 아니라 오히려 세계의 원인이므로, 사람들은 이 존재자에 관해서는 경험의 규정에 의해서가 아니라 즉 세계의 인식에 의해서가 아니라, 일반적으로 타당한 선험적 개념들에 의해서 말할 수 있기 때문이다. 경험의 규정과 인식에 의해서 나는 단지 세계 내에 존재하는 사물을 인식할 수 있지만, 세계를 넘어서 있는 존재자를 인식할 수 없다. — 나는 신을 이 세계의 사물처럼 감관에 의해서 표상할 수 없다. 신은 외관(外官)의 대상이 아니다. 신에 관한 그러한 [외관에 의한] 표상은 의인적(擬人的)이고, 그러한 표상은 매우 자연적이며, 따라서 인간은 단지 인간을 확대함으로써 쉽게 그러한 표상을 떠올리게 된다. 그렇게 해서 인간은 하나의 신을 가지게 된다. 몇몇 철학자들은 계시라는 것이 알려질 때까지는 신에 관한 순수 개념을 만들 수 없었다고 믿었다. 예를 들면 신의 신성성(神聖性)과 같은 약간의 개념은 복음에 의해서 그것의 완전한 순수성을 얻게 되었던 것은 틀림없는 진실이지만, 그러나 그 이외의 개념에 따라서 신을 표상하는 것도 어려운 일은 아니다. 왜냐하면 사람들은 그 경우 인간의 여러 가지 특성을 확대하고 그것의 최대한을 생각할 수 있기 때문이다. 그렇게 해서 사람들은 완전히 신의 개념을 가지게 된다. 예를 들면 인간은 여러 가지 인식을 가지고 있으며, 다음과 같은 많은 것을 알고 있다. 즉 신은 전지(全知)하다, 신은 최고의 인식을 가지고 있다, 인간은 짧은 생을 살지만 신은 영원하다, 인간은 힘을 가지고 있지만 신은 [271] 전능하다, 인간은 하나의 장소에 있지만 신은 모든 장소에 있다 등등. — 따라서 신의 개념을 얻는 것은 용이하다. 그러나 선험적 신학에서 서술되고 있는, 이성의 여러 가지 순수 개념에 의해서 순화된 신의 인식이 존재한다. 그리하여 선험적 신학은 원존재자, 필연적 존재자, 최고 존재자, 모든 존재자의 존재자에 관하여 말하고 있지만, 그 모든 것은 순수 오성 개념이다. 선험적 신학에서는 존재자가 오성과 자유 의지를 가지고 있는지 어떤지는 문제가 되지 않는다. 그것은 이미 마음의 경험으로부터 획득되고 또한 자연적 신학에서 나타난 개념이다. 선험적 신학은 우리에게 신의 인식을 전혀 가르쳐 주지 않고, 단지 원존재자의 인식만을 가르쳐 주며, 이 세계에 관계하는 어떠한 특수한 규정도 결코 가르쳐 주지 않는다. 선험적 신학만 가정하고 있으며 그 이외의 어떠한 다른 신학도 가정하고 있지 않는 사람은 이신론자(理神論者)이다. 왜냐하면 선험적 신학은 원존재자의 인식에 지나지 않으며, 결코 신성(神聖)의 인식은 아니기 때문이다. 신 개념은 이미 오성과 자유 의지를 가지고 있는 존재자를 의미한다. 그러나 선험적 신학은 자연적 신학과 도덕적 신학의 기초이다. 그 때문에 그것의 이용 가치는 소극적이다. 왜냐하면 선험적 신학은 신에 관한 인식의 순수한 개념들, 즉 잘못되고 불순한 개념이 그것에 의해서 순화되고 거짓된 궤변이 논파되는 그런, 신에 관한 인식의 순수한 개념들을 제공하기 때문이다.

자연적 신학은, 경험적 원리로부터 차용되고 동시에 신에 관한 증명을 마찬가지로 경험적 원리로부터 차용하는, 신에 관한 순수 개념을 제공한다. 그러나 이러한 경험적 원리는 어떠한 원리일까? [272] 신은 외관의 어떤 대상도 아니기 때문에, 우리는 신에 대해서 내관의 개념들 이외에 경험의 어떠한 원리도 적용할 수 없다. 우리는 이들 개념을 원존재자의 선험적 개념과 우리 마음의 경험으로부터 차용하며, 그리고 이들 개념을 [신의 개념에 이르기까지] 높게 올린다. 나는 나의 마음 중에서 인식 능력을 발견한다. 그것에 따라서 나는 원존재자에 최고의 오성을 부여할 수 있다. 그리하여 자연적 신학은 원존재자를 최고 예지로 간주하며, 그렇게 해서 나는 마음의 모든 능력을 [신의 개념에 어울리는지 어떤지에 관해서] 점검할 수 있다. 자연적 신학이 선험적 개념들과 합치한다면, 그런 한에서 자연적 신학에서 일은 원활하게 진행된다. 그러나 내가 [신 개념의] 술어를 인간성으로부터 빌려온다면, 나는 의인관에 빠질 위험을 무릅쓰는 것이며, 이 의인관은 자연적 신학에서는 결코 피할 수 없는 것이거나 어쨌든 피하기 어려운 것이다. 이 경우 나는 신을 유비(類比)의 개념에 의해서 인식한다.

자연적 신학은 두 가지이다. 즉 우주론적 신학과 물리적 신학이 그것이다. 우주론적 신학은 자신의 개념을 자연의 현존재 일반의 경험적 일반적 원리로부터 빌려 온다. — 나는 현존재이며, 나는 존재하며, 그 때문에 또한 세계는 존재한다. 물리적 신학은 자신의 경험적 개념을 이 세계의 특정한 상태로부터, 예를 들면 이 세계의 질서로부터 빌려 온다. 가장 사람의 마음을 끄는 신학은 물리적 신학과 도덕적 신학이다. 도덕적 신학에 관해서는 뒤에 취급될 것이다. — 지금 우리는 [273] 합리적 신학의 제1부로 나아간다. 이것이 선험적 신학이다.

A. 순수한 합리적 신학

a. 선험적 신학

선험적 신학은, 그것에 따라서 우리가 모든 신학에서 최고 존재자에 관한 우리의 개념들을 원존재자에 대해서 적절한 것으로 만들고, 원존재자의 인식과 합치하지 않는 다른 모든 신학의 개념을 순화하려고 시도하는 형식이다. 그러므로 선험적 신학은 극히 불가결한 것이며, 특별히 서술되지 않으면 안 된다. 왜냐하면 이질적인 인식들을 특별히 서술하고, 따라서 이성의 순수 인식을 경험적 인식으로부터 분리하는 것은 철학에 있어서 적합한 것이기 때문이다. 그리하여 선험적 신학은 최초로 연구되어야 한다. 선험적 신학은 순수 이성의 단순한 개념에 의한 원존재자에 관한 인식이다. 우리의 이성은 어떤 것을 기초에 놓아야 한다는 것을 요구하고 있다. 우리에게 어떤 것이 주어져 있으면 우리는 그것으로부터 [다른] 어떤 것을 산출할 수 있지만, 그러나 어떤 것이 주어져 있는 경우가 아니라면, 우리는 어떤 것도 산출할 수 없다. 왜냐하면 사유하는 것은 생산하는 것이 아니라 [274] 반성하는 것이기 때문이다. 단순한 경험에 의해서 반성한다는 것은 현상을 지각하는 것이지만, 그러나 대상들이 존재하는 그대로의 모습에서 지각하는 것은 아니다. 후자를 인식하기 위해서는 이성에 대해 어떤 것이 기초로 되지 않으면 안 된다. 그래서 이성은 아프리오리한 한계를 필요로 하며, 그것은 기체(基體, Substratum)이지 않으면 안 된다. 이 기체라는 개념은 한계 개념(conceptus terminatus)이다.

선험적 신학의 개념은 다음과 같다.

(1) [신은] 어떤 것에도 의존하지 않는 근원적 존재자(ens origi- narium)이며, 다른 존재의 근저에 존재하는 원존재자[이다].

(2) [신은] 모든 존재자가 그것에 의존하기 때문에 제1의 존재자 [이다].

(3) [신은] 모든 존재자의 근거이며, 다른 존재자보다도 큰 한에 있어서 최고 존재자[이다].

(4) [신은] 모든 존재자를 자신의 안에 포함하며, 그리하여 모두를 충족시키는 존재자인 한에 있어서 필연적 존재자[이다]. 그러나 이 필연적 존재자[의 개념]는 어떻게 보더라도 모험적인 개념이며, 이 개념에 관해서는 다음에 증명될 것이다.

그런데 이제 우리는, 이 조건하에서만 우리의 오성이 다른 대상들을 사유할 수 있는 그런 존재자를 오성이 필연적으로 전제하지 않으면 안 되는가 어떤가를 음미해 보기로 한다. 나는 이러한 존재자를 임의로 사유할 수 있다. 즉 나는 종속해 있는 사물의 계열에서 전진하여, 결국 이 제1의 존재자에 도달하게 되며, 또한 나는 서로 병존해 있는 사물의 계열에서 전진하여, 결국 일체를 자신 안에 포함하는 존재자에 도달하게 된다. 그러나 이제 나는 이 존재자를 전제하는 것이 우리의 오성에 있어서 필연적인가 아닌가를 묻고자 한다. [275] 내가 이 존재자를 아프리오리하게 인식한다면, 나는 그 존재자의 필연성을 인식할 수밖에 없다. 왜냐하면 내가 아프리오리하게 인식하는 것은 필연적이기 때문이다. 왜냐하면 그처럼 아프리오리한 것의 반대는 그 개념에서 모순되며, 또한 그 역(逆)으로 필연성은 아프리오리하게 밖에는 통찰될 수 없기 때문이다. 왜냐하면 내가 아프리오리하게 통찰하지 않고 경험에 의해서 통찰하는 것에 관해서, 나는 실제로 그것이 필연적으로 존재하지 않으면 안 된다는 것을 통찰할 수가 없기 때문이며, 또한 그러한 것은 경험이 가르쳐주지 않는다면, 실제 존재할 수 없기 때문이다. — 그러므로 그러한 것은 우연적이다. 그리하여 내가 이 존재자를 아프리오리하게 인식한다면, 나는 이 존재자의 필연성을 인식하게 된다. 그리고 이 존재자가 필연적이기 때문에 나는 그것을 아프리오리하게 인식하는 것이다. 왜냐하면 그것이 필연적이 아니라고 한다면, 나는 그것을 아프리오리하게 통찰할 수 없을 것이기 때문이다. 따라서 원존재자로서의 존재자의 현존재라는 것이 입증되어야 한다. 그러나 나는 이 개념의 증명, 즉 모든 다른 존재자의 기체인 하나의 필연적 존재자가 존재하다는 것의 증명에 어떻게 도달할 것인가? 나는 이를 위해서 나의 이성 이외의 어떠한 인식 원천도 가지고 있지 못하기 때문에, 나는 그러한 존재자를 나의 이성과 모든 사유의 필연적 전제로서만 입증할 수 있다. 그러므로 이성은 다음과 같이, 즉 모든 사유의 가능성의 필연적 조건이며 그것의 반대가 동시에 모든 사유의 완전한 폐기(廢棄)가 되는 그러한 존재자를 필연적으로 전제하지 않으면 안 된다고 말한다. 그 반대를 가정하는 것은 불가능하다. 왜냐하면 그러한 경우에 일체의 사유는 중지되기 때문이다. 지금 우리는 이 존재자가 실제로 이성의 안에서 존재한다는 사실을 보여주고자 한다. 그리고 여기서는 어떠한 증명도 제시되지 않고, [276] 단지 이성의 근저에 존재하는 것이 전개되며, 그리고 그것은 다음과 같은 방식으로 행해진다.

모든 사물은 그 안에 긍정적인 것이 포함되어 있는 한에서 고찰된다. 부정적인 것은 모두 그 반대를 이루고 있는 긍정적인 것이 주어져 있는 한에서 사유될 뿐이다. 따라서 부정적인 것은 항상 긍정적인 어떤 것을 전제한다. 그러나 모든 부정적인 것은 긍정적인 것 또는 실재성을 전제하기 때문에, 모든 부정적인 것은 실재성의 제한이다. 그 때문에 제한에는 무제한한 것이 근저에 존재해야 하며, 따라서 우리가 실재성의 전체라는 것을 전제한다면, 여러 가지 부정을 생각할 수 있다. 그러므로 또한 만물의 가능성은 하나의 무한적으로 긍정적인 것, 또는 모든 실재성과 모든 실재성의 기체

(substratum summae realitatis)의 보편적 총괄을 전제한다. 그런데 모든 실재성의 총계가 전제되는 경우에는 모든 가능한 사물은 그것의 다양성과 함께, 이 실재성의 제한에 의해서 규정될 수 있으며, 따라서 이 최고의 실재성 없이는 만물의 가능성은 생각될[4] 수 없다. 나는 최초로, 내가 그것으로부터 약간의 실재성을 받아들이고 그 밖의 실재성을 그대로 남겨둘 수 있는 전(全) 실재성을 가지지 않으면 안 된다. 왜냐하면 어떠한 존재자도 약간의 실재성을 가지지만, 다른 실재성은 그것을 결(缺)해 있기 때문이다. 그러므로 만물을 규정하기 위해서는 실재성의 총체(omnitudo realitatis)를 전제할 필요가 있으며, 나는 그 후에 이 총체로부터 만물을 규정할 수 있다. 그 때문에 하나의 최고의 실재성을 가정하는 것은 우리의 오성의 필연적인 전제이다. 따라서 만물을 사유하기 위한 가능성에는 그 근저에 실재성의 전체를 가지는 기체가 존재한다. [277] 그러나 실재성의 총체를 가지는 존재자는 최고의 실재적 존재자(ens realissimum)이다. 따라서 그러한 최고의 실재적 존재자를 전제하기 위한 필연적 조건이 우리의 이성의 근저에 존재한다. 그것을 폐기한다면 사물의 모든 가능성을 사유할[5] 수 없는 그런 조건은 필연적이지 않으면 안 된다. 그러므로 최고의 실재적 존재자의 개념도 또한 필연적이다.

결코 어떤 것도 존재하지 않는다고 하는 것을 사람들이 생각할 수 있는가 어떤가 하는 것이 물어진다. 사람들은 사고 중에서 어떤 것들을 차례로 제거할 수 있기 때문에, 어떤 것도 존재하지 않는다는 것도 가능한 것처럼 보인다. 그러나 나는, 존재해서는 안 될 사물을 내가 명명하는 경우 이외에는, 이러한 표상[즉 어떤 것도 없다

4) P판과 S판은 “deutlich”이지만 Ak판은 “denklich”이다.

5) P판과 S판은 “das Deutliche”이지만 Ak판의 “das Denkliche”을 취했다.

는 것의 표상]을 만들어 낼 수 없다. 그러나 그러한 사물이 그것에 의해서 주어지는 바의 실재성들이 이미 존재하지 않는다면, 나는 그러한 사물을 명명할 수 없을 것이다. 왜냐하면 결코 어떤 것도 존재하지 않는다면, 결코 어떤 것도 주어지지 않을 것이요, 따라서 또한 어떤 것도 명명될 수 없을 것, 즉 그러한 것은 존재해서는 안 될 것이기 때문이다. 따라서 결코 어떤 것도 사유될 수 없을 것이다. 왜냐하면 만약 어떤 것도 주어지지 않는다면, 어떤 것도 사유될 수 없을 것이요, 그렇다면 어떤 것도 존재할 수 없다는 것도 사유될 수 없기 때문이다. 왜냐하면 내가 이미 그것을 사유할 수 있다면, 이미 어떤 것이 존재하지 않으면 안 되기 때문이다. 따라서 어떤 것도 존재하지 않는다는 것은 불가능할 것이요, 오히려 하나의 최고의 실재적 존재자가 존재하지 않으면 안 된다.

그러나 이 존재자가 하나만 존재하는가 아니면 다수 존재하는가라는 것은 위의 논의를 통해서 아직 결정되지 않는다. 그럼에도 불구하고 우리의 이성도 또한 필연적으로, 최고 실재성을 가지는 그러한 존재자가 하나만 존재하지 않으면 안 된다는 사실을 통찰한다. 왜냐하면 만약 최고 실재성을 가진 존재자가 다수 존재한다면, 실재성은 이러한 다수의 존재자 중에서 분배되며, [278] 어떠한 존재자도 실재성의 전부를 가지지 못할 것이기 때문이다. 따라서 어떠한 존재자도 근원적 존재자가 아닐 것이다. 그러나 근원적이고 최고의 실재적인 존재자(ens originarium und realissimum)가 존재하기 위해서는, 그러한 현존재는 어떠한 다른 기체도 전제해서는 안 되고, 또한 그것은 모든 실재성을 함께 가지고 있음에 틀림없다. 그러나 그러한 존재자는 유일할 수밖에 없다. 만약 다수의 [최고의] 존재자가 존재한다면, 그 각각의 존재자는 모든 실재성을 가질 수 없을 것이다. 왜냐하면 전체라는 것은 단지 한번뿐이기 때문이다. 또한 실재성은 그 각 존재자 중에서 분배되어야 하며, 이들은 모두 다시 실재성의 전체라는 기체를 전제해야만 할 것이다. 따라서 실재성의 전체는 하나의 존재자 내에 기초를 두고 있다. 즉 모든 사물은 이 전체 안에 포함되어 있으며, 이들은 이 실재성의 조건들에 의해서 규정될 수 있다. 이것은 부분적으로는 다음과 같은 명제 즉 "감각 안에 이미 존재하지 않는 것은 어떤 것도 지성 안에 존재하지 않는다"(nihil est in intellectu, quod non antea fuerit in sensu)는 명제에 근거해 있다. 그런데 이 명제는 적어도 다음과 같은 것, 즉 우리가 감관을 통해서 감각하는 일체의 것은 실재성이어야 한다는 점을 보여준다. 그러한 것이 주어진 후에 비로소 사람들은 또한 이것에 관해 반성할 수 있다. 왜냐하면 사유하는 것은 주어져 있는 것의 반성에 지나지 않기 때문이다. 따라서 사람들이 어떤 것을 사유할 수 있기 위해서는 모든 실재성의 총괄이 최초로 주어지지 않으면 안 된다. — 그것의 개념이 실재성의 전체를 자신 안에 포함하고 있는 그런 존재자에 관해서는, 이 존재자가 필연적인 가설에 지나지 않는다고 하는 것 이외의 증명은 주어질 수 없다.

그러나 나는 어떻게 해서 이성에 의해서 이 존재자의 절대적 필연성을 인식하게 될까? 나는 우연성으로부터 필연성을 추론할 수 있다. 현존하는 모든 것은 필연적이든가 우연적이다. 우연적인 것은 다른 우연적인 것의 안에 원인을 가져야 한다는 등. [279] 그러나 모든 우연적인 것의 원인을 포함하고 있는 것이 존재하지 않으면 안 되며, 이것은 필연적이다. 따라서 여기에서는 우연성으로부터 필연성을 추론할 수 있다. 그러나 절대적 필연성의 개념은 오성의 문제일 뿐이다. 나는 절대적 필연적 존재자가 존재하지 않으면 안 된다고 말하지만, 그러나 나는 어떻게 절대적 필연적 존재자가 존재하는가를 인식할 수 없다. 볼프는 그 안에 내가 존재하는[6] 세계는 존재한다고 말했다. 그리고 존재하는 것은 우연적이기 때문에 원인을 가져야 한다[고 그는 말했다]. 그래서 그는 서로 종속해 있는 사물의 계열 안으로 들어가서, 결국 그는 최초의 사물에 도달하게 되고, 거기서 그는 하나의 필연적인 존재자가 존재한다고 말한다. 그러나 이제, 내가 이러한 존재자가 절대적 필연적이기 위해서는 이 존재자가 어떠한 성질을 가져야 하는가 라고 묻는다면, 가장 큰 어려움이 일어난다. 어떤 것이 단적으로 필연적이기 위해서 그것에 속하는 것이 무엇인가를 내가 통찰하기 전까지는, 나는 이 성질들을 인식하고 입증할 수 없는 것이다. 그래서 나는, 절대적 필연적 존재자가 가지지 않으면 안 될 성질들을 뒤에 규정할 수 있기 위해서는, 우선 첫째로 절대적 필연성을 통찰해야 한다. 그러나 절대적 필연적 존재자의 개념은 이성에 의해서 결코 통찰될 수 없다. 그럼에도 불구하고 나는 이 존재자를 필연적 가설로서 입증할 수 있다. 절대적 필연적 존재자의 가능성을 나는 확실히 인식할 수 있다. 왜냐하면 필연적인 존재자는 파생적(derivative)이든 근원적(originarie)이든 필연적이기 때문이다. 그러나 이것은 내가 스스로 만든 개념의 분석일 뿐이다. 그러나 그러한 존재자가 가능하다는 것으로부터 그러한 존재자가 필연적이어야 한다는 것은 아직 귀결되지 않는다. [280] 절대적 필연성의 개념이 이성에 의해서 통찰될 수 없다는 것은 볼프의 앞서 설명한 증명을 비판하는 역할을 한다. 어떠한 사물의 반대도 그 자체로 불가능한 것은 아니지만, 그러나 절대적 필연성은 그것의 반대가 그 자체로 불가능한 그런 것이다. 그러나 우리의 이성에 의하면 어떤 사물의 반대도 가능하기 때문에, 우리는 우리의 이성에 의해서 절대적 필연성을 통찰할 수 없다. 그러나 사물

6) P판과 S판은 “oder ich existire”이지만, Ak판의 “…in der ich existire”을 취한다.

의 반대는 그것이 그 사물과 모순되는 경우에는 불가능하다. 그러나 이제 반대는 결코 사물 그 자체와 자기 모순적이지 않고, 따라서 그것은 또한 늘 가능하다. 왜냐하면 내가 예를 들면 신을 그 신의 모든 실재성과 함께 정립한다면, 그 반대는 내가 신을 그 신의 모든 실재성과 함께 폐기하는 경우이기 때문이다. 그러나 이 경우 실제로 반대 그 자체는 결코 자기 모순적이 아니다. 왜냐하면 내가 모든 것을 정립하고, 그리고 내가 그 모든 것을 폐기할 때 그 모든 것의 반대를 정립한다면, 자기 모순적이어야 하는 것은 하나도 남아 있지 않기 때문이다. 따라서 사물의 술어들이 자기 모순적일 수 있다 하더라도, 사물 그 자체의 반대는 결코 자기 모순적이지 않다. 왜냐하면 내가 사물을 그 사물의 모든 술어와 함께 정립하고, 그리고 이들 술어 중 두 셋의 술어를 폐기한다면, 확실히 모순이 성립할 수 있지만, 그러나 내가 그 사물을 그 사물의 모든 술어와 함께 폐기한다면, 모순은 성립하지 않기 때문이다. 왜냐하면 이 경우에는 자기 모순적일 수 있는 것은 하나도 남아있지 않기 때문이다. 내가 신은 전능하지 않다고 말하는 경우에, 내가 신이라는 주어를 그대로 두고 그것의 술어를 폐기한다면, 그 때에는 확실히 모순이 성립한다. 그러나 내가 주어와 술어를 폐기하고, [281] 어떠한 전능한 신도 존재하지 않는다고 말한다면, 그 때에는 모순은 있을까? 내가 단지 긍정하고 또한 단지 부정한다면, 이 두 경우에는 어떠한 모순도 성립하지 않는다. 그러나 내가 긍정하면서 동시에 부정한다면, 확실히 이 경우에는 모순이 성립한다. 볼프는 절대적 필연성을 통찰했다고 생각했다. 그는 이 개념을 임의로 가정하고, 일체의 실재를 사념(思念)했지만, 그러나 그는 현존재를 모든 실재 하에 있는 하나 안에다 가두어 버리고, 모든 실재를 가지고 있는 그런 존재자는 필연적으로 또한 현존재를 가지지 않으면 안 된다고 이야기했다. 그 경우에는 물론 어떠한 모순도, 어떠한 어려움도 존재하지 않지만, 그러나 나는 이 존재자를 다시 그것의 모든 실재성과 함께 폐기할 수 있다. 그러나 그가 다음처럼, 즉 내가 모든 실재성을 가지고 있는 존재자를 생각하고, 그러한 현존재도 또한 하나의 실재성이라고 말한다면, 모든 실재성을 가지고 있는 이 존재자는 현존재를 가지고 있지 않으면 안 된다. 왜냐하면 그렇지 않다고 한다면 이 존재자는 일체의 실재성을 가지지 않게 되기 때문이요, 그래서 그러한 존재자는 필연적으로 현존하지 않으면 안 된다. 이러한 방식으로 사람들은 말하자면 마법의 힘에 의한 것처럼 절대적 필연적 존재자의 현존재를 손에 넣게 된다. 그렇지만 어떻게 해서 그러한 것이 가능하게 되었는가 하는 것을 스스로 알지 못한다. 그러나 그렇게 중대한 일이 그렇게 쉽게 그리고 그렇게 빨리 제거된다면, 그런 제거에는 확실히, 아직 철저하게 생각되지 않았다고 하는 결함도 숨어 있는 것이다.

현존재는 어떠한 술어도 아니다. 논리적으로는 현존재는 확실히 술어이지만, 그러나 논리적으로는 나는 모든 것을 술어로 만들 수 있고, 이것을 다른 것의 표지로서 진술할 수 있다. 그래서 현존재는 그 주어의 다른 술어에 부가될 수 있는 하나의 술어인지 어떤지 하는 것이 문제로 된다. 현존재는 하나의 [282] 정립이며, 어떠한 술어도 아니다. 왜냐하면 현존하는 것은 술어를 가지고 있기 때문이다. 현존재는 논리적인 현존재이거나 아니면 실재적인 현존재이다. 내가 이제 신은 전능하다고 말한다면, 이 전능은 하나의 술어이며, 또한 계사(繫辭, copula) 즉 '이다'는 단지 논리적 존재일 뿐이다. 그러나 나는 신에 관해서 실재적인 현존재를 술어화할 수 있다. 왜냐하면 존재란 사물을 그것의 모든 술어를 가지고서 정립하는 것이기 때문이다. 만약 내가 어떤 사물의 모든 실재성과 모든 술어를 열거한다면, 나 자신 이 모든 술어를 생각할 수 있다. 그러나 이러한 사실로부터 다음의 사물, 즉 나 자신 그것의 술어들을 생각해 보았던 그러한 사물이 현재 존재하지 않으면 안 된다는 것은 귀결되지 않으며, 단지 그러한 사물이 현실로 존재하는 경우에만 그것은 그러한 모든 술어를 가질 수 있다. — 그래서 최고의 실재성이라는 개념은 자신 안에 현존재를 포함하지 않는다, 왜냐하면 현존재는 어떠한 실재성도 아니기 때문이다. 이상이 데카르트적 증명이고, 이 증명을 볼프나 다른 사람들이 수용했으며, 이 증명이 지금까지 사람들이 가졌던 유일한 선험적 증명이다. — 그러나 이제 우리는 현존재의 절대적 필연성에 관해 무엇을 말해야 할까? 우리는 현존재의 절대적 필연성을 이성에 의해서 객관적으로 통찰할 수 없고, 이것을 다만 우리의 이성의 필연적 가설로서 전제해야 한다. 그러나 이 필연적 가설은 우리의 이성에 관해서는, 우리가 이것을 이성에 의해서 이미 통찰하고 객관적으로 입증한 것처럼 가정되어야 한다. 왜냐하면 그것 없이는 내가 나의 이성을 결코 사용할 수 없는, 이성 사용의 필연적 가설은, 우리들[유한한 인간]에 관해서는, [283] 마치 그것을 우리가 이성 그 자체에 의해서 통찰했던 것처럼 존재하는 것이다.

이것이 원존재자와 이 원존재자의 절대적 필연성에 관한 선험적 증명일 것이다. 이 증명은, 우리가 경험과 우리의 사유 영역으로부터 한 발도 더 나아갈 수 없기 때문에, 주관적으로는 충분하지만 객관적으로는 충분하지 않다. 이러한 선험적 증명은 이미 그 자신 선험적 신학을 구성한다. 왜냐하면 필연적 존재자에 대한 그 밖의 선험적 개념들은 이 증명으로부터의 귀결로서만 도출되며, 또한 이 증명에 응용되기 때문이다. 그러나 신의 증명에 관한 일체가 다 논의되기 위해서는 다른 여러 가지 증명이, 즉 우주론적 증명, 물리

신학적 증명, 도덕적 증명이 상술되지 않으면 안 된다. 그렇게 됨으로써 이 네 가지 증명이 모두 조망될 수 있으며, 슐쩌[7]가 믿었던 것과는 달리, 신의 현존재에 관한 하나의 참으로 진정한 증명을 발견할 수 있는 그런 인간이 또한 발견될 것이라고, 사람들은 믿지 않았다. 그러나 우리는 이성의 원천과 한계를 명확하게 규정했기 때문에, 우리는 누구도 이 지상에서 이 이상으로 한 걸음도 더 나아갈 수 없다는 것, 또한 누구도 증명을 언젠가 미래에 발견하게 되지 못하리라는 것을 알고 있다. 왜냐하면 그는 이 증명을 도대체 어디에서 가져오려고 하겠는가 또는 그는 그 증명을 도대체 어떤 원천으로부터 길어오려고 하겠는가?

이제 우리는 자연적 신학의 증명을 살펴보기로 한다. 이때 다음과 같은 것에 주목해야 한다.

(1) 우주론적 증명. 이 증명은 경험 일반으로부터 구해진다. 그러나 경험 일반은 어떤 것이 현존한다는 것[에 관한 것]이다. 그러나 현존하는 모든 것은 필연적이거나 또는 우연적이어야 한다. [284] 우연적이라면 그것은 다른 원인을 가져야만 한다. 이 원인도 우연적이라면, 그것은 또한 다른 원인을 근거로 가져야 한다. 그런데 내가 원인과 결과의 계열에로 소급해 올라가면, 나는 이 이상 다른 어떤 원인도 근거로 가지지 않는 제1원인에 이르지 않으면 안 된다. 왜냐하면 그렇지 않다면 이 제1원인도 우연적이며, 어떠한 제1원인도 존재하지 않게 될 것이기 때문이다. 따라서 이 제1원인은 하나의 필연적 존재자

7) 슐쩌(Johann Georg Sulzer, 1720~1797)는 계몽시대의 독일 철학자. 신학, 수학, 박물학도 연구했다. 철학을 심리학의 측면으로부터 포괄적으로 파악하려고 하였고, 라이프니츠의 모나드론에 이것을 결부시켰다.

이어야 한다. 그러므로 어떤 것이 현존하기 때문에, 필연적 존재자가 현존하지 않으면 안 된다. 이것이 볼프가 제시했던 우주론적 증명이다. 이제 다음과 같은 것이 계속된다.

(2) 데카르트의 증명이면서 또한 볼프가 채용했던 선험적 증명이 그것이다. 그러나 이제 볼프의 증명에 따라서 그러한 존재자가 존재한다면, 이 존재자가 절대적으로 필연적 존재자일 수 있기 위해서는, 어떠한 성질들을 가져야 하는가? 이 점에서는 볼프는, 우리가 조금 전에 설명을 했던 선험적 증명에로 나아갔지만, 자신은 그것을 알아채지 못했다. 이 점에 대해 논의하기 전에 우리는 존재론에 관한 중요한 것을 서술해야 한다. 볼프와 다른 사람들은 절대적으로 필연성의 개념을 올바로 통찰하지 못했으며, 그래서 그들은 절대적으로 필연적이라는 것은 내적으로 필연적인 것일 거라고 믿었다. 그러나 실제는 그런 것이 아니다. 내적으로 필연적인 것은, 그 때문에 절대적으로 필연적인 것은 아니다. — 절대적으로 필연적인 것은 물론 확실히 내적으로 필연적인 것이기도 하다. 그들은 [285] 술어 관계의 논리적 필연성을 사물의 실재적 필연성이라고 생각했다. 예를 들면 삼각형이 세 개의 각을 가진다는 것은 필연적이다. 물론 내가 삼각형을 생각할 때에는, 나는 세 개의 각을 필연적으로 생각하지 않으면 안 되지만, 그럼에도 불구하고 삼각형이 필연적인 것은 아니다. 모든 면에서 단적으로 필연적인 것은 절대적으로 필연적이다. 그러나 우리가 하나의 존재자를 모든 완전성의 기체로서 근거에 둔다면, 이 존재자는 모든 면에서 근거에 있기 때문에, 모든 면에서 또한 필연적이어야 한다. 그러나 볼프는 필연적 존재자의 특성들을 규정하기 위해서 어떻게 했는가? 그는 다음처럼, 즉 불완

전한 존재자는 우연적이기 때문에, 필연적이고 또한 모든 완전성을 가지고 있는 존재자는 또한 절대적으로 필연적이어야 한다고 말했다. 그런데 만약 그것을 증명할 수 있다면, 그는 어떠한 우주론적 증명도 필요하지 않았을 것이다. 이 경우 그는 개념으로부터 그러한 존재자를 입증할 수 있었을 것이다. 그는 경험으로부터 시작해서, 그것으로부터 모든 우연적 사물의 제1의 필연적인 원인을 얻었다. 그런데 필연적으로 존재해야 하는 그러한 존재자의 특성들을 끄집어내기 위해서, 그는 다시 데카르트의 선험적 증명에로 되돌아간다. 우주론적 증명은 나에 대해서 확실히, 세계의 원인인 한에 있어서의 제1의 필연적 존재자라는 것을 입증할 수 있지만, 그러나 나는 세계로부터 이 존재자의 모든 실재성을 추론할 수 없으며, 단지 세계의 원인에 대해서 필요할 뿐인 다수의 실재성을 추론할 수 있을 뿐이다. [286] 이처럼 경험은 나에게 약간의 실재성만을 알도록 할 뿐이며, 모든 실재성을 알도록 하지는 않는다.

우연적 사물의 현존재로부터 필연적 원인의 현존재를 추론하는 이 우주론적 증명은 자연적 이성에 적합한 것이고, 또한 그것은 고대인에 의해서 항상 사용된 증명이기도 하며, 이 고대인들은 그것을 제1동자(動者)로부터(de primo motore) 획득된 증명이라고 불렀다. 환언하면 모든 물체는 우연적으로 운동하며, 그것은 그것을 움직이는 원인을 가지지 않으면 안 된다. 운동의 원인들을 소급해 간다면, 사람들은 물체의 본성과는 다른 제1동자에 틀림없이 이르게 된다. 그러나 제1동자는 자유로운 존재자이며, 최초의 운동은 자유로운 의지의 내적 원리로부터 발현(發現)하는 것임에 틀림없다. 따라서 세계는 제1의 원인을 증명할 뿐만 아니라, 자유에 따라서 작용하는 원인도 증명한다. 자유라고 하는 이 술어는 심리학으로부터 빌려온 것이지만, 그러나 사람들은 선험적 자유를 내적 원리로부터 활동하는 절대적 자발성으로서도 생각할 수 있다. 그러나 자유를 가지고 있는 최고 원인은 원인일 뿐만 아니라, 창시자이기도 하다. 그래서 우리는 우주론적 증명에 의해서, 우연적인 것으로부터 필연적인 것을, 따라서 또한 자유에 의한 원인을 추론할 수 있다. 왜냐하면 자유가 없다면 어떠한 최고 원인[8]도 존재하지 않기 때문이다. — 그러나 우리가 자유에까지 이르게 되면, 우리는 그로부터 자연적 신학에 포함되어 있는 모든 나머지 완전성과 성질들을 도출할 수 있게 된다. 그래서 우리는 [287] 우주론적 증명으로부터 자연적 신학에로 이행해 갈 수 있다.

(3) 자연적 신학의 셋째 증명은 물리적 · 신학적 증명이다. 이 증명은 이 세계의 특정한 경험으로부터 얻어진다. 이 경우 사람들은 세계의 관찰, 즉 세계의 규정과 특성들의 관찰로부터 그것의 원인의 특성들을 추론한다. 자유의 선험적 개념은 이미 우연성으로부터 도출되고 인지될 수 있다. 그런데 우리는 이 세계에서 자유롭게 행위하는 존재자의 흔적을 찾아내고, 세계의 특성 및 목적들을 인지하며, 또한 우리는 다음과 같은 것, 즉 이 세계 내에는 선택이라는 것이 존재하며, 따라서 자유롭게 행위하는 존재자가 존재한다는 것을 이해한다. — 우리는 더 나아가서 세계의 질서로부터, 이 자유가 지혜와 결합되어 있다는 것을 이해하며, 또한 세계에 대한 사전(事前) 배려라는

8) P판과 S판은 "kein Ursache"이지만, Ak판의 "keine oberste Ursache"를 취했다.

것으로부터, 이 자유가 자비와 결합되어 있다는 것을 이해한다. 우리는 더 나아가서 우주의 경탄할만한 광대함에로 나아가고, 이 자유가 헤아리기 어려운 힘과 결합되어 있다는 것을 이해한다. 이 증명은 인간의 오성에 가장 적합하다. 즉 이 증명은 경험 중에서 우리의 이성을 계발하며, 그렇게 함으로써 우리는 세계를 한층 상세하게 알게 된다. 이 증명은 일종의 독특한 것을 스스로 가지고 있다. 즉 이 증명은 창시자를 입증할 뿐만 아니라 더 나아가서 이 창시자를 그의 작품 [즉 자연물] 안에서 지혜롭고 유익한 창시자로서 직관케 한다. 이 증명은 모든 사람에 대해서, [288] 가장 단순한 사람에 대해서조차도, 아동용 교양 문답에서 서술되기에 적합할 것이요, 또한 일국의 재상에 대해서도 매우 적절한 것이 될 수 있다. 그러나 사변과 탐구하는 힘에 있어서는 이 증명은 충분하지 않다. 나는 그럼에도 불구하고 상술한 것으로부터, 그러한 존재자가 다수 존재하는가 아니면 조금 존재하는가를 알 수 없다. 그리고 내가 지상에서의 통일을 인지한다 하더라도, 나는 세계의 매우 작고 완전히 하찮은 일부분 중에 있을 뿐이며, 따라서 나머지 위대한 창조 계획에 관해서는 나에게는 전혀 알려진 바가 없다. 나는 확실히 이 지상에서 경탄할 만한 큰 힘을 보지만, 그러나 아직 전능한 것을 보지는 못한다. 세계가 우리에 대해서 매우 경탄할 정도로 위대한 것으로 나타난다는 것은, 우리가 극히 작은 것이기 때문에, 확실히 있을 수 있는 일이다. 그것은 마치 작은 벌레가 작은 물방울 하나를 큰 바다라고 생각하는 것과 같다. 그래서 우리는 이 증명으로부터 그러한 존재자[즉 신]가 존재한다는 것을 믿을 수 있을 뿐이다.

선험적, 우주론적, 물리적 · 신학적이라는 이상의 세 가지 증명은 이성의 이론적 원리의 증명이며, 거기서는 신의 현존재는 우리가 이성을 이론적으로 사용할 때의 필연적 전제로서 가정된다. (4) 그런데 또한 신의 현존재가 이성의 실천적 사용의 필연적 전제로 간주되는 그런 증명이 있다. 이 증명이 도덕적 증명이다. 우리는 이성의 실천적 사용에 따라서 신의 현존재를 필연적으로 전제한다는 요구를 가지고 있다. [289] 이 도덕적 증명은 다음과 같은 원리에 기초해 있다. 즉 도덕의 규칙들은, 그것들이 필연성을 자신 안에 포함하고 있으며 또한 이성의 다른 인식들과 동일한 명증성(明證性)을 가짐으로써, 독립적이고, 확실하며, 명증적이라고 하는 것에 기초해 있다. 도덕의 현상들은 완전히 아프리오리하게 통찰될 수 있다. 즉 이들 현상은 모든 경험으로부터, 또한 이해득실의 모든 결과로부터 독립해 있으며, 따라서 이들은 그 자체에 있어서 타당한 것이다. 거짓말하는 것은 그것이 이득이나 손해를 가져오기 때문에 악덕인 것이 아니라, 거짓말하는 것이 그 자체 비열한 것이기 때문에 악덕인 것이다. 즉 그것은 이성의 최고의 근거 및 도덕성의 목적들과 모순된다. 도덕의 규칙들은 어떤 존재자의 의지로부터 도출되는 것이 아니라, 그 자체에서 성립한다. 이제 우리가 도덕적 법칙을 고려한다면, 이들 법칙은 우리에게 우리의 행위가 그 자체에서 선이거나 아니면 그 자체에서 악이라고 하는 것 이외에 어떤 것도 말해주지 않는다. 그러나 도덕적 법칙에서는 행복과의 합치가 결(缺)해 있다. 즉 내가 왜 도덕적 법칙을 실행해야 하는가 라는 동기가 결해 있다. 내가 도덕적 법칙들에 따라서 행위하고, 동시에 행복할 만한 가치가 있게 된다면, 나는 물론 이 행복을 향유해야 할 것이다. 그러나 그러한 것은 실제로는 일어나지 않는다. [행복을 향한] 이러한 동기는 도덕적 법칙에는 없으며, 도덕적 법칙은 그러한 약속을 결코 수반하지 않는다. 그러나 그러한 동기가 없다면 도덕적 법칙은 단지 판결의 근거에 지나지 않을 뿐이며, 행위의 근거는 되지 못한다. 즉 도덕적 법칙은 객관적 - 실천적이지만, 주관적 - 실천적이지는 않다. — 나는 확실히 어떤 조건, 즉 그 조건 아래에서 자유롭게 행위하는 존재자가 행복할 만한 가치가 있게 될 수 있는 그런 조건을 통찰하지만, [290] 그러나 나는, 어떤 존재자가 행복할 만한 가치가 있게 되도록 행동하는 경우에 그가 이 조건하에서 행복에 실제로 또한 관여하게 되리라는 것을 알지 못한다. 그러나 사람들이 행복에 관여하기를 희망할 수 없다면, 도덕의 법칙들은 어떠한 추진력도 가지지 못하게 된다. 왜냐하면 어떠한 피조물도 행복이라는 점에 관해서는 무관심할 수 없으며, 바로 이것이 피조물의 성질에 적합하기 때문이다. 그래서 도덕적 법칙은 실로 판결에 관해서는 정당하지만, 그러나 집행에 관해서는 실천적으로 공허하다. 도덕적 법칙들은 확실히, 오성에 따르면, 만족과 불만족의 원동력을 가지고 있지만, 그러나 이 법칙들은 행복과 연관되어 있지 않다면, 어떠한 추진력도 가지지 못한다. — 그럼에도 불구하고 누구도 도덕적 법칙 없이 행복할 만한 가치가 있다고 주장할 수 없다. 이러한 것은 가능하지 않으며, 누구도 또한 그러한 것을 주장하려고 하지 않을 것이다. 왜냐하면 도덕적 법칙은 명증적이며, 불가항력적인 것이기 때문이다. 누구도 도덕적 법칙 없이 행복할 수 있다는 것을 이성에 의해서 주장할 수 없다. 왜냐하면 그렇지 않다면 그 사람은 이와 같은 것을 주장함으로써 스스로 자신을 비열하게 만들어 버리기 때문이다. 행복에 도달하게 되는 것은, 도덕적 법칙 없이는 가능하지 않지만, 그러나 또한 도덕적 법칙은 결코 그러한 행복을 약속하지 않기 때문에, 어떠한 도덕적 결단도 실제로 행복 — 사람들은 법칙에 의해서만 이렇게 될 만 하지만 — 에 관여하게 된다는 약속이 없이는 일어나지 않는다. 그러나 누군가가 도덕적 법칙의 준수 없이 행복하게 되기를 희망한다면, 그 사람은 [291] 도덕적 배리(absurdum morale)에 빠지게 된다. 이에 반해서 이번에는, 그가 도덕적 법칙에 적합하게 살아가려고 하는 불퇴전의 의지를 가진다면, 그는 확실히 도덕적 배리를 면하지만, 그러나 그는, 자신을 그렇게 될 만하도록 하는 바의 행복에 관여할 수 없게 됨으로써, 실용적 배리(absurdum pragmaticum)에 빠지게 된다. 따라서 사람들이 자신을 행복할 만한 가치가 있게 행위한 경우에는, 행복에 실제로 관여하게 된다는 약속이 존재하지 않으면 안 된다. 그러나 전체 자연 내에서는 그러한 약속이 인지되지 않고, 또한 우리가 도덕적 법칙에 의해서 우리를 그렇게 될 만하도록 하는 바의 행복에, 자연의 질서에 따라서는 결코 관여할 수 없기 — 왜냐하면 도덕성은 심술(心術) 중에만 존재하지만, 그러나 자연은 나의 도덕성에 비례하는 행복에 관해서는 도덕성과 합치하지 않기 때문이다 — 때문에, 자연의 보편적 세계 통치자가 가정되지 않으면 안 되고, 그리고 이 통치자의 의지는 도덕적 의지이며, 도덕적 법칙들의 조건하에서만 행복을 부여할 수 있고, 그렇게 해서 [인간의] 선한 행동과 행복을 조화롭게 할 수 있다. 사람들이 세계의 그러한 신성한 지배자를 전제하는 경우 이외에는, 어떻게 해서 도덕성이 행복과 합치할 수 있는가의 방법을 어느 누구도 생각할 수 없다. 이 전제 없이는 인간이 스스로를 도덕성에 의해서 행복할 만한 가치가 있게 되려고 하는 불퇴전의 의도를 품을 수 있게 되는 일이 결코 가능하지 않다. 왜냐하면 어떠한 피조물도 [292] 스스로의 행복을 단념할 수 없기 때문이다. 그러나 이 전제 없이 자신을 행복할 만한 가치가 있게 만들도록 노력한다 하더라도, 이 경우 그 자신의 행복을 단념하지 않을 수 없게 된다. 따라서 세계를 통치하는 최고의 신성한 존재자가 전제되지 않으면 안 되며, 그리고 그러한 존재자만이 각자에게 그의 행동에 따라서 행복을 부여할 것이다. 그러나 이러한 것은 도덕적 법칙에 적합한 일반적 오성과 의지에 의하지 않고서는 준비될 수 없다. 따라서 우리는 확신을 가지고 도덕적 법칙을 준수하고, 행복을 기대할 수 있을 것이다.

신의 현존은 직접적으로가 아니라 단지 간접적으로만 증명될 수 있다. 즉 나는 신의 현존을 다른 사람에 대해서 증명할 수 없다. 그러나 다른 사람이 그 반대의 것을 증명하려고 한다면, 나는 그 사람을 논리적이고도 실천적인 배리(absurdum logicum et practicum)에로 끌고 갈 수 있다. 논리적 배리에로 끌고 가는 간접적 증명은 이성의 이론적 사용의 필연적 전제로부터 얻어진다. 우리가 자연적 질서를 설명하려는 경우에, 우리는 세계의 현명한 창시자를 전제하지 않으면 안 되며, 이성적 창시자 없이는 자연의 질서 전체는 설명되지 않은 채로 남아 있게 된다. 사람들이 무언가를 설명해야 한다면, 필연적 가설로서 전제되어야 하는 많은 명제가 있다. 예를 들면 태양의 주위를 도는 지구의 운행에 관한 명제와 같은 것이 그것이다. 그러나 이러한 전제는 절대적으로 필연적인 것이 아니라, 다만 상대적으로 그러할 뿐이다. 그래서 나는 이 전제를, 위에서 말한 창시자에 관한 가설에 의하지 않고서는 어떤 다른 가설에 의해서도 잘 설명할 수가 없다. 실로 이 전제를 다른 가설에 의해서 설명하는 것은 충분히 가능하지만, [293] 그러나 자연의 질서를 설명하기 위해서는, 창시자를 가정하는 것은 절대적으로 필연적인 가설이다. 실용적 배리에로 끌고 가는 다른 간접적인 증명은, 이성의 실천적 사용의 필연적 전제로부터 얻어진다. 그리고 그것은 영리성(怜悧性)의 규칙에 따라서 실천적 배리에로 끌고 갈 뿐만 아니라, 또한 도덕성의 규칙에 따라서도 도덕적 배리(absurdum morale)에로 끌고 간다. 내가 어떤 신도 가정하지 않는다면, 나는 첫 번째 경우에는 원칙상 바보처럼, 두 번째 경우에는 원칙상 악한처럼 행동하게 된다. 만약 네가 도덕적 법칙들을 채용하고 정직하게 행동한다면, 너는 너를 위해서 어떠한 행복도 획득할 수 없는 그런 규칙에 몰두하게 되고, 따라서 덕은 하나의 허상에 지나지 않을 뿐이며, 그리하여 너는 실천적 배리에 빠지고, 바보로서 행동하게 된다. 네가, 자 이제 나는 어떤 도덕적 법칙도 채용하지 않고, 나는 여기 이 세상에서 항상 가능한 한 나의 행복을 추구하고자 하며, 내가 이 세상에서 그럭저럭 살아가기만 한다면 나는 더 이상 두려워할 어떤 것도 없다는 등등을 말한다면, 이 경우 너는 하나의 악한으로서 행동하고 있으며, 도덕적 배리에 빠지게 된다. — 그래서 [신의 현존에 관한] 도덕적 증명은 [인간의] 활동성의 가장 내적인 원천에 이르기까지 밀고 들어가며, 또한 실천적인 것에 관해서는 가장 완전하고 가장 탁월한 증명이다. 신은 이 증명에서는 신앙의 대상이 되며, 누구도 나로부터 그러한 신앙의 대상을 탈취할 수 없다. 모든 사변적 이의(異議)는 여기서는 하등 소용이 없다. 왜냐하면 나는 신에 관하여 단호하게 확신을 가지고 있기 때문이다. 벌을 주거나 상을 주는 신이 존재한다는 것을 비록 사람들은 증명할 수는 없다고 하더라도, [294] 그러나 누구도 또한 그것의 반대를 증명할 수 없으며, 그리고 이 필연적 전제는 이미 신을 가정하기에 충분한 근거가 된다. 우리는 도덕적 증명에 의해서 가장 신성한 존재자의 현존에 관해서 확신하게 될 뿐만 아니라, 또한 우리는 이것에 의해서 개선된다. 도덕적 증명은 실천적 근거로부터 인도될 뿐만 아니라, 또한 마찬가지로 실천적 영향도 미친다. 이 증명은 청년을 교육할 때 추천되고 소개되어야 한다. 왜냐하면 도덕성은 모든 것 중 가장 고귀한 것이면서 가장 중요한 것이기 때문에, 이 증명과 물리적 · 신학적 증명은 결합될 수 있다. 왜냐하면 이 물리적 · 신학적 증명은 매우 매력적인 것이며, 또한 전 작품을 완성하는 것이기 때문이다.

이 존재자의 속성들에 대한 지식을 체계적으로 검토하기 위해서는, 우리는 다음과 같은 것을 미리 말해 두어야 한다. 즉 사람들은 신에 관한 모든 인식을, 다음의 두 가지, 즉 신학의 인식과 오성의 일반적 개념에 의한 인식으로 구분할 수 있다. 이 구분 중 후자는 통속적 신학이다. 통속적 신학은 모든 일반적 오성이 통찰하는 원천에 근거해 있다. 이 신학은 두 종류의 완전성, 즉 논리적 완전성과 실천적 완전성을 가지고 있다. 이 신학이 실천적 완전성을 가지는 경우에는, 그것은 추구되는 모든 완전성을 가지게 된다. 논리적 완전성은 소극적 완전성이거나 아니면 적극적 완전성이다. 그것이 새로운 인식을 발견했다면 적극적이며, [295] 그것이 오류를 방지했을 뿐이라면 소극적이다. 그래서 논리적 완전성은 특수한 속성들을 발견하는 것을 문제로 삼는 것이 아니라, 특히 여러 가지 오류를 방지하는 것을 오로지 문제로 삼는데, 이것이 사변적 신학의 의도이다. 논리적 완전성은 일반적 오성이 알고 있는 것과 실천적 사용에 의해서 알려지는 것 이외의 것을 우리를 위해서 발견할 수 없지만, 그러나 바로 그 때문에, 오류를 방지하기 위해서는 가능한 한 추진되어야 한다. 그런데 인간은 늘 궤변으로 향하는 경향이 있기 때문에, 궤변을 예방하는 것은 이미 헛된 일이며, 또한 그래서 이성은 올바로 판단을 하지 않는 때에는 거짓되게 판단할 수 있기 때문에, 신학의 논리적 완전성은 거짓된 궤변을 방지하는 역할을 해야 한다. 논리적 완전성은 신에 대한 새로운 비밀을 발견하려는 의도를 가지고 있는 것이 아니라, 신에 대한 신앙이 우리로부터 탈취되지 않도록 예방하는 의도를 가지고 있다. 따라서 그것은 종교를 옹호하는 역할을 한다. 통속적 신학을 글로 작성하는 것은 매우 어려운 일이다. 왜냐하면 여러 인식이 최고점에까지 높아지는 경우에는, 이들 인식은 간단한 것이 되고 말기 때문이다. 통속적 신학을 글로 작성하고자 할 경우에는, 사람들은 오성이 어디에서 시작하는가를 알기 위해 온갖 곳으로 돌아다녀야 하고, 따라서 종교에서의 교의문답 또는 지시를 작성하는 것, 실로 아이들의 오성에 적합하고 또한 적합해야 하는 교의문답 또는 지시를 작성하는 것은 매우 어려운 일이며, 더 나아가서 이들 교의문답 및 지시를 도덕과 결부시키는 것은 더욱 어려운 일이다. 그래서 [296] 전 세계의 사람들이 신의 인식을 가지기를 원하고 또한 가지지 않으면 안 되기 때문에, 통속적 신학은 매우 중요하다.

우리는 각각의 신학에 의한 신 또는 최고 존재자의 현존의 증명이라는 것을 전제해 왔기 때문에, 우리는 이 존재자의 속성들을 각각의 신학에 따라서 보다 면밀하게 규정하고자 하며, 실로 선험적 신학에 있어서는 원존재자의 현존은 무신론에 반대해서(contra atheistas) 입증되지만, 그러나 원존재자는 아직 신이 아니다. 자연적 신학에서는 이신론자(理神論者)에 반대해서(contra deistas), 최고 예지의 현존이 입증되었다. 신에 관한 자연적 신학의 인식은 자유 의지에 따른 오성과 이성에 의한 세계의 창시자인 그런 존재자에 대한 인식이며, 이것이 유신론이다. 따라서 자연적 신학을 채용하는 사람은 유신론자이며, 또한 이 신학을 거부하는 사람은 이신론자이다. 도덕적 신학에서는 최고 존재자의 현존은 이교도에 반대해서(contra ethnicos) 입증되었다. 신에 관한 인식을 도덕적 신성함 없이 받아들이는 자를 사람들은 이교도라고 부를 수밖에 없으며, 또한 그의 학설을 이교주의(異教主義)라고 부를 수밖에 없다. 왜냐하면 신에 관한 그의 인식에는 신성함이라는 도덕적 원리가 결코 존재하지 않기 때문이다. 따라서 선험적 신학의 증명은 무신론자에 대한 반박이고, 자연적 신학의 증명은 이신론자에 대한 반박이며, 도덕적 증명은 이교도에 대한 반박이다.

무신론에는 두 종류, 즉 독단적 무신론과 회의적 무신론이 존재한다. 독단적 무신론은 어떠한 신도 존재하지 않는다는 것을 증명하지만, 회의적 무신론은 신을 절대적으로 부정하지 않지만, [297] 그러나 그 반대도 가정하지 않으며, 다만 그것을 문제로 간주할 뿐이다. 독단적 무신론과 회의적 무신론에 반대하는 근거는 상이해야 한다. 왜냐하면 전자는 독단적이므로, 독단적 무신론은 어떠한 신도 존재하지 않는다는 것을 증명하지 않으면 안 되기 때문이다. 그러나 이 무신론은 그러한 일을 할 수 없다. 왜냐하면 독단적 무신론이 어떤 것이 존재하지 않는다는 것을 증명하려고 한다면, 그러한 것이 불가능하다는 것을 보여주어야 하기 때문이다. 그러나 이 무신론은 이 증명을 어디서 가져오고자 할 것인가? 따라서 신의 현존은 그러한 독단적 무신론에 대해서 안전하게 된다. 사람들이 스스로 독단적으로, 신은 존재한다고 가르치고 있기 때문에, 회의적 무신론에서는 사태는 확실히 더 어렵게 된다. 그러나 독단적 증명은 논리적 충분성에 따른 사변적 증명이다. 그러나 그러한 완비된 증명을 우리는 줄 수 없다. 왜냐하면 이성은 그것을 아프리오리하게 증명하기에 충분한 증명을 가지고 있지 못하기 때문이며, 또한 우리는, 우리가 가지고 싶어하는 것, 즉 그러한 존재자의 전(全) 속성에 관한 명확한 개념을 경험으로부터 입증할 수 없기 때문이다. 그러나 나는 신이 존재하는가 아닌가의 문제가 개연적으로가 아니라 정언적(定言的)으로 취급될 수 있다는 것을 회의론자에게 증명할 수 있으면 좋겠다. 즉 나는 어떠한 신도 존재하지 않는가 아니면 어떤 신이 존재하는가를 확실히 알아야 한다. 그래서 나는 이 증명을 개연적으로 취급할 수 없다. 왜냐하면 그렇지 않다면 나는, 나 스스로 어떻게 행위해야 하는가를 알지 못하기 때문이다. 다른 학문, 예컨대 물리학에서는 다수의 것이 문제로서 취급될 수 있다. 왜냐하면 실천에 대해 영향을 미치는 어떠한 관심사도 물리학에 의존하지 않기 때문이다. 그러나 실천적인 관심사들이 문제가 되는 경우에는, 이들 관심사는 하나의 이론적 문제로서 취급될 수 없다. [298] 회의적 무신론자는 어떠한 신도 가정하지 않거나 아니면 신을 가정해야 한다. 전자의 경우에는 나는 회의론자를 양도논법적 삼단논법(syllogismus cornutus)에 의한 도덕적 증명에 따라서, 실천적 배리나 도덕적 배리나 실용적 배리 중 하나로 데리고 갈 것이다. 그러므로 신학은 회의적 무신론에 대해서도 안전하게 된다.

우리가 이미 증명했던 선험적 신학의 개념은 근원적 존재자의 개념이다. 이 개념으로부터 우선 다음의 두 근본 속성이 유래한다. 즉 절대적 필연성 및 실재성의 총체 내에서 존재하는 전충분성(全充分性, omnisufficientia)이 그것이다. 절대적 필연성이란, 제한하는 조건 없는, 모든 면에서의 필연성이다. 원존재자가 존재한다는 사실로부터, 이 존재자가 절대적으로 필연적이어야 한다는 사실이 귀결한다. 근원적 존재자는 모든 가능성의 필연적 기체이다. 그러나 이 근원적 존재자가 모든 가능성의 기체라면, 그것은 절대적으로 필연적이지 않으면 안 된다. 왜냐하면 그렇지 않다면 그것은 근원적 존재자가 아닐 것이기 때문이다. 절대적 필연성이 어디에 존재하는가는 이미 앞에서 제시되었다. 이 필연성은 모순율에 의해서는 통찰될 수 없지만, 그러나 그것은 가능성의 보편적 조건으로서 전제되어 있다. 이 절대적 필연성으로부터, 필연적 존재자가 필연적 실체이어야 한다는 것, 따라서 실체성이어야 한다는 것이 귀결한다. 이 필연적 존재자는 모든 사물의 제1의 기체이기 때문에, 그것은 실체이다. 왜냐하면 모든 실재적인 것은 우연성이거나 아니면 실체이기 때문이다. 그런데 이 실재적 존재자가 가능성의 제1의 조건이라면,

[299] 그것은 실체이어야 한다. 왜냐하면 우연성은 필연적으로가 아니라, 내속적(內屬的, inhaerendo)으로 존재하기 때문이다. 그러나 이 실재적 존재자는 모든 가능성의 조건이기 때문에, 이 존재자는 근원적이고 필연적 실체(substantia oroginaria et necessaria)이지 않으면 안 된다. — 이 절대적 필연성으로부터 이제는 불변성이 귀결한다. 이 존재자 자신의 가능성과 모든 사물의 가능성은 이 존재자의 현존을 전제하기 때문에, 그 이외의 어떠한 현존의 방식도 가능하지 않다. 즉 필연적 존재자는 다양한 방식으로 현존할 수 없다. 더 나아가서 또한 이 존재자의 비수동성(非受動性, Impassibilität)이 귀결한다. 필연적 존재자는 외적인 어떤 것에 의해서도 촉발되지 않는다. 촉발(affectio)이란 다른 것에 의한 규정이며, 그러나 그러한 규정은 수동적인 존재자에 귀속된다. 수용성 또는 촉발될 가능성은 우연적 존재자에만 속한다. 더 나아가 필연성으로부터 독립성이 귀결한다. 근원적 존재자는 자신의 현존에 관하여 그리고 그것의 규정에 관해서 독립적이다. 모든 사물의 가능성의 근거를 자신 안에 포함하고 있는 것은 자신의 현존을 다른 것으로부터 가져올 수 없다. 왜냐하면 그렇지 않다면, 모든 사물의 가능성의 어떠한 근거도 존재하지 않을 것이기 때문이다. 그 때문에 근원적 존재자는 독립적이지 않으면 안 된다.

근원적 존재자가 사물의 모든 가능성의 필연적 조건이라는 것은 도대체 어디에 근거해 있을까? 절대적 필연적 존재자는, 그 자신이 필연적 조건하에 있는 한에서 필연적인 것이 아니라, 그 자신이 모든 가능성의 보편적 필연적 조건인 한에서 필연적인 것이다. 공간과 시간은 [300] 그 아래에서 사물들이 존재할 수 있는 조건이기 때문에, 감성적인 그리고 우주론적인 개념에 따라서 그 자체 단적으로 필연적이다. 이와 꼭 마찬가지로 필연적 존재자는 그 자신 모든 가능성의 조건이기 때문에 절대적으로 필연적이다.

[필연적 존재자의] 제2의 근본 속성은 실재성의 총체 내에 존재하는 전충분성(全充分性)이라는 속성이다. 어떤 사물도 전면적으로 규정되지만, 그러나 일부는 실재에 관해서, 일부는 부정에 관해서(partim ad realia, partim ad negativa) 규정된다는 것은 존재론에서 우리가 익히 들었던 바다. 그러나 근원적 존재자는 전면적으로 실재에 관해서 규정된다. 그런데 모든 실재성은 이 근원적 존재자 내에서 규정될 수 있거나 또는 그 존재자가 모든 실재성을 규정지을 수 있다. 우리는 이 존재자를, 그것이 규정하는 한에 있어서나 또는 그것이 규정적인 한에 있어서만, 생각할 수 있다. 그러나 우리는 감관에 의하지 않고서는 어떤 실재성도 인식할 수 없기 때문에, 이 감관은 신 안에서 규정될 수 없다. 그러므로 우리는 신이 규정적인 한에서가 아니라면 신을 생각할 수 없다. 즉 신을 규정지워진 것(determinatum)으로서가 아니라 규정하는 것(determinans)으로 생각할 수 있다. 신은 모든 사물의 근거이기 위해서 필요한 모든 것을 자신 안에 포함하고 있다. 그리고 이것이 우리가 틀림없이 그것이라고 생각하는 전충분성이다. 그러나 우리가 모든 것은 신 안에서 규정된 것이라고 생각한다면, 우리는 의인관에 빠지게 된다. 이 전충분성 대신에 사람들은 신의 무한성, 불가측성(不可測性)과 같은 수학적 개념을 정립했다. 그러나 이들 개념은 전충분성이라는 개념의 훨씬 아래에 있다. 왜냐하면 불가측성은 전충분성이라는 것을 통찰하려고 하는 우리의 능력에 있어서는 상대적인 크기에 불과하기 때문이다. 불가측성은, [301] 사람들이 척도를 되풀이하더라도 결코 종국에 이를 수 없기 때문에, 모든 수의 척도를 비교의 측면에서 능가하는 크기를 의미한다. 무한성은 동종성(同種性)을 전제하는데, 이 동종성의 최소의 부분이 척도이지만, 그러나 이 척도에 의해서는 결

코 규정될 수 없는 크기가 바로 무한성이다. 그러나 내가 인간성을 무한에까지 확대하더라도, 신성(神聖)은 인간과 동종적 존재자가 아니라 이종적(異種的) 존재자이기 때문에, 나는 신성의 정도에까지 이를 수 없다. 다른 경우에는 무한성은 제한을 가지지 않은 존재를 의미하는데, 그러나 이는 소극적 개념이다. 이에 반해서 전충분성이라는 개념은 적극적 개념이다. 무한성이라는 개념은, 실로 전충분성의 개념보다도 더 우리의 감정을 동요시키고, 또한 그러한 크기를 포착할 수 없다는 무력의 감(感)을 수반하지만, 그러나 전충분성 이상을 결코 의미하지 않는다. — 전충분성과 실재성의 총체로부터 단일성, 즉 유일의 존재자가 존재한다는 것이 귀결한다. 왜냐하면 전충분적이며 또한 모든 실재성을 가지고 있는 존재자는 단지 유일하게 존재할 수 있을 뿐이기 때문이다. 즉 전체라는 것은 단지 한번으로 존재하므로, 모든 실재성을 가지고 있는 존재자가 다수 존재한다는 것은 가능하지 않기 때문이다. 왜냐하면 만약 다수의 최고 존재자가 존재한다면, 하나의 존재자는 다른 존재자가 가지지 않은 실재성을 가지게 될 것이요, 또한 그 역도 성립할 것이며, 따라서 각각의 존재자에게는 약간의 실재성이 결(缺)하게 되며, 어떤 것도 최고의 실재적 존재가 되지 않을 것이기 때문이다. 따라서 최고의 실재적 존재자는 유일하지 않으면 안 된다. 단순성의 문제에 관해서 말한다면, 필연적 존재자는 단순하다. 왜냐하면 합성적(合成的) 존재자(ens compositum)는 그것을 이루고 있는 부분들 이상의 어떠한 필연성도 가지지 못하기 때문이다. 만약 이 존재자가 필연적이라면, [302] 그것의 부분도 필연적이어야 한다. 따라서 합성체 안에 있는 부분들이 존재하는 것과 동일한 수의 필연적 존재자(entia necessaria)가 존재하게 될 것이지만, 그러나 이것은 단일성이라는 것과 모순된다. 이것을 우리는 또한, 합성체에서의 부분들이 서로 작용하는 상태에 있으며, 그래서 그것의 일부분은 다른 부분에 의해 규정되고 또한 다른 부분에 의존한다는 사실로부터도, 이해할 수 있다. 그러나 근원적 존재자는 독립적이며, 그 때문에 합성되어 있지 않다. — 그러나 근원적 존재자는 또한 비물질적이다. 모든 물질적인 것은 하나의 규정으로서, 이 규정에 의해서 그 물질적인 것은 우리의 감관의 현상이 되며, 공간 안에서 현전(現前)하게 된다. 그러나 근원적 존재자는, 이하에서 곧 증명하게 되는 것처럼, 세계 바깥에 있는 존재자이고, 따라서 그것은 공간 안에 있는 직관의 대상이 아니며, 따라서 비물질적이다. 근원적 존재자는 세계 바깥에 있는 존재자이다. 이것은 근원적 존재자가 이 세계 바깥에 존재하는 장소를 가지고 있다는 것을 의미하는 것이 아니라, 그것이 전체로서의 이 세계에 속해 있지 않다는 것을 의미한다. 근원적 존재자는, 그것이 모든 사물의 원근거(原根據)이기 때문에 모든 사물과 결합 관계(in nexu)에 있다 하더라도, 어떤 것과도 상호 관계(in commercio)에 있는 것은 아니다. 만약 그것이 상호 관계에 있다면, 그것은 다른 것에 의해 규정되고 또한 그것에 의존하게 될 것이다. 그러나 이러한 일은 앞에서 이야기한 바에 의하면 가능하지 않다. 그런데 세계의 바깥에 있는 존재자가 존재한다면, 그것의 현존은 공간 안에서 규정되지 않고, 그러므로 직관의 대상이 아니며, 따라서 비물질적이다. 세계 바깥에 있는 존재자로서의 존재자는 공간 안에도 시간 안에도 존재하지 않는다. 존재론에서 다음이, 즉 공간과 시간은 감성적 형식이며, 따라서 공간과 시간은 근원적 존재자의 어떤 조건일 수도 없다는 것이 설명된다. [303] 만약 그것이 공간 안에 존재한다면, 그것은 하나의 세계적 존재자일 것이다. 왜냐하면 공간은 상호 작용의 가능성이고, 그 때문에 존재자는 규정되며 의존적이 될 것이기 때문이다. 만약 그것이 시간 안에 존재한다면, 그것의 현존의 일부는 뒤에 남겨질 것이지만, 이에 반해서 시간의 일부는 아직 뒤에 남겨지지 않을 것이며, 시간의 찰나는 이 존재자의 현존이 될 것이다. 그래서 이 존재자가 공간과 시간 안에 있다면, 그것은 모든 사물에 대해 장소적으로(localiter) 자리잡을 것이지만, 그러나 공간에서의 편재(遍在)라는 것은 모순이다. 왜냐하면 이 존재자가 어떤 장소에 존재한다면, 그것은 다른 장소의 외부에 존재하게 될 것이기 때문이다. 그러나 만약 그것이 다른 장소에도 동시에 존재한다면, 그것은 자신의 외부에 있게 될 것이지만, 그러나 그것은 역시 모순이다. 따라서 세계의 바깥에 있는 존재자로서의 신은 공간 안에도 시간 안에도 존재하지 않는다. 신은 일체의 것을 자신 안에 포함하고 있기 때문에, 신의 현존은 양으로서 고려된다면 영원에서의 존속이요, 또한 신의 현존은 그것이 장소적으로가 아니라 잠세적으로(潛勢的, virtualiter)으로 고려되는 한에 있어서 편재이다. 영원은 전체 시간 안에서의 현존이 아니며, 또한 편재는 전체 공간에서의 현존이 아니다. 그것은 지성적 개념에 의해서 고찰되는 한 모순이다. 따라서 신을 세계로부터 획득된 감성적 개념에 의해서 고찰하는 것은 좋은 것이 아니다. 우리의 연구에 의해서 영원과 편재에 관한 다수의 이론(異論)은 탈락된다. 신이 언제 창조를 시작하였는가, 어떻게 신은 존재하는가, 어디에 신은 존재하는가 라는 물음도 모두 마찬가지로 탈락된다. 침입해 들어오려고 하는 여러 가지 오류를 방지하는 것은 선험적 신학의 참된 이점(利點)이지만, 그러나 어떤 새로운 것을 발견하기 위해서는 그것은 어떤 이점도 아니다. [304] 선험적 신학은 오류를 방지하는 데까지는 가며, 따라서 이신론도 그까지는 도달한다. 그러므로 선험적 신학만을 인정하는 사람은 이신론자이다. 이제 우리는 유신론과 자연적 신학에로 들어가 보기로 한다.

b. 자연적 신학 (또는 물리적 신학)

자연적 신학의 개념은 원존재자가 자연의 원인이라는 것이다. 그러나 자연적 신학에서는 인과성은 선험적 술어에 의해서가 아니라 자연의 술어에 의해서 표시된다. 술어는 자연적 신학에서는 우리의 경험 개념이 가지고 있는 일반적인 것으로부터 차용된다. 그러나 자연의 원인은 외관의 대상이 아니기 때문에, 우리는 우리의 외관의 대상으로부터 어떠한 일반적인 개념도 얻을 수 없고, 우리의 외적인 일반적 경험 개념은 우리의 내관의 일반적인 것으로부터 차용되며, 따라서 합리적 심리학 안에 있는 개념에 의해서 표현된다. 자연적 신학은 원존재자를 자연의 원인으로서 고찰하는 것을 대상으로 삼으며, 자연에 관한 인과성의 주요 개념은 자유이다. 원존재자는 자연의 원인이기 때문에, 자연은 원존재자에 관련해서는 우연적인 것으로 간주되어야 한다. 왜냐하면 자연은 원인으로부터 도출되며, [305] 따라서 우연적이기 때문이다. 그래서 원존재자는 우연적 존재자로서의 자연의 원인이다. 그러나 최고 원인의 인과성(즉 원인의 규정)은 늘 자유에 의한 것이다. 우연적인 것의 제1의 원인은 자유에 의한 것 이외 다른 것일 수 없다. 사물의 계열이 시작되어야 한다면, 계열의 제1시초는 자유에 의하지 않고서는 달리 일어날 수 없다. 왜냐하면 일어나는 모든 것은 자연의 필연성에 따라서 일어나거나 자유에 의해서 일어날 수 있기 때문이다. 그러나 어떤 존재자의 본성의 필연성에 따라서 일어나는 것은 그 존재자 자신과 마찬가지로 필연적이다. 따라서 자연의 필연성에 의해서는 새로운 행위의 어떤 시초도 일어날 수 없으며, 만약 어떤 존재자가 행위를 시작하고자 한다면, 그것은 자유에 의해서 일어나지 않으면 안 된다. 제1의 근원과 제1의 시초는 자유에 의하지 않고서는 생각될 수 없으며, 모든 우연적인 것의 원인인 존재자는 자유에 따른 존재자이다. 그 때문에 자유의 개념은, 원존재자가 세계의 원인인 한에서, 원존재자의 제1의 술어이다. — 그런데 우리는 자연적 신학에 있어서는, 세계의 원존재자가 자유롭게 행위하는 존재자이어야 한다는 것을 이미 증명했던 그 정도만큼 나아가고 있다. 그러나 자유는 오성을 전제하기 때문에, 자연적 신학에서의 원존재자의 완전한 개념은 최고 예지의 개념이며, 그러한 존재자는 신 이외에 다름 아니다. 그래서 신의 개념은 자연적 신학 안에서 비로소 나타난다. 자유와 오성에 따르는 세계의 원인인 존재자가 [306] 신이다. 최고 예지의 개념은 선험적 근거로부터 도출될 수 있다. 왜냐하면 원존재자는 모든 사물의 가능성의 기체이므로, 모든 질서와 모든 완전성의 가능성도 역시 신 안에 있지 않으면 안 되기 때문이다. 그러나 이것은 오성 없이는 가능하지 않다. 왜냐하면 질서와 완전성의 우연적이 아닌 일치는 오성 없이는 일어날 수 없기 때문이다.

(a) 우리가 원존재자를 최고의 예지로 본다면, 우리는 우선 먼저 이 존재자의 오성, 즉 인식 능력에로 우리의 개념을 향하도록 해야 한다. 이 오성에서 우리는 어떤 적극적인 면과 어떤 소극적인 면을 함께 발견할 것이다. 최고 오성의 적극적인 면은 오성이 모든 대상으로부터 완전히 독립해 있다는 것이다. 왜냐하면 원존재자 자신이 모든 사물로부터 독립해 있으므로, 그 오성도 인식의 대상으로부터 독립해 있어야 하기 때문이다. 그러나 우리의 인식은 대상에 의존해 있다. — 만약 대상들이 우리의 인식에 의해서 현존하게 된다면, 우리의 인식은 대상들로부터 역시 독립해 있을 것이다. 그러나 우리의 인식은 대상에 의해서 비로소 존재하게 되며, 따라서 우리의 인식은 대상에 의존해 있다. 그러나 모든 대상은 원존재자의 오성

> 에 의해 존재하기 때문에, 이 존재자는, 그것이 자기 자신을 인식하는 한, 모든 대상을 인식한다. 왜냐하면 원존재자는 자기 자신 안에서 인과성, 즉 사물의 모든 가능성의 원리 및 원천을 [307] 인식하므로, 원존재자는, 그것이 자기 자신을 인식하는 한, 모든 사물을 인식하기 때문이다. 따라서 원존재자의 오성은 인식의 모든 대상으로부터 완전히 독립해 있다.

최고 오성의 소극적인 면은 그 오성이 형식적으로도 실질적으로도 감각적이 아니라는 것이다. 인식의 대상이라는 소여(所與)가 최고의 오성을 현재(現在)에서 촉발할 수 있다면, 이 원존재자의 오성은 감각적일 것이다. 그러나 그 오성의 규정들은 사물의 현재로부터의 결과는 아니며, 그러므로 그 오성은 실질적으로 감각적인 것이 아니다. 그러나 감각적 현상들의 형식이 혼란에 의해서 생겨나지만, 그러나 최고의 오성(근원적 지성, intellectus originarius)은 질서의 오성이므로, 그 오성은 형식적으로도 감각적인 것이 아니다. 근원적 지성의 근원성은, 이 지성이 모든 부분을 전체로부터 인식하고, 전체를 부분으로부터 인식하지 않는다는 것을 의미한다. 왜냐하면 이 지성은 만물을 인식하고 또한 만물을 제한하는 식으로(limitando) 규정하기 때문이다. 근원적 지성의 인식은 개념이 아니라 이념이다. 개념은 일반적인 논증적인 표상이며, 사물의 일반적인 징표이다. 모든 개념에는 추상이 요구되지만, 그러나 이것은 하나의 결여이다. 그래서 우리는 우리의 표상을 제한하고, 그렇게 함으로써 우리는 명석한 개념 및 표상을 얻는다. 그러나 근원적 지성은 제한되지 않기 때문에, 그것은 제한과 추상에 근거할 수가 없다. 인간의 오성은 어떤 것을 일반적인 표지에 의해 인식하고, 이것을 개념 아래로 가져오며, 규칙을 매개로 해서 [308] 인식하기 때문에,

인간적 오성은 논증적이다. 이에 반해서 근원적 지성은 직관적이다. 근원적 지성은 개념에 의해서(per conceptus)가 아니라, 직관에 의해서(per intuitus) 인식한다. 왜냐하면 근원적 오성은 제한이라는 것에 구속되지 않지만, 그러나 논증적인 지식은 제한이 있으므로, 신적 인식은 직접 무매개(無媒介)의 인식이기 때문이다. 따라서 근원적 오성은 직관적이다.

우리는 도대체 신적 오성을 사물의 가능성의 원리로서 보고, 그 오성을 만물의 근거라고 말할 수 있는가? — 물론 질료에 관해서 — 사물의 가능성은 형식상으로는 모순율에 따라서는 사물의 개념에 근거해 있지만, 그러나 사물의 가능성은 질료에 따라서는 모든 가능성의 기체인 바의 존재자에 근거해 있다.

신적 존재자는 사물의 모든 가능성의 근거이다. 신이 자기 자신을 오성에 의해서 인식하는 한에서 신은 오성에 의해서 모든 가능성의 근거를 인식하며, 또한 그런 한에서 우리는 신의 오성이 만물의 가능성의 근거이고 원리라고 말할 수 있다. 그 때문에 신 안에는 원형(原型)들, 즉 이념들이 존재하는 것이다.

이제 우리는 이념에 대해 이야기해 보기로 한다. 이념은 그 자신이 그것의 대상의 가능성의 근거가 되는 인식이다. 신적 인식은 모든 사물의 가능성의 근거를 포함하고 있다. 신적 직관은 그것에 따라서 우리 자신이 가능하게 되는 이념을 포함하고 있다. 신적 인식(cognitio divina)은 [309] 원형적 인식(cognitio archetypa)이며, 그의 이념은 사물의 원형이다. 인간적 오성의 인식을 우리는 상대적 원형 내지 이념이라 부르며, 이것은 사물을 판정하는 역할을 하는 우리의 오성의 인식이다. 완전성에 관한 모든 우리의 인식은 결코 경험적인 것이 아니라, 사람들이 자기 자신 안에 가지고 있는 이념이고, 머리 중에 있는 원형이며, 그리고 이것은 우리가 그것에 따라서 모든 것을 평가하는 이상(理想)이다. 사람들이 어떤 것을 평가한다면, 그는 이것을 항상, 그것에 대해 자신의 머리 중에 가지고 있는 이상에 따라서 평가한다. 예를 들면 화가는 항상 머리 중에 있는 이념을 기초로 가지고 있으며, 그는 그것에 따라서, 비록 이념 그 자체에는 결코 도달하지 못한다 하더라도, 그림을 그린다. — 그러나 신에 관한 인식은 어떤 방식으로 가능한가?

신의 인식은 다음처럼 고찰된다.

(1) 신은 자기 자신을 어떻게 해서 인식할까?
(2) 피조물은 신을 어떻게 해서 인식할까?

피조물의 인식은 피조물이 자기 자신을 인식하는 그 정도에 따라서 뿐만이 아니라, 그 방식에 따라서도 구별된다. 피조물은 신을 유비에 의해서(per analogiam), 즉 자연에 의해서 피조물에게 주어져 있으면서 또한 자연으로부터 추상된 표상들에 따라서 인식한다. 감관으로부터 추상된 이들 개념은 현상 이외의 어떤 것도 표현하지 않는다. 그러나 신은 오성의 대상이다. 따라서 어떠한 피조물도 신의 특성들을, 감관으로부터 추출된 개념들에 따라서 절대적으로 인식하는 것이 아니라, 다만 신이 원인으로서 세계에 대해 가지고 있는 관계를 인식한다. 신은 [310] 자기 자신을 직관함으로써 자신을 인식하지만, 피조물은 이 세계에 관한 직관 말고는 어떠한 직관도 가지고 있지 않다. 따라서 피조물은 신을 어떤 방식으로도 직관할 수 없고, 다만 신을, 신이 세계에 대해서 가지고 있는 관계에 의해서 인식할 뿐이다. 그러나 우리는 이로부터 신을 신이 존재하는 그대로의 모습대로 인식하는 것이 아니라, 신이 세계에 대해서 근거로서 관계하는 모습대로 인식할 수 있으며, 사람들은 이 후자를 유비에 의한 신의 인식이라 부른다. — 유비는 보통은 근사성(近似性)과 같은 것을 의미한다. 그러나 신과 세계 사이에는 근사성이란 결코 없다. 그러나 우리는 어떻게 해서 유비에 의해서 신을 세계로부터 인식하는 것일까? 유비란, 그 중 세 개의 항이 알려지지만 네 번째 항이 알려져 있지 않은, 네 개 항 사이의 관계이다. 예를 들면 a가 b에 대해서 관계하는 것처럼 c는 x에 대해서, 즉 우리가 알고 있지 않지만 세 개의 이미 알려진 사물과 동일한 사정에 있는 미지(未知)의 것에 대해서 관계한다. 신적 오성이 어떤 것일까 하는 것을 어떤 인간도 파악할 수 없다. 따라서 우리는, 직관하는 것이 아니라 논증적인 우리 자신의 오성으로부터 출발한다. 그러나 우리는 완전한 오성은 직관적임에 틀림없다는 것을 통찰한다. 그러나 이 오성이 어떻게 직관하는가 하는 것을 우리는 파악할 수 없다. 왜냐하면 우리는 감관에 의하지 않고서는 결코 직관을 가지지 못하기 때문이다. 그러나 신의 오성과 우리의 오성 사이에는 어떠한 근사성도 없다. 우리의 오성은 그 정도를 무한히 확대한다 하더라도 신의 오성과 같아질 수 없다. 따라서 우리는 신의 오성을 유비에 의하지 않고서는 인식하지 못한다. 그러므로 우리는 다음처럼, 즉 감관의[9] 대상들이 [311] 우리가 우리 안에서 오성이라 부르는 것에 대해서 관계하고 있는 그것처럼, 모든 가능한 대상은, 우리가 전혀 알지 못하고 또한 우리의 오성과 같은 성질을 가지지 않으며 그것과는 종류가 완전히 다른, 신에 있어서의 불가지(不可知)한 것에 관계하고 있다고 말할 수 있다. 우리가 부여하고 있고, 또한 세계로부터 획득된 속성들에 관한 많은 어려운 점은 이를 통해서 사라지게 된다. 신의 속성들은 모든 것에 타당할 수 있지만, 그러나 그것은 단지 유비에 의해서만 그런 것이다. 그러면 사람들은 의인관에 빠지지 않게 된다. 절대자

9) P판과 S판은 "der Dinge"이지만 Ak판의 "der Sinne"를 취했다.

는 알려질 수 없지만, 관계는 충분히 알려질 수 있다. 그래서 우리는 신을 절대적으로 인식하지는 못하지만, 그것의 결과와의 관계에서 인식한다. 그리고 이때 우리는 신 안에서 충분히 인식했으며, 우리는 그 이상을 인식할 필요는 없다. 만약 우리가 유비에 의해서 신을 인식한다면, 우리는 그것의 술어와 소여를 자연으로부터 취해온다. 그러나 다음으로 우리는, 신에 있어 적합하지 않고 원존재자의 선험적 개념과 합치하지 않는 모든 불완전성과 모든 개념을 환원에 의해서(per reductionem) 분리하지만, 그러나 원존재자에 적합한 모든 실재적 속성을 두드러지게(per eminentiam) 높이지 않으면 안 된다. 대상에 관한 신의 모든 인식은 실재적 대상의 인식이거나 가능한 대상의 인식이다. 가능한 대상의 인식은 필연적 인식이다. 왜냐하면 자기 자신을 인식함으로써 신은 모든 가능한 것을 자신 안에서 인식하며, 그래서 신은 그것을 필연적으로 인식하기 때문이다. 그러나 현실적인 것에 관한 인식은, 그 대상이 또한 존재하지 않는 것도 가능하기 때문에, 우연적이다. [312] 그런데 대상은 신의 자유 의지에 의해서 현실적으로 존재하기 때문에, 신의 자유 의지에 근거해 있는 세계의 현실적 사물의 인식은 우연적 또는 자유로운 인식이다. 신은 자기 자신을 의식하는 한에 있어서 모든 가능한 사물을 인식하며, 신은 자신의 결정을 의식하는 한에 있어서 모든 현실적인 사물을 인식한다. 현실적인 대상들에 관한 신의 인식은 현재의 대상에 대한 인식과 미래적인 것에 관한 인식(예지(豫知), praescientia)으로 나뉜다. 인간의 인식은 과거의 것, 현재의 것, 미래의 것에 관해 여러 가지 원천을 가진다. 그러나 신에 관해서는 그러한 구별은 전혀 일어나지 않는다. 왜냐하면 신에 관해서는, 어떠한 시간도 존재하지 않으므로, 거기에는 어떤 과거적인 것도 존재하지 않고, 어떤 현재적인 것도 존재하지 않으며, 어떤 미래적인 것도 존재하지 않기 때문이다. 사물들은 자기 자신에 관해서만 시간의 이와 같은 구별 안에 존재하지만, 그러나 신에 관해서는 그렇지 않다. 왜냐하면 신은 시간 안에 있지 않으며, 그래서 시간도 신에 있어서는, 우리의 경우처럼 사물의 직관의 조건은 아니기 때문이다. 신적 인식은 시간의 조건에 근거해 있지 않기 때문에, 여기서도 또한 미래적인 것과 과거적인 것에 대한 신의 관계에 관한 모든 어려운 점은 사라지게 된다. 왜냐하면 신에 있어서는 미래적인 것과 현재적인 것과 과거적인 것은 모두 동일한 종류이기 때문이다. 그래서 신은 미래적인 것을 현재적인 것과 동일하게 인지하기 때문에, 신이 어떻게 미래적인 것을 인식하는가에 어려운 점이 놓여 있는 것이 아니라, [313] 신이 어떻게 현재적인 것을 인식하는가에 어려운 점이 놓여 있다. 이것은 인간도 역시 현재적인 것을 인식하기 때문에, 쉽게 통찰될 수 있는 것처럼 보인다. 그러나 어떻게 인간이 현재적인 것을 인식하는가가 문제된다. 감관에 의해서라고 대답된다. 그러나 신은 자신의 오성을 통해서 현재적인 것을, 과거적인 것 및 미래적인 것과 꼭 같이 인식한다. 그러나 인간은 자신의 오성에 의해서 현재적인 것을, 과거적인 것 및 미래적인 것과 꼭 같이 인식하는 것이 아니라, 단지 그가 사물의 현재에 의해서 촉발되는 한 현재적인 것을 인식한다. 그러나 신은 과거적인 것과 현재적인 것과 미래적인 것을 동일한 방식으로 인식하고 의식한다. 신이, 그것에 의해서 이러한 세계가 현실적으로 생겨나는 바의 신 자신의 결의(決意)를 의식함으로써만, 신은 인식한다. 모든 대상은, 그것이 과거적이든 미래적이든 관계없이, 신의 결의에 의해서만 현실적으로 존재할 수 있으며, 따라서 신이 이 자신의 결의를 의식함으로써, 신은 모든 대상을 또한 의식하는 것이다. 여기서는 어떻게 해서 신이 미래의 자유로운 행위를 인식할 수 있는가에 어려운 점이 있는 것처럼 생각된다. 어떻게 해서 신이 인간의 자유로운 행위를 인식하는가는 실로 항상 어려운 점이지만, 그러나 이 어려운 점은 단지 미래의 자유로운 행위의 경우뿐만이 아니라, 현재의 자유로운 행위의 경우에도 마찬가지로 나타난다. 왜냐하면 신은 현재의 자유로운 행위를 인간이 자기의 자유로운 행위를 보는 것과 같은 방식으로 인식하는 것이 아니라, 자기 자신을 모든 사물의 가능성의 근거로서 의식함으로써 이 자유로운 행위를 인식한다. [314] — 이러한 방식으로 신은 모든 자유로운 행위를, 즉 현재의 자유로운 행위도 미래의 자유로운 행위도 인식한다. 그래서 어려운 점은 어떻게 해서 신이 미래의 자유로운 행위를 보게 될까에 놓여 있는 것이 아니라, 어떻게 해서 신이 인간의 자유와 전혀 합치하지 않는 자유로운 행위 일반을 인식하는가에 놓여 있다. 왜냐하면 모든 자유로운 행위가 그것의 근거를 신의 결의 — 그것에 의해서 신이 자유로운 행위를 의식하게 되는 그런 결의 안에 가지고 있다면, 이것들은 신의 결의에 의해서 규정되고, 그래서 이것들은 하나의 원리에 의존하게 되며, 자유롭지 않게 된다. 그러나 인간의 자유가 가지는 어려운 점은 신의 예지(豫知) 때문에 생겨나는 것이 아니라, 우리가 다음의 점 때문에, 즉 자기의 근거를 다른 존재자 안에서 가지는 피조물이 어떻게 해서 필연적인 외적 원인으로부터(a causa externa necessitante) 독립해 있는 내적 원리에 의해서 행위하는 자유를 가지고 있는가를 우리가 통찰할 수 없다는 점 때문에 생겨난다. — 자유는 원동력이기 때문에, 우리는 이것을 통찰할 수 없다. 왜냐하면 자유의 특정한 근거는 신의 결정 안에 존재하기 때문이다. 그러나 우리는 어려운 점을 해결할 수 없기 때문에, 우리가 이 어려운 점을 불문에 붙여야만 한다는 귀결이 나오는 것은 아니다. 왜냐하면 모든 실천적 명제는 그러한 자유를 전제하고 있지만, 그러나 이로부터, 다음의 사실, 즉 우리가 자유라는 것을 통찰할 수 없으므로 자유가 불가능하다는 사실이 귀결되지 않기 때문이다. 우리는 우리 이성의 제한을 사물 자신의 제한이라고 생각해서는 안 된다.

신의 지혜는, 모든 면에서 단적으로 선한 것의 인식이다. 그러나 어떤 것이 전체의 인식으로부터 도출된다면, 그것은 모든 면에서 선하다. 인간은 [315] 모든 면에서 선한 것을 인식하지 못하기 때문에 지혜롭지 못하다. 인간은 어떤 피조물에서도 신의 지혜를 인지할 수 없다. 만약 인간이 신의 지혜를 인지하고자 한다면, 그는 피조물을 모든 면에서 인식하지 않으면 안 된다. 즉 피조물이 무엇에 대해서 선인가를 인식하지 않으면 안 된다. 그러나 인간은 그러한 것을 경험적으로가 아니라 단지 보편적인 이념에 의해서만 할 수 있다. 모든 면에서 선인 것에 대한 수단을 적용하는 지식은 영리함이며, 그리고 그것은 신의 지혜에 속한다. 그러나 신에 대해서 "신은 영리하다"고 말하는 것은 부적절하지만, 인간에 대해서는 확실히 "인간은 영리하다"고 말할 수 있다. 인간은 세 가지[10) 자기 인식의 수단을 가진다. 즉 숙련, 영리함, 지혜를 가지고 있다. 숙련은 임의의 목적에 관한 수단의 인식이며, 영리함은 결코 완전히는 우리의 뜻대로 되지 않는 목적에 관한 수단의 사용에 대한 인식이다. 숙련은 사태에 적용되지만, 지혜는 인간에 적용된다. 지혜는 인간에 있어서는 그가 달성할 수 없는 이념일 뿐이다. 그러나 인간은 지혜에 속하는 것을 행할 수 있다. 인간은 지혜의 작은 정도를 통찰할 수 있다. 그래서 예를 들면 도덕성은 지혜에 속한다. 아니 도덕성은 참된 지혜이기도 하다. 그러나 인간은 영리함을 필요로 한다. 왜냐하면 [그것에 의해서 인간의] 주요 목적들이 서로를 향해 있기 때문이다. 그래서 사람들은 예를 들면 "저 사람은 영리한 상인이

10) P판과 S판은 "die Mittel"이지만, Ak판의 "drei Mittel"을 취했다.

다"라고 말한다. 왜냐하면 그의 목적이 다른 사람들을 향해 있기 때문이다. 그러나 사람들은 영리한 시계제작자라고 말하지 않고, 숙련된 시계제작자라고 말한다. 그런데 원존재자는 모든 것을 뜻대로 하고, 전 세계는 이 원존재자에 의해서 존재하고 있기 때문에, [316] 나는 이 원존재자에 관해서 영리함이라는 술어를 사용할 수 없다. 따라서 이 존재자의 위대함을 칭찬하고자 한다면, 사람들은 이 존재자의 가치를 감소시키는 술어들을 가정하지 않도록 주의해야 한다.

(b) 최고의 지성으로서의 원존재자가 가지고 있는 제2의 속성은 자유 의지라는 개념이다.

우선 원존재자가 의지를 가지고 있다는 것이 증명되어야 한다. 세계의 원인으로서의 원존재자는 자유 의지에 의해서만 존재할 수 있다. 왜냐하면 우연성의 제1의 원인은 자유 의지에 의해서만 존재할 수 있기 때문이다. 우연성의 원인이 자유 의지로부터의 원인이 아니라면, 그것은 제1의 원인이 아니라 파생적 원인이다. 시작하는 제1의 원인은 항상 자유로부터 시작하지 않으면 안 된다. 그래서 세계의 인과성은 행위의 자발성에 근거한다. 원존재자는 내적 원리로부터 행위하지 않으면 안 된다. 이 원리는 자유를 통해서만 일어날 수 있을 뿐이다. 따라서 원존재자는 자유에 의한 세계의 원인이다. 이 자유 의지는 지성적인 의지이지, 감성적인 의지는 아니다. 자유 의지가 만약 감성적인 자극에 의해서 규정된다면, 그것은 감성적일 것이다. 그러나 그러한 감성적인 자의(恣意)는 원존재자에게는 적합하지 않다. 신적 의지는 모든 대상으로부터 독립해 있는 오성의 의지이다. 따라서 모든 대상이 신의 의지에 의해서만 존재하기 때문에, 신의 의지가 어떠한 대상에도 의존하지 않는 이상, 신에게는 어떠한 충동과 경향성도 귀속될 수 없다. 우리는 [317] 신이 오성과 의지를 가지고 있다는 것을 유비에 의해서 확실히 통찰할 수 있다. 왜냐하면 우리는 오성과 의지를 가지고 있기 때문이다. 그러나 이 신의 오성과 의지가 어떠한 성질을 가지고 있는가는 통찰할 수 없다. 어떠한 인간도 신적 의지에 관한 개념을 만들어 낼 수 없다. 왜냐하면 인간의 만족감이 그가 욕구하는 것의 실제적인 실현에 의해서 성취되지 않는다면, 인간이 어떤 것을 욕구하거나 의지할 수 있는 일은 가능하지 않기 때문이다. 인간에서의 모든 욕구와 의지는 하나의 필요이다. 왜냐하면 인간에 있어서 그것이 차이가 나지 않는다면, 그는 욕구할 수가 없기 때문이다. 그래서 인간은 그의 만족이 대상에 의존하는 그런 의지 말고는 의지에 관한 어떤 개념도 가지고 있지 않다. 그러나 신적 의지는 객관에 전혀 의존하지 않는 의지이지만, 그러나 인간은 그러한 의지를 전혀 표상할 수 없다. 어떤 대상도 신적 의지에 작용을 미치지 못하기 때문에, 사람들은 이 의지의 원동력을 파악할 수 없다. 그러나 어떻게 해서 무언가가 신에 있어서 동기가 될 수 있으며, 무엇에 의해서 신은 행위에로 이행해 가는가, 예를 들면 신이 세계를 창조했던가? 신은 자기 자신을 인식하고 있으며, 만물의 근거로서 자기 자신에 대해 최고의 만족을 느낀다. 그런데 신은 모든 결과의 무한하게 풍부한 원인으로서의 자기 자신에 대해서 최고의 만족을 느끼기 때문에, 신은 역시 그렇게 함으로써, 그가 그것들의 근거가 되는 만물에 대해서 만족을 느낀다. 따라서 우리가 환원의 방법에 의해서(per viam reductionis) 우리의 의지의 모든 대상에의 의존성을 제거함으로써, 신의 의지를 유비에 의해서 고려할 수 있는 것이다.

이상은 신의 의지의 독립성에 관한 논의였다. [318] 이제 우리는 신적 자유 일반을 음미하고자 한다. 절대적 자발성은 독립성으로부터 뿐만이 아니라, 전충분성으로부터도 유래한다. 신적 의지는 자극에 의해서(per stimulos) 필연화되는 것도 아니고, 외적 원인(causa externa)에 의해서 한정되는 것도 아니며, 그것은 자신의 안에 자신의 최고의 의향에 따라서 행위하기 위한 충분한 내적 원리를 가지고 있다. 이 내적 원리가 신의 자유인 것이다. 신의 본성 및 신의 본질의 절대적 필연성이 신의 행위를 절대적으로 필연적으로 만드는 것은 아니다. 신의 본질의 절대적 필연성은 신 자신의 의지에 따른 행위 규정과는 전혀 별개의 것이다. 신적 의지는, 신이 자신의 최고의 의향에 따라서 행위하는 능력이지만, 신의 의향은 선에 대한 최고의 만족이다[을 향해 있다]. 그래서 신의 의지는 지성적이다.

신의 의지는 자유이다. 이 명제는 숙명론에 대한 반박으로서(contra fatalismum) 타당하다. 고대인들은 신이 자연의 필연성에 따라서 행위함에 틀림없다고 하는 숙명을 확신했었다. 숙명(fatum)은 신들을 필연화하며, 신들은 세계를 필연화한다. — [즉] 인간은 신적 의지를 전건(antecedens)과 후건(consequens)으로 구분한다. — [그러나] 주관적으로는, 신 안에서의 의지는 전건도 아니고 후건도 아니다. 인간은 실로, 주관적으로는 전건이 되는 선행(先行)하는 의지를 가지며, 이 선행하는 의지로부터 후건적 의지가 귀결된다. 그러나 신에 있어서는 그렇지 않다. — 그러나 객관적으로는 우리는 신 안에서 전건적 의지와 후건적 의지를 가정할 수 있다. 신의 의지는 보편적인 것으로부터 특수적인 것으로 이행해 가며, 특수적 의지는 보편적 의지에서의 규정이다. 보편적 의지는 [319] 그러나 전건적 의지(voluntas antecedens)이며, 특수적 의지는 후건적 의지(voluntas consequens)이다. 신은 그의 보편적 의지에 따라서 전 세계의 행복을 의욕하지만, 또한 그의 특수적 의지에 따라서 신은 행복을, 행복할 만한 가치가 있게 되도록 스스로 행동했던 사람들에게만 부여한다. 따라서 인간이 어떤 조건들 — 이 조건들 하에서 그가 행복에 관여할 수 있는 그런 조건들에 따라서 행동한다면, 그는 여기서 스스로 신의 특수 의지를 규정하게 되는 것이다.

(c) 유비에 따라서 우리는 또한 제3의 능력, 즉 쾌와 불쾌의 능력, 즉 만족 또는 불만족의 능력을 신에게 귀속시킬 수 있다. 만족과 주관의 합치(合致)는 쾌적이며, 불만족과 주관의 합치는 고통이다. 인간은 충족되지 않고서는 어떤 만족도 느낄 수 없으며, 불(不)충족되지 않고서는 어떤 불만족도 느낄 수 없다. 그래서 인간의 만족과 불만족은 사물에 의존한다. 그런데 신은 대상에 의존하지 않으므로, 신의 만족과 불만족은 충족성 및 불충족성과 결합되어 있지 않으며, 그 때문에 우리는 이 충족성과 불충족성을 신에 관해 사용할 수 없다.

우리가 무언가에 관해 불만족을 표명한다면, 우리는 이 불만족을 방지하려고 노력하지만, 그러나 불충족으로부터 그렇게 하는 것이다. 신도 역시 이러한 불만족을 방지하지만, 그러나 우리가 통찰할 수 없는 다른 근거로부터 그렇게 한다. 그런데 신의 불만족은 그 결과에 관해서는 우리의 불만족과 완전히 동일한 의미를 가지며, 사물에 대해서도 동일한 관계를 가지고 있기 때문에, [320] 우리는 사물에 대해서 인간의 경우와 동일한 관계를 가지고 있는 것을 신에 있어서도 불만족이라 부를 수 있다. 비록 우리는 그것의 절대적 내용을 통찰할 수 없으며, 또한 그러한 내용을 필요로 하지도 않지만 말이다. 세계 내에서도 우리는 많을 것을 절대적으로(absolute) 알고 있지 못하다. 예를 들어 물체의 절대적 내용이란 무엇인가?

우리에 있어서는 자비는, 우리가 대상에 의해서 자극되며, 그렇게 해서 해악을 감소해야겠다는 마음이 움직여지는 데서 성립하지만, 신에 있어서는, 신은 어떠한 대상에 의해서도 자극을 받지 않기 때문에, 이러한 자비는 결코 일어나지 않는다. — 그러나 신 안에서도 피조물의 해악을 감소시키는 다음과 같은 근거, 즉 우리가 확실히 그것을 알지는 못하지만 우리의 자비와 동일한, 해악에 대한 관계를 가지고 있는 그런 근거가 존재한다. 그래서 우리는 이것도 신에 있어서의 자비라고 부른다. 신에서의 근원적인 만족은 자기 자신에 대한 만족(acquiescientia in semet ipso)이다. 신은 만물의 근거로서의 자기 자신에 대해 만족을 가지는 한에 있어서, 만물에 대해서도 만족을 가진다. 그러나 내적 원리와 자기 충족성에 의해서 이루어지는 자신에 대한 최고의 만족 상태를 우리는 지복(至福, beatitudo)이라 부른다. 우연의 원인으로부터 이루어지는 상태에 대한 충족성은 행운(prosperitas)이라 불린다. 그러나 인간은 완전한 만족을 결코 가지지 못한다. — 지복은 모든 우연적인 것으로부터 독립해 있는 최고의 만족이며, 최고의 충족성이다. 아직 무언가를 필요로 하는 사람, 또는 아직 무언가를 두려워하는 사람은 지복하지 않다. 따라서 인간은 신과 함께 있는 한에서가 아니라면 결코 지복할 수 없다.

[321] c. 도덕적 신학

합리적 신학의 제3부는 도덕적 신학이다. 선험적 신학[에서의 신]의 개념은 원존재자로서의 신의 개념이었다. 자연적 신학[에서의 신]의 개념은 자연의 완전한 원인 및 최고 지성으로서의 신의 개념이었다. 그러나 도덕적 신학[에서의 신]의 개념은 최고선(summum bonum) 및 가장 성스러운 존재자로서의 신의 개념이다. 최고선으로서의 신은 도덕적 신학의 개념이다. 여러 가지 완전성은 아직 선 그 자체는 아니다. 예를 들면 힘이나 오성 등[은 선 그 자체는 아니다]. [완전성이라는] 이 능력 때문에 인간이 선한 것은 아니며, 오히려 인간의 선은 인간이 그 모든 완전성을 어떻게 적용하는가 하는 것에 근거해 있다. 완전성은 탁월성, 또는 모든 목적에 대한 능력이긴 하지만, 아직 선 그 자체는 아니다. — 선이라는 참된 목적을 지향하는 것이다. 참된 목적을 지향하는 선한 심성(心性)이 선이다.

그러면 최고선이란 무엇인가? 그것은 최고의 행복과, 행복할 만한 가치가 있게 될 수 있는 능력과의 일치이다. 최고선이 존재해야 한다면, 행복과 행복할 가치가 있음이 결합되지 않으면 안 된다. 그런데 이렇게 될만한 가치라고 하는 것은 어디에 존재하는 것일까? [그것은] 우리의 행위와, 보편적 행복이라는 이념과의 실천적 합치 안에 [존재한다]. 만약 각자가 그렇게 행동했을 경우, 그로부터 최대의 행복이 생겨나게 될 그런 식으로 우리가 행동한다면, [322] 그 경우에 우리는 행복할 만한 가치가 있는 식으로 행동한 셈이다. 피조물의 행복은, 그의 행위가 보편적 행복의 이념으로부터 이끌려지고, 이 보편적 행복의 이념과 일치하는 한에서만 생겨날 수 있다. 신의 의지는 보편적 행복의 이념과 합치하는 성질을 가지고 있다. 따라서 신의 의지는 각자의 행위가 그 이념과 일치하는 한에 있어서, 그리고 각자가 스스로를 이 이념에 걸맞도록 만드는 한에 있어서, 각자에게 행복을 부여할 것이다. 그런데 그의 행동이 보편적 행복의 이념과 일치한다면, 그것은 또한 최고의 신적 의지와 일치한다. 그래서 선한 행동은 보편적 행복의 조건이며, 보편적 행복의 이념과 그러한 행동이 합치하는 사람만이 행복할 만한 가치가 있다. 신은 보편적 행복을 원하기 때문에, 그러한 인간의 행동도 신적 의지와 합치한다. 이것이 모든 도덕의 최고점이며, 근거이다. 신은 인격의 소유자가 가질만한 행복의 최고 원리이다. 이러한 존재자가 존재한다는 것은 실로 도덕적 원리로부터 독단적으로 증명되지 않지만, 그러나 도덕성의 법칙에 따르는 우리의 실천적 행위의 필연적 가설로서 입증된다. 왜냐하면 도덕적 신학은, 사람들이 도덕적 원리에 따라서 그러한 존재자를 전제하지 않으면 안 된다는 점을 보여주고 있기 때문이다. — 이론적으로는 이것은 다음의 방식으로 입증된다. 즉 [323] 자연의 근거인 바의 존재자는 자유에 의해서만 그러한 존재자가 될 수 있지만, 이것은 이미 자연적 신학에서 입증된 바 있다. 그러나 가장 완전한 자유와 자유에 따라서 행위하는 존재자는, 각 부분이 전체와 조화를 이루는 한에 있어서, 이 각 부분을 향해 있는 하나의 보편적 목적을 가지고 있음에 틀림없다. 그래서 가장 완전한 자유 의지는 전체와 합치하는 보편적 목적을 가지고 있음에 틀림없다. 그러나 이성적 존재자의 행위가 보편적 목적에 합치한다면, 그것이 이성적 존재자의 선이다. 신은 보편적 목적을 가지고 있기 때문에 신 안에 최고선이 존재하며, 따라서 신은 각자에 대해서, 각자의 행위가 보편적 목적에 합치하는 한에서, 그것의 정도에 따라서 행복을 주는 것이다.

그러나 어떻게 우리가 신을 도덕적 신학에서 인식하는가? 도덕적 신학은 도덕적 원리로부터 도출된 신학이다. 그러나 우리가 도덕적 신학을 신의 의지로부터 도출된 것으로 가정한다면, 모든 도덕적 신학은 다음과 같은 근거를 가진다.

우리는 신을 다음처럼 인식한다.

(1) 신성한 입법자로서,

(2) 자비로운 통치자로서,

(3) 올바른 재판관으로서.

입법자로서의 신은 신성하고, 통치자로서는 자비로우며, 재판관으로서는 공정하다. 이 세 가지 개념은 서로 구별된다. 이들은 결합해 있기는 하지만, 동일하지는 않다. 신의 의지는 그것이 도덕적 법칙과 완전히 합치하기 때문에 신성하다.

[324] 통치자 및 미리 배려하는 자로서의 신은 자비롭다. 미리 배려하는 것과 통치는 최고 존재자의 목적을 규정한다. 그러나 신의 입법은, 그 아래에서만 사람들이 그러한 목적에 맞추어 행동하는 조건을 규정한다. 그래서 입법자는 자비로울 수 없다. 왜냐하면 그렇지 않을 경우 신은 법칙을 주관의 안락(安樂)에 맞추어 규정하는 한, 법칙을 관대하게 만들기 때문이다. 그러나 법칙은 신성하고 순수해야 하고, 또한 최고의 준엄성을 가지고 있어야 하며, 어느 범위에서 인간이 이 법칙을 이행할 수 있는가를 안중에 두지 않는다. 이 준엄성은 이것과는 다른 방식으로 시정(是正)된다. 최고 존재자의 자비는 단지 그의 미리 배려함에 관계하지만, 그러나 이것은 이중의 방식으로 있을 수 있다. 즉 자연의 면과 도덕적인 면이 그것이다. 신은 실로 우리의 도덕적 행위에 관해서 자비로울 수 있지만, 그러나 신은, 신이 우리의 도덕적 행위를 법칙으로부터 면제시켜 주기 위해서가 아니라, 신이 우리를 도덕적으로 행위할 때 원조하고, 우리의 행위에 대해 그러한 행위에서 나타나는, 도덕적 법칙의 온전한 완전성의 부족을 보충해 주기 위해서, 그렇게 한다.

통치자로서의 신은 공정하다. 즉 신은 피조물의 선한 행위에 대해서 행복을 준다. 그 때문에 정의는 신성함과 신성한 법칙의 조건에 의해서 제한되는 자비이다. 재판관은 자비롭지 않다. 왜냐하면 자비로운 재판관은 모순이기 때문이다. 재판관은 법칙에 따라서 판단을 하고, 어떤 관대함을 가지는 것도 허용되지 않는다. 재판관은 신성할 수도 없다. 왜냐하면 신성함은 법칙을 포함하고 있기 때문이다. 이상이 도덕적 신학의 전(全) 개념이다.

[325] 그래서 자연적 신학은 신성한 입법자, 자비로운 통치자, 올바른 재판관에 대한 신앙 이외의 어떤 것도 포함하지 않는다. 그러나 이 신앙이 실천적이기 위해서는, 또한 우리가 최고선이 존재한다는 신앙에 의해서 이 최고선에 관여하기 위해서는, 그래서 또한 우리에 있어서 최고선이 존재하기 위해서는, 우리는 최고선의 근본적 속성에 모든 유효성(efficacia)을 부여하는 그런 속성들을 이 최고선과 결합시키고, 최고선을 주체적으로 실천적이게끔 하는 것이 필요하다. 그래서 신이 자비로운 통치자라고 한다면, 신은 전능하지 않으면 안 된다. 왜냐하면 그렇지 않다면 신은 우리에게 부족한 것을 우리에게 줄 수 없기 때문이다. 또한 신은 편재적(遍在的)이어야 한다. 왜냐하면 그렇지 않다면 신은 모든 인간을 도와줄 수 없기 때문이다. 신이 올바른 재판관이기 위해서는, 신은 전지(全知)하지 않으면 안 되며, 신은 우리에 대해 가장 친밀하게 현전하지 않으면 안 된다. 신은, 각자에 대해서 그 각자의 선한 행동에 따라서 보상을 줄 수 있기 위해서는, 마음을 굽어살피는 분(scrutor cordum)이지 않으면 안 된다. 신의 공평, 관용, 공정, 정직 등에 관해 말하는 것은 버릇없이 이야기하는 것이다.

B. 응용적 합리적 신학

이제 우리는 합리적 신학의 제2부, 즉 응용적 부분으로 넘어 가서, [326] 세계에 대한 신의 관계 방식을 고찰해 보기로 한다. 이 관계 방식은 다음의 3개의 소절에서 취급될 수 있을 것이다. 제1소절은 창조에 관해서, 제2소절은 유지와 통치에 관해서, 제3소절은 세계의 목적, 또는 세계의 궁극적 규정과 완성에 관해서 논한다.

a. 창조에 관하여

여기서 우리는 우선 먼저 세계는 시초를 가지는가, 어떻게 시초가 가능한가를 묻고자 한다. 우리가 시초의 개념을 지성적으로(intellectualiter) 정의해야 한다면, 시초란 결코 다른 것의 결과(causatum alterius)가 아닌 바의 원인에 우연적인 것이 의존하는 것이다. 존재론에서는 우리는 시초를 다음처럼 정의했다. 즉 시초란, 그것에 의존해서 전체의 지속이 결과적으로 나타나는 그런 사물의 현존이며, 종말이란, 전체의 지속이 그것에 선행하는 그런 사물의 현존이다. 그러나 여기서 결과적으로 나타나는 것과 선행하는 것은 시간의 개념이며, 이 시간 개념이 설명의 근저에 있기 때문에, 이 두 가지는 순수 오성 개념에 적합한 것이 아니다. 그래서 내가 지성적 개념에 의해서 정의하고자 한다면, 시간의 개념은 이 정의 중에 들어오지 않게 된다. 오성 개념에 따르면 계열(系列)이란, 그 중 하나가 어떤 결과의 근거가 되는, 종속된 사물들의 집합이지만, 그러나 계열은 그 이상 어떤 근거에도 그 결과로서 의존하지 않는 그런 근거로부터 시작한다. 사물의 근거와 귀결의 계열, [327] 즉 원인과 결과의 계열에서[11] 다른 어떤 것도 자신의 앞에 가지지 않는 그런 세계의 상태가 시초이다. 세계의 시초는 창시자와 구별되어야 한다. 왜냐하면 세계는 시초를 가지지 않고서도 창시자를 가질 수 있기, 즉 세계 내에 어떠한 최초의 상태도 존재하지 않는 일이 있을 수 있기 때문이다. 일반적으로 확실히 우리는 세계가 창시자를 가

11) P판과 S판은 "Der Zustand der Welt, der in der Reihe der Dinge von Gründen und Folgen, Ursachen und Wirkungen keinen anderen…"이지만, Ak판의 "…in der Reihe von Gründen und Folgen, Ursachen und Wirkungen der Dinge"를 취했다.

지지 않으면 안 된다는 사실을 통찰하지만, 그러나 우리는 이성에 의해서 시초를 표상할 수는 없다. 몇몇 소수의 사람들은 세계가 모든 시간에 존재하고 있었다고 말한다. 그것 역시 참이다. 왜냐하면 세계가 불과 10년 전에 창조되었다고 한다면, 이 10년이 전체 시간이었을 것이요, 또한 세계는 이 전체 시간에 항상 존재했을 것이기 때문이다. 그러나 이 경우 세계는 상시적(常時的, sempiternus)이지만, 영원적(aeternus)이지는 않다. 왜냐하면 전 세계가 존재하지 않는다면, 어떠한 시간도 존재하지 않을 것이기 때문이다. 왜냐하면 세계 밖에서는 어떤 시간도 존재하지 않기 때문이다. 그러나 여기에서 다음과 같은 의문이 생겨난다. 즉 세계는 시초를 가지는가 어떤가, 또한 그 안에 세계가 존재했던 바의 시간은 시간에 의해서 측정 가능한가 어떤가, 또는 세계는 어떠한 시초도 가지지 않고, 따라서 무한에 이르기까지 시간은 측정될 수 없으며, 그래서 이 경우 세계의 지속이 모든 시간보다도 큰 것은 아닌지 어떤지 하는 의문이 생겨난다. 우리는 이 의문에 대해서 다음처럼 대답하고자 한다. 즉 세계는 시초를 가지지 않으면 안 된다고 대답하고자 한다. 왜냐하면 이성에 따라서 이전의 방향에서 시간의 무한 계열을 표상하는 것은 불가능하기 때문이다. 그러나 다른 측면에서 볼 때, 이 시초가 어떻게 해서 가능한가를 통찰하는 것도 마찬가지로 어렵다. 왜냐하면 제1의 원인은, 언제 활동하든지 간에, 어쨌든 활동을 시작하지 않으면 안 되기 때문이다. 그래서 우리는 제1의 시초를 어떤 방식으로도 표상할 수 없다. 그러나 우리는 시초 없이는 어떤 세계도 또한 생각할 수 없기 때문에, 위의 두 가지 경우에 우리의 [328] 오성에 대해서, 그 아래에서만 오성이 그러한 것을 통찰할 수 있는 그런 조건이 결(缺)해 있다는 사실을 알 수 있다. 만약 창시자가 활동하기 시작하지 않았다고 우리가 생각한다면, 이때 세계는 영원으로부터 이 창시자의 결과였을 것이다. 그러나 창시자가 활동하기 시작했다면, 무엇 때문에 신이 활동하기 시작했는가의 원인이 무언가에 의해 규정되어야 한다. 그래서 우리는 이 문제에 관해 어떠한 확실한 것도 말할 수 없고, 또한 양 측면의 의문에 대해서 어떠한 적극적인 것도 결정할 수 없으며, 단지 소극적으로 처리해서 다음처럼 말할 수 있을 뿐이다. 즉 세계는 원인을 가지고 있고, 그 이상의 것을 우리는 합리적 신학에 대해서도 자연 종교에 대해서도 필요로 하지 않는다고 말할 수 있을 뿐이다. 세계가 어떤 시초도 가지고 있지 않는 경우에는 세계는 또한 어떠한 원인도 가지고 있지 않다고 누군가가 말하고자 한다면, 우리는 이것에 대해 소극적으로 반박할 수 있을 것이다. 시간은 지속의 개념이다. 대상이 감성적 조건에 속박되어 있다면, 시간은 이 대상의 조건이다. 따라서 세계 내에 있는 모든 사물은 시간 내에 존재한다. 그러나 세계의 시초는 감성에 따라서는 고려될 수 없다. 왜냐하면 세계는 감성의 대상이지만, 시간은 감성의 조건이며, 그래서 시간은 세계 내에 존재하기 때문이다. 그런데 나는 그 안에서 세계의 시초가 정립되어야 하는 그런 세계의 바깥에 있는 어떤 다른 시간도 표상할 수 없다. 그래서 사람들은 세계의 시초를 어떤 시간 안에서도 정립할 수 없는 것이다. 그러므로 내가 왜 세계가 더 이전에 창조되지 않았는가 라고 묻는다면, 나는 이 의문에 의해서, 그 안에 있는 어떤 점에서 세계의 시초가 정립되는, 세계 이전의 시간을 생각하고자 할 것이다. 그러나 이것은 불가능한 일이다. 왜냐하면 세계 이전에는 어떤 시간도 존재하지 않으며, [329] 시간은 세계에 의해서 그리고 세계 안에서만 존재하기 때문이다. 그래서 왜 세계가 2, 3천년 일찍 창조되지 않았는가 라는 물음은 불합리하며, 그것은 왜 내가 2, 3천년 후에 태어나지 않았는가 라는 것과 같은 것을 말하는 것이다. 왜냐하면 내가 세계를 2, 3천년 일찍 정립하고자 한다면, 이 경우 나 이전에 2, 3천년의 세월이 존재하게 되었을 것이기 때문이다. 일반적으로 우리는, 우리가 어떤 식으로 시작하고자 하더라도, [세계에 관한] 우리의 개념을 공간과 시간으로부터 분리시킬 수 없을 것이다. 세계의 공간이 한계를 가진다는 것, 그리고 세계의 공간이 끝나는 곳에 공허한 공간이 시작한다는 것을 생각하면, 나는 항상 다음과 같은 의문을 가질 수 있게 된다. 즉 왜 신은 세계를 공허한 공간의 바로 이 지점에서 정립하고 그 이외의 곳에서 정립하지 않았는가 라는 의문을 가지게 된다. 또한 이번에는 내가 전 공간이 무한에 이르는 데까지 채워져 있다고 말하면, 나는 그러한 세계에 있는 전체를 결코 표상할 수 없을 것이다. 시간에 대해서도 꼭 같은 것이 적용된다. 나는 내용이 채워져 있는 시간이 그것과 결합해 있는 바의 공허한 시간 또한 생각할 수 있다. 그런데 나는, 왜 내용이 채워져 있는 시간이 공허한 시간 중에 이제 와서는 정립되지 않는가 라고 물을 수 있다. 다시 이번에는 모든 시간은 채워져 있으며, 세계 이전에는 어떠한 시간도 가능하지 않다고 내가 생각한다면, 내가 완전히는 인식할 수 없는 [시간의] 무한 계열을 나는 가지게 된다. 그러나 우리가 세계의 바깥에는 어떠한 공간 · 시간도 존재하지 않는다고 생각한다면, 우리는 이러한 난점을 결코 해결할 수 없을 것이라는 점이 분명해진다. 왜냐하면 우리의 개념은 공간 · 시간과 결합해 있기 때문이다. 따라서 세계의 시초도 이 시초의 가능성도 통찰할 수 없으므로, 우리는 결국, [330] 신에 의한 세계의 원인성이라는 개념이 남아 있다는 것, 또는 세계가 창시자를 가지고 있다는 것을 알게 된다.

세계의 원인성으로서의 신을 우리는 이중의 방식으로 표상할 수 있다. 신은, 그의 본성의 필연성에 의해서 세계의 창시자이거나, 또는 자유에 의해서 세계의 창시자이거나 둘 중 하나이다. 신의 본성의 필연성에 따라서 우리는 두 가지 체계를 생각할 수 있다.

(1) 내재적(內在的) 체계(systema inhaerentiae). 이 경우 세계는 신성(神聖)의 규정들의 전체이다. 이것은 스피노자주의이다.
(2) 유출적(流出的) 체계(systema emanationis). 이 경우 세계는 실로 신의 결과이지만, 그러나 신의 본성의 필연성에 따라서 그러하며, 그래서 세계는 신과 마찬가지로 영원하고 필연적이다.

그러나 우리는 세계의 원인으로서의 신을 자유에 의하지 않고서는 생각할 수 없다. 왜냐하면 자유에 의해서만 사람들은 행위를 시작할 수 있기 때문이다. 이것이 창조적 체계(systema creationis) 또는 자유로운 생산의 체계(systema productionis liberae)이며, 이 경우 신은 세계의 원인 또는 자유로운 원인(causa libera)이다. 세계의 창시자로서의 신은 형식의 창시자이거나 또는 질료의 창시자이거나 둘 중 하나이다. 즉 전자의 경우에는 질료 또는 실체가 이미 영원으로부터 존재했으며, 신은 이것들을 단지 질서 있도록 하는 데 지나지 않았다면, 신은 형상의 창시자 또는 건축가였을 것이다. 그러나 신이 실체 또는 질료 그 자체를 산출했다면, 신은 질료의 창시자 또는 창조자(creator)가 된다. 실체의 창조는 [331] 다른 실체의 합성이 아니기(왜냐하면 합성이라고 한다면, 어떠한 창조도 존재하지 않을 것이기 때문이다) 때문에, 실체는 무에서부터 창조되었음에 틀림없다. 실체는 우연적 사물로서 창조자를 가져야만 한다. 그러나 실체가 필연적이라고 한다면, 이 경우 어떠한 세계 건축가도 존재할 수 없을 것이요, 또한 이 경우 세계는 단적으로 필연적인 것으로 되어 버릴 것이다. — 세계 내에 존재하는 모든 것은 피조물이다. 세계는 전체이고, 그것의 각 부분은 의존적이며, 따라서 이 각 부분들은 우연적이다. 부분들이 필연적이라면, 세계는 어떠한 전체도 구성할 수 없었을 것이다. 왜냐하면 필연적 존재자는 결코 하나의 전체를 구성할 수 없기 때문이다. 하나의 전체는, 그 안에서 어떤 것이 다른 것을 규정하는 바의 상호 작용에 의해서만 가능하다. 그러나 필연적인 것은 다른 것에 의해서 규정될 수 없다. 그래서 세계의 부분들은 우연적이며, 따라서 창조된 존재자 또는 피조물이다.

피조물이라는 이 말은, 세계의 모든 부분을 의미한다 하더라도, 보통의 언어사용에서는 생명 있는 물체적 존재자의 의미로만 이해된다. 그것의 원인은, 우리가 무생물에서는 생물에 있어서 만큼 역력하게 창조자의 손의 흔적을 발견하지 못한다는 점에 있을는지도 모른다.

그런데 신은 세계의 창조자이기 때문에, 신은 세계의 바깥에 있는 존재자이다. 왜냐하면 창조하는 실체는 세계의 바깥에 있는 존재자이지 않으면 안 되기 때문이다. 세계의 어떠한 사물도, 즉 어떠한 우연적인 존재자도 창조력을 가지고 있지 않다. 왜냐하면 세계 내에 있는 모든 사물은 하나가 되어 전체를 구성하며, 상호 작용 속에 함께 있기 때문이다. 따라서 하나의 규정은 다른 것의 규정에 의존한다. 그러나 만약 이들 존재자 중 하나의 존재자가 [332] 창조력을 가지고 있다면, 창조자는 다른 하나의 존재자에 의해 외적으로 규정될 것이다. 그런데 창조자는 자기 자신 이외의 어떤 존재자에게도 의존하지 않지만, 그러나 이 경우 창조자는 결국 외적으로 의존하게 될 것이다. 그러나 자기 자신에게만 의존하는 것과 외적으로도 의존하는 것은 모순이기 때문에, 창조자는 세계의 바깥에 있는 존재자이지 않으면 안 된다. — 더욱이 하나의 실체의 창조자는 동시에 모든 실체의 창조자이고, 그래서 창조(creatio)는 보편적(universalis)이다. 왜냐하면 어떤 실체에 관해서는 어떤 창조자를 생각하고, 다른 실체에 관해서는 다른 창조자를 생각하는 것은 가능하지 않기 때문이다. 왜냐하면 이 경우에는 필연적 존재자로서의 창조자는 자기 자신과 상호 작용하지 않으며, 또한 피조물도 그들 자신 사이에서 그들의 작용에 관해서 상호 작용하지 않기 때문이다. 그러나 상호 작용하고 있는 사물들은, 그들이 하나의 것에 의해서 존재하므로, 그러한 사물로서 존재할 수 있는 것이다.

창조는 하나의 통일이다. 다시 말하면, 계기적으로 서로 후속(後續)하는 창조는 없었으며, 모든 실체는 단 한번에 창조되었다. 계기(繼起)는 확실히 세계 자체 안에서는 사물들을 규정하는 조건이지만, 그러나 그것은 하나의 실체에 따라서 이루어지는 세계의 현존의 조건일 수는 결코 없으며, 따라서 신적인 행위의 어떠한 조건일 수도 없다. 시간은 모든 계기와 함께 신적 행위로서의 창조의 조건에는 속하지 않으며, 따라서 신은 차례차례로 창조할 수 없다. 그러므로 창조는 하나의 통일이다. 이상이 이 명제의 객관적 근거이다. 그러나 우리는 [333] 창조가 하나의 통일이라는 것을 주관적 근거에 대한 필연적 가설로서 가정하지 않으면 안 된다. 많은 사물이 차례차례로 창조되었다는 것을 우리가 인정하고자 한다면, 우리는 현상의 설명에 대한 어떠한 일정한 근거도 가지지 못하게 될 것이다. 소여(所與) 자신이 규정되지 않는다면, 모든 것은 무규정적이다. 그러나 소여는 실체이다. 그런데 만약 실체들이 계기적으로 점점 더 많이 형성된다면, 이성의 모든 사용은 쇠퇴해 버리고 말 것이다.

우리가 자연에서의 현상을 설명할 수 있기 위해서는, 특정하고도 확고한 규칙을 가정하지 않으면 안 되므로, 이상의 근거는 자연의 과정에서의 신의 지시(指示)에 관해서도 타당하다. 우리가 [신의] 이상(異常)한 지시를 가정한다면, 우리는, 그것에 따라서 우리가 사건의 방식에 대해 판정하게 되는 그런 규칙을 결코 가지지 못하게 될 것이다. 분명 이러한 근거는 모두, 그것 없이는 내가 나의 이성을 실제적으로 사용할 수 없게 되는 그런 가설에 불과한 것이지만, 그러나 이들 근거는, 다른 식으로는 불가능하다는 것을 객관적으로 증명하지는 못한다. 그러나 근거 — 이 근거에 의해서 이성의 사용이 폐기되지 않는 그런 근거인 바의 것은 이미 하나의 중요한 근거이다. 왜냐하면 이성의 사용은 우리의 간섭이 아니라 우리의 의무, 아니, 창조의 목적 그 자체이기 때문이다. 그래서 이성의 사용을 포기하는 것은 결코 겸허가 아니라 불손(不遜)이다. 그러나 우리의 이성의 여러 가지 제한으로부터 벗어나서, 신에게 직접적으로 어떤 것을 귀속시키는 것은 역시 불손이며 무모(無謀)한 것이다. 사람들이 신에게 모든 것을 직접적으로 귀속시킬 경우 그것은 처음에는 항상 겸허인 것처럼 보인다 하더라도 말이다. [334] 그것의 원인은 세계의 여러 가지 원인을 규칙과 질서에 따라서 탐구하는 것이 우리의 이성의 사명이라는 사실에 있다. 우리가 이제 이 사명이라는 개념을 포기하고, 만사를 신의 의지에 귀속시킨다면, 그것은 불손하게 처리되는 것이다. 우리는 이성의 사용으로부터 해방될 수 없다. 왜냐하면 그렇게 될 경우 우리는 창조의 목적을 무효화시키는 셈이 될 것이기 때문이다. — 우리가 그 이상으로 판단을 내릴 수 없다면, 침묵을 지키는 것이 보다 좋은 일이다. 바로 그것이 진정한 겸허이다.

전(全) 창조 또는 창조된 세계 전체는 신의 의지에 관해서 말하면 최고의 창조된 선이다. 따라서 최선의 세계에 관한 명제가 나타난다. 신이 근원적인 최고선(summum bonum originarium)인 것과 마찬가지로, 세계는 파생적인 최고선(summum bonum derivativum)이다. — 보다 선한 의지가 가능한 경우, 보다 선한 세계를 전제하는 그러한 의지는 최선의 의지는 아니다. 그런데 무언가를 산출하고자 하는 보다 선한 의지가 가능했다면, 신적(神的) 전능을 가지고 있는 신적 의지에 있어서는, 이 무언가를 보다 선하게 성취하는 것이 가능했을 것이다. 따라서 이 세계를 가능하게 했던 신적 의지는 최선의 의지가 아니었던 셈이 될 것이다. 그러나 신에 있어서는 그 의지가 최선의 의지이기 때문에, 어떠한 보다 선한 의지도 가능하지 않다. 따라서 이 세계가 최선의 세계이다.

선 · 악에 관한 반성은 다음과 같다. 즉 선 · 악은 전체적으로는 미(美)와 완전성에 속하며, 그리고 악은 단지 [335] 부분들 안에 부착해 있지만, 그러나 전체와 조화를 이루고 있다. 왜냐하면 전체는 이념에 의해서 규정되기 때문이다. 즉 전체가 가능성의 근원적인 근거에 따라서 고찰되는 한, 그런 한 전체의 이념이 선행하지 않으면 안 되며, 부분은 전체 속에서 규정되기 때문이다. — 전체의 가능성의 제1근거는 이념이며, 통일 — 이 통일에 의해 부분들이 규정 가능하게 되는 그런 통일이다. 세계는 전체이며, 전체는 이념에 적합하다. 그리고 이 이념 중에서는 부분은 불완전하지만, 이 이념은 전체적으로는 완전성에 속한다. — 그래서 악은 확실히 부분 중에 존재하며, 전체 중에는 존재하지 않는다. 그러므로 최고선의 명제는, 사람들이 악의 연구에서의 곤란을 해결할 수 없는 경우에, 이 곤란을 해결하는 역할을 한다. 왜냐하면 사람들이 주어진 법칙에 관해서 왜 그것이 그러하고 그렇지 않은 것은 아닌지를 논의한다 하더라도, 다른 사람들이, 이 법칙에 관해 논의하는 것은 이미 그러한 식으로 결정되어 버린 것이라고 말한다면, 일체의 연구는 거기서 끝나버리기 때문이다. 이와 마찬가지로 사람들은, 왜 신이 보다 선한 세계를 창조하지 않았는가를 물을 수 있으며, 또한 이 물음을 가지고서 끝없이 논의를 계속할 수 있을 것이다. 그러나 사람들은 낙관론을 통해서 이 모든 문제를 일거에 처리한다. 사람들은 많은 선을 악으로부터 추론할 수 있지만, 그러나 결국은 어쨌든 자승자박에 빠지게 되며, 문제는 끝날 줄 모르고 계속된다. 하나의 문제 해결에 의해서 아직 상당히 뒤엉켜 있는 다른 문제가 생겨난다. 따라서 사람들은 이 문제를 오히려 간단히 만들어서, 다음처럼, 즉 세계는 근원적인 최고선인 완전한 창조자를 가지고 있으므로, [336] 세계는 전체적으로는 최고의 창조된 선이며, 악은 부분 중에서만 발견되어야 한다고 말한다. 동물에서는 부분 그 자체는 불완전하지만, 그 전체는 불완전하지 않다. 이와 마찬가지로 여기서도 또한, 사람들이 모든 것을 연관 속에서 파악한다면, 부분들에 관한 곤란은 제거된다.

신이 세계의 창조자이고 창시자라고 해서, 신은 또한 인간의 자유로운 행위의 창시자로서도 간주될 수 있을까? 신이 인간의 자유로운 행위를 규정해야 한다면, 신은 자유로운 행위의 창시자가 될 것이다. 그러나 자유는 내적 원리로부터 출발해서 외적 원인을 통하여 행위하는 능력이며, 피조물은 일체의 필연성으로부터 독립해서 자기 자신을 규정하는 힘을 가지고 있기 때문에, 신은 인간의 자유로운 행위의 창시자는 아니다. — 그런데 이것은 물론, 피조물의 창시자로서의 신이 피조물의 행위를 규정하지는 못한다는 식으로 이해되어서는 안 된다. 단지 자유의 개념만이 이 경우 전과 마찬가지로 곤란을 없애 준다. 사람들이 자유를 가정하지 않는다면, 모든 실천적 명제는 쓸모없는 것이다. 그런데 신은 인간의 자유로운 행위의 창시자가 아니기 때문에, 신은 악의 창시자도 아니다. 이와 동일한 근거로부터 보면 신은, 선이 피조물의 자유로운 의지로부터 생겨나는 한, 이 선의 창시자도 아니다. 왜냐하면 세계는 이성적 존재자 없이는 존재할 수 없으며, 이 이성적 존재자가 세계의 목적이기 때문이다. 그러나 이 이성적 존재자는 자유를 가지지 않으면 안 된다. 왜냐하면 [337] 유한적 이성적 존재자가 자유를 가지고 있다면, 이 경우 도덕적 악도 가능하게 되며, 그러나 다른 측면에서는 선도 또한 자유로부터 그리고 행복할 만한 가치가 있는 것으로부터 생겨날 수 있기 때문이다. 만약 신이, 선이 인간의 자유로부터 생겨나는 한에 있어서, 그 선의 창시자였다고 한다면, 선한 행위의 어떠한 귀책(歸責)도, 따라서 어떠한 보답도 생겨날 수 없을 것이다. 왜냐하면 다른 사람이 행위한 그 내용은 나의 탓으로 돌려질 수 없기 때문이다. — 그러나 그렇다 하더라도 우리는 신이 선의 창시자라고 말할 것인가? 선은 실재성이지만, 악은 실재성의 제한일 뿐이며, 그러나 신은 모든 실재성의 보편적 근거이기 때문에, 신은 선의 창시자이기도 하다.

b. 세계의 유지와 통치에 관하여

세계의 바깥에 있는 신이 고찰된다면, 신은 세계에 관해서는 창조자이다. 그러나 신이 세계에 대해서 영향을 미치는 한에서 고찰된다면, 신은 세계의 유지자이다.

세계는 실체의 우연적 전체이므로, 우연적인 사물들의 존속은, 그와 같은 원인을 그것들의 시초로서 가지지 않으면 안 된다. 따라서 신은 창조자(creator)일 뿐만 아니라, 유지자(conservator)이기도 하다. 창조와 유지 사이의 구분은 신 안에서는 결코 존재하지 않으며, 세계 안에서 존재한다. 창조는 인과성의 시초이다. 그러므로 유지는 [338] 계속적인 창조가 아니다. 왜냐하면 창조는 실체의 현존재의 시초이기 때문이며, 만약 유지가 계속적인 창조라면, 세계는 항상 중단되게 마련이며 다시 창조되어야 하기 때문이다. 그러나 이것은 모순이다. 이 문제에 대해 세계의 유지는 연속적 창조라고 주장하는 사람들은 그의 주장 하에서 다음만을 이해하고 있을 뿐이다. 즉 창조에 속해 있는 만큼의 많은 것이 유지에 속해 있다고 하는 사실만을 이해하고 있을 뿐이다. 유지를 위해서는 현재가 필요하며, 그래서 신의 편재(遍在)의 개념이 나타난다. 세계의 사물에 관해서 말한다면, 신의 편재는 시간과 공간의 조건에 묶여 있는 현존재가 아니고, 오히려 신은 도처에 그리고 모든 시간에 현전(現前)하고 있으며, 공간 안에도 시간 안에도 존재하지 않는다. 신은 세계와 상호 작용 — 이것은 고대인이 믿고 있었던 세계 영혼의 체계이지만 — 을 맺고 있는 그런 방식으로 세계의 사물에 대해서 현전하고 있는 것은 아니다. 세계의 바깥에 있는 존재자는 세계의 부분(pars mundi)일 수 없기 때문에, 이런 식으로 현전할 수 없으며, 오히려 신은 사물의 원인이며 기초이므로, 세계에 대해 현전하고 있는 것이다. 그리고 신은 사물들의 실체성의 원인이기 때문에, 신은 이들에 대해서도 극히 밀접하게 현전하고 있는 것이다. 신은 외적으로가 아니라 극히 밀접하게 현전하고 있다. 신의 현전은 장소적인 것이 아니라 잠재적인 것이다. 사람들이 시간과 공간이라는 외적 조건에 의해서 사물에 대해서 현전한다면, 장소적인 현전이라는 것이 존재한다. 그러나 신은 외적인 규정의 조건에 [339] 구속되어 있지 않기 때문에, 신의 현전은 잠재적이다. 다시 말하면, 신은 여러 장소에 존재하는 모든 사물의 안에서 작용하지만, 신 자신은 어떠한 장소에도 존재하지 않는다. 신은 모든 것 안에서 작용함으로써 편재적으로 되는 것이다. 그런데 신은 만물의 안에서 작용하므로, 세계의 사물들은 하나의 전체를 이루고 있으며, 또한 서로 관계를 맺고 있다. 왜냐하면 이들은 모두 일자(一者)에 의해서 존재하며, 공통이 되는 하나의 원인을 기초로 가지고 있기 때문이다. 왜냐하면 이 일자 안에서 우리는 살아가고, 활동하며, 존재하기 때문이다. 모든 사물은 일자를 통해서 존재함으로써 통일을 이루고 있다. 이 통일이 감성적으로 표상된다면, 그것은 공간이 된다. 그래서 공간은, 형이상적으로 보다도 수학적으로 고려했던 몇 사람들이 생각했던 것처럼, 신의 편재의 기관(Organon, 機關)은 아니더라도, 신의 편재의 현상이다.

이 공간이 오성에 의해서 표상된다면, 그것은 신의 편재이다. 여러 가지 자연의 사건들에 관해서는 신은 창시자(auctor)이지만, 인간의 자유로운 행위에 관해서는 그렇지 않다. 후자에 관해서는 신은 단지 협력적으로 작용하는(concurrirende)[12] 하나의 원인에 불과하다. 왜냐하면 자유로운 행위는, 만약 그것이 어떤 원인에 의해서 규정된다면, 자유롭지 않을 것이기 때문이다. 자연에 관해서는 신은 협력하는 것이 아니라 단독 원인(causa solitaria)이지만, 그러나 피조물의 행위에 관해서는 신은 협력한다. 왜냐하면 피조물의 불충분성이 협력을 필요로 하기 때문이다. 왜냐하면 모든 자유로운 피조물은, 대단히 자유롭긴 하지만, 그럼에도 자연이나 자연적 행위에 관해서도, 또한 도덕적 행위에 관해서도 단지 제한을 받지 않고서는 어떤 것도 산출할 수 없기 때문이다.

[340] 섭리는 자연의 질서의 인과성이다. 통치는 자연의 과정의 인과성이다. 섭리는 시초에서 정립되어야 한다. 왜냐하면 세계의 시초에서 자연의 질서가 이미 준비되어 있지 않으면 안 되기 때문이다. 그러나 통치는 세계의 존속 중에 정립되어야 한다. 왜냐하면 세계의 과정은 존속 중에서 통치되지 않으면 안 되기 때문이다. 섭리는 통치에 대해서 마치 창조가 유지에 대해서 맺고 있는 것과 동일한 관계를 맺고 있다. 세계의 각각의 사건에 대한 신의 협력이 신의 지시인 셈이다. 정상적인 지시는 자연의 질서 하에 있는 개개의 사건 및 특수한 행위를 신의 보편적인 목적 아래 종속시키는 것이다. 이상한 지시는 자연의 질서 아래 있지 않는, 그럼에도 보편적인 신의 목적에 속해 있는, 개개의 특수한 사건을 규정하는 것이다. 신의

12) P판과 S판에는 “congruirende”(일치적)으로 되어 있지만, P판의 정정 및 Ak판에는 “concurrirende”(협력적)으로 되어 있다.

지시를 이처럼 정상적인 것과 이상한 것으로 구별하는 것은 매우 자연스러우며, 사물의 본성에도 꼭 적합하다. 그래서 신이 특수한 행위에 협력하고, 그렇게 해서 규칙과 질서 내에서 예외가 만들어지는 한, 이 협력은 이상한 지시가 된다. 이상한 지시의 경우에는 항상 기적이 가정되어야 한다. 이 기적은 우리의 눈에는 매우 작은 것으로 보일는지 몰라도, 그것은 항상 역시 기적인 것이다. 신이 바람을 이상스럽게 움직이게 하거나 전 천체를 그 운행의 궤도로부터 이탈시킬는지 몰라도, 그러한 것은 모두 신에 관해서는 동일한 것이다. [341] 여기서는 신이 지배하는 것이 자연의 질서에 적합한가 어떤가에 대해서 주목해야 한다. 만약 그것이 자연의 질서에 적합하지 않다면, 그것은 그 크기가 크든 작든 간에 기적이다. 그래서 신의 이상한 지시를 가정하는 것은 기적을 확정하는 것을 의미한다. 세계에서의 일체의 것은 신의 정상적인 지시와 이상한 지시 아래에 있다. 모든 사건은, 그것이 일어나든 일어나지 않든 간에, 영원한 뜻 안에서 존재하며, 따라서 사건이 일어난다면, 그것은 신의 지시에 따라서 일어나는 것이다. 그러나 사람들이 사건이 일어난다고 말하는 경우에, 그 사건은 신의 목적에 적합한 것이다. 모든 사건은 신의 영원한 뜻의 계기들이다.

신의 목적에 합치하는 바의 모든 선은 그 자체가 목적이 아니라 종종 목적의 수단에 불과하다. 예를 들면 공기는 목적과 합치하는 많은 선한 결과를 가지지만, 그러나 그 자신은 어떠한 목적도 아니다. 눈(雪)의 목적은 눈 위로 썰매를 타고 가는 것에 있지 않고, 또한 우리의 코의 목적은 안경을 거는 데 있지 않다. — 전체의 이념으로부터 여러 가지 결과가 규정되어야 한다. 따라서 특수한 사건이나 행위에서 어떤 것을 신의 목적이라고 칭하는 것은 참월(僭越)이다. 예를 들면 복권에 의한 행운을 곧바로 신의 뜻으로 돌린다거나 불행을 신의 지시로 전가하는 것은 참월이다. 따라서 그 무언가가 신의 어떤 지시에 속하는가를 규정하는 것은 모든 개개의 경우에서 참월이다. [342] 그것이 신의 칭찬으로 끝나는 경우라 하더라도 참월이다.[13] 왜냐하면 신의 목적이나 의도는 항상 우리에게 은폐되어 있기 때문이다. 여기에 반해서 자연 일반 안에서는 우리는 신의 목적들을 찾도록 규정되어 있다. 가장 작은 벌레도 이런 식으로 탐구하도록 우리를 유혹한다. 인간의 자유로운 행위에 관한 신의 섭리는 절대적인 뜻(decretum absolutum)이거나 또는 조건적인 뜻(decretum conditionatum)이다. 인간의 행 · 불행, 인간의 지복(至福)과 불운에 관한 신의 무제약적인 뜻은 인간을 적극적으로 행복하게 하거나 불행하게 하는 식으로 짜여 있다. 그러한 무제약적인 의지는 그 자체 불합리하다. 왜냐하면 그 자체 단적으로 선한 것만이 무제약적으로 생겨날 수 있기 때문이다. 그러나 행 · 불행, 지복 또는 불운은 단적으로 선한 것이 아니라 조건적으로만 선한 것이다. 인간은 어떤 종류의 조건 아래서만 지복하든가 불운할 수 있다. 따라서 지복 또는 불운에 관한 신의 무제약적인 뜻은 불합리하다. 몇몇 종파의 신봉자들이 아직 이러한 신앙 조항을 가지고 있지만, 그들이 이 신앙 조항의 제창자이거나 이 신앙 조항이 존속하게 된 원인이기 때문에,[14] 사람들은 그러한 무제약적인 뜻을 신봉하지 않는다. 왜냐하면 어떤 것이 종교 속으로 도입되면, 그것은 그렇게 쉽게는 제거될 수 없기 때문이다. 어떤 종류의 광신과 결부되었던 모든 종교는 그러한 섭리를 확정했다. 이와 마찬가지로 인간의 자유로운 행위에 관한 무제약적인 뜻도 [343] 용인되어서는 안 된다. 왜냐하면 그렇지 않으면 이러한 신앙 조항은 모든 실천적인 행위를 말살해 버리기 때문이다.

---

13) P판과 S판은 “nicht”가 있지만, Ak판에 의해 그것을 빼고 읽었다.

14) P판과 S판은 “daß”이지만, Ak판의 “da”를 취했다.

c. 세계의 궁극 목적 관하여

신의 창조의 궁극 목적은 최고선이다. 최고선의 두 가지 계기는 행복과 행복할 만한 가치가 있음이다. 이 목적[15]은 단지 이성적 존재자만이 가질 수 있다. 왜냐하면 이성적 존재자는 그 자체에 있어서 선일 수 있기 때문이요, 또한 이 이성적 존재자가 세계의 목적을 구성하고 있기 때문이다. 그 외의 것은, 그것이 이 세계의 목적을 목표로 삼는 한에서, 이성적 존재자의 수단일 뿐이다. 그런데 신의 모든 뜻은 조건적이기 때문에, 이 행복의 조건은 도덕성 또는 행복할 만한 가치가 있음이다. 따라서 이성적 존재자는 스스로를 행복할 만한 가치가 있도록 만드는 것이 많으면 그만큼 많이 행복을 얻을 것이요, 그리고 이것이 신의 목적이다. 우리 인간의 측면에서는 우리는 우리의 선한 행동에 의해서 이런 식으로 행복할 만한 가치가 있게 되도록 노력하지 않으면 안 되며, 그럴 경우 우리는 또한 그러한 행복에 관여하게 되기를 확실히 희망할 수 있게 된다.

---

15) P판과 S판에는 "Dieser Zwecke"로 되어 있지만, Ak판의 "dieses Zweckes"을 취한다.